順菴集

국립중앙도서관 출판예정도서목록(CIP)

순암집 : 조선의 학문을 반성하다 / 안정복 지음 ; 이상하 옮김.
--서울 : 한국고전번역원, 2017
p. ; cm. -- (한국고전선집)

감수: 안병걸
한자를 한글로 번역
연보수록
교육부로부터 인문학 진흥을 위한 저서출판지원을 받아 출간하였음
ISBN 978-89-284-0489-6 04080 : ₩12000
ISBN 978-89-284-0187-1 (세트) 04080

시문집[詩文集]
한문 문집[漢文文集]

810.819-KDC6
895.708-DDC23 CIP2017019341

순암집

안정복 지음
이상하 옮김

한국고전번역원

한국고전선집을 펴내며

근대화, 산업화를 거치면서 멀어졌던 우리 고전이 근래에 들어 새롭게 독자들의 관심을 끌고 있습니다. 더 이상 우리의 것이기에 알아야 한다고, 우리 고전이기에 읽어야 한다고 강변하지 않아도 될 만큼 인식이 많이 변하였습니다.

그러나 우리 고전에 다가서기는 여전히 어렵습니다. 일단 지금은 쓰지 않는 한문이라는 장벽이 앞을 가로막습니다. 망망대해와 같은 방대한 양도 독자들의 선택을 방해하고 주눅이 들게 합니다.

선집은 그러한 장벽을 넘기 위한 사다리입니다. 광활한 바다에서 배를 인도해 줄 등대와 나침반이기도 합니다. 한 점의 고기만 먹어 보아도 그 솥 전체의 음식 맛이 어떤지를 알 수 있다는 말처럼, 잘 만들어진 번역 선집은 그 저자와 작품을 이해하는 훌륭한 길라잡이가 될 것입니다.

'한국고전선집' 시리즈는 저자의 방대한 저작 가운데 역사적, 현대적으로 의의가 있는 작품을 골라 그 인물의 삶과 사유의 흐름을 따라가거나 주제별로 분류해 엮은 고전 선집입니다. 학계의 연구 성과를 반영한 상세한 해설과 정확한 번역, 전문가의 감수를 거친 신뢰도 높은 판본으로서 청소년부터 일반 교양인에 이르기까지 누구나 쉽게 읽을 수 있습니다. 또한 사상, 철학, 문학, 과학, 역사 등 서종을 폭넓게 아우름으로써 독자들의 인성 함양과 통합적인 사고 형성에 기여하는 바가 클 것입니다.

한국고전번역원은 전신인 민족문화추진회 이래로 지난 수십 년 동안 한문으로 쓰인 수많은 우리 고전을 정리, 번역해 왔습니다. 학계는 물론이고 일반인에게도 많은 도움이 되었다는 것은 자타가 공인하고 있습니다. 한국고전번역원이 번역한 조선왕조실록이 한류의 원천이 된 드라마, 영화 등에 다양한 상상력을 제공한 것은 널리 알려진 사례입니다.

한국고전번역원이 기획하여 펴내는 '한국고전선집'에는 이런 경험과 전문성이 오롯이 담겨 있습니다. 오랜 경력을 지닌 국내 최고 수준의 전문가들이 선집 번역의 품질을 관리하여 가장 정확하고 유익한 책을 만들 것입니다.

고전은 언제나 우리 곁에 있었습니다. 먼지를 뒤집어쓰지도 않았고, 서고 속에 갇혀 있지도 않았습니다. 아무리 밝고 아름다운 달도 고개를 들어 쳐다보지 않으면 그 존재를 알 수 없듯이, 우리 곁에 있는 고전도 돌아보지 않으면 그 가치를 알 수 없습니다. 이 선집 시리즈가 여러분이 고전으로 돌린 시선을 계속 사로잡을 수 있으면 좋겠습니다.

한국고전선집 기획위원

| 차례 |

제2장

스승과 제자

제3장

사상과 성리설

제4장

천주학 비판

제5장

조선의 학문을 반성하다

제6장

동사東史를 편찬하며

제7장

잡록

제8장

평가

안정복은 누구인가

안정복安鼎福 1712~1791은 어떤 인물인가. 실학實學을 꽃피운 조선 후기 대표적인 실학자의 한 사람으로, 『동사강목東史綱目』의 저자로 사람들은 대개 기억하고 일컬을 것이다. 그러나 안정복을 생각할 때면 가장 먼저 나의 뇌리에 떠오르는 것은 그의 위대한 실학도 사학도 아니요, 그의 유언 한마디이다.

> 만사輓詞와 제문祭文을 받지 말라. 나를 아는 자는 스스로 나에 대해 평가할 것이니, 남에게 억지로 청하여 실정을 벗어난 실없는 말을 받아서 공연히 비웃음을 살 필요는 없다.

옛날에는 누구에게 어떠한 만사나 제문을 받았는가 하는 것으로 고인에 대한 평가가 대개 결정되었다. 그래서 으레 만사와 제문들을 모은 소위 만제록輓祭錄을 꾸며 문집에 싣는 것을 매우 중시한다. 그런데 안정복은 만사와 제문을 받지 말라고 하면서 자신의 유언을 반드시 지키라고 단단히 다짐해 두었고, 그의 문집 『순암집順菴集』에는 실제로 만제록이 없다. 중국 진晉나라 유의劉毅는 "사람은 관 뚜껑을 덮어야 비로소 그 사람에 대한 평가가 결정된다." 하였다. 부富를 잊기는 쉬워도 명예를 잊기는 어려운 법인데, 안정복은 자신의 사후에 남을 평가에도 초연하였던 실로 순정醇正한 학자이다. 그래서 나는 무엇보다 먼저 '순유醇儒'라는 한마디 말로 안정복을 평가하고 싶다.

안정복이 28세 때 관상을 보는 사람이 말하기를 "옛사람이 구양공歐陽公 구양수歐陽脩의 관상을 보고, '귀가 얼굴보다 더 희니 이름이 천하에 가득할 것이고, 입술이 치아를 가리지 못하니 일없이 비방을 들을 것이다.'라고 하였는데, 공의 관상이 이와 흡사하니, 공은 오늘날의 구양공이 될 것이오." 하였다. 안정복은 얼굴에 마마 자국이 남아 있고 치열이 고르지 못했다고 한다. 안정복의 얼굴 모습이 수수하고 정직하여 바른말을 잘했던 그의 성품을 그대로 드러내 보여 주는 듯하다.

안정복은 숙종 38년1712 12월 25일, 지금의 충청북도 제천시 대랑동 느릅원에서 아버지 안극安極과 어머니 전주 이씨全州李氏의 장남으로 태어났다. 본관은 광주廣州, 자는 백순百順, 호는 순암順菴이다. 다른 호로는 한산병은漢山病隱, 우이자虞夷子, 상헌橡軒 등이 있다. 4세 때 모친을 따라 상경한 뒤로 여러 지역을 옮겨 살다가, 25세 때 선영이 있는 경기도 광주 경안면慶安面 덕곡리德谷里 지금의 광주시 중대동 텃골에 정착하였다. 그의 집안은 남인南人에 속했던 터라 노론이 득세하던 당시에 과거를 통해 입신하기 어려웠다. 안정복이 14세 되던 해에 할아버지 안서우安瑞羽 1664~1735가 울산 부사로 부임하였으나 그 이듬해 노론의 배척을 받아 파직되었고, 그 이후로는 집안에 벼슬길이 끊겼다. 그래서 안정복은 일찍부터 과거를 포기하고 학문에 전념하였다.

안정복은 10세에 글공부를 시작하여 경전과 역사서뿐 아니라 병서兵書, 불경, 노장老莊, 야사野史, 소설 등 구할 수 있는 글을 다 섭렵하여 15, 6세부터 이미 박학하기로 이름났다. 26세에 이르러 『성리대전性理大全』을 읽으면서 비로소 성리학에 뜻을 두었다.

갑자년1744 33세 때 안정복은 반계磻溪 유형원柳馨遠 1622~1673의 『반계수록磻溪隨錄』을 읽고 크게 감동을 받았다. 이어서 『반계집磻溪集』, 『동국여지지東國輿地志』 등 유형원의 저술을 읽었는데, 이때 현실을 보는 눈이 열리고 종래의 성리학과는 다른 학문 성향이 형성되기 시작했던 것으로 보인다.

그리고 병인년1746 35세 때 안산安山에 살던 성호星湖 이익李瀷 1681~1763을 찾아가 스승으로 섬긴다. 처음 대면한 자리에서 이익이 학문은 스스로 터득하는 자득自得을 매우 중요시하니 새로운 이치를 밝혀 정주程朱 정자와 주자와 다른 학설을 얼마든지 주장할 수 있다고 자기 소신을 거침없이 말하자,

안정복은 오직 옛 성현의 말씀을 그대로 따라 성실히 실천에 옮기겠다고 겸손하게 대답한다. 이익이 정복鼎福이라는 이름을 고칠 것을 권하자 안정복은 "이름을 아무리 고치더라도 이 몸은 여전히 그 사람 그대로일 것이니, 이 문제는 저 자신의 할 도리를 다하여 스스로 지켜 가면 그만일 것입니다. 이에 감히 분부를 따르지 못합니다."라고 답하였다. 스승의 말을 매우 중시하던 당시로서는 퍽 이례적인 일이 아닐 수 없다. 안정복이 자존심과 소신이 매우 강한 사람이었음을 알 수 있다.

한편 유형원과 이익은 조선 시대에 노비의 신분이 세습되던 제도를 폐지해야 한다고 주장했는데, 안정복도 "우리나라 노비법奴婢法은 천하에 더없이 억울한 법이다. 사람이 어떻게 대대로 계속 천민이 되어서 영원히 벗어날 수 없단 말인가."라고 하였다. 의외로 다산茶山 정약용丁若鏞 1762~1836은 『목민심서牧民心書』에서 노비제를 강화하여 신분 질서를 바로 세워야 한다고 주장하였다.

이익과는 모두 세 차례 만났고 함께 지낸 시일은 4일에 불과하였으나, 안정복은 이익을 평생에 유일한 스승으로 지극히 존경하였고 수십 통의 편지를 주고받으며 진지하게 학문을 토론하였다. 그렇지만 안정복은 스승과 기질이 달랐다. 이익이 활달하고 개방적이라면 안정복은 온건하고 보수적인 성향을 보인다. 이익의 영향을 받은 안정복은 주자朱子를 믿고 따르면서도, 조선의 학자들이 주자를 잘못 배웠다고 생각하여 이미 내실 없이 껍데기만 남은 이론에만 매달리는 조선의 학문 풍토를 개탄하고 실용實用을 추구하였다.

유형원과 이익을 통하여 실학에 눈을 떴지만, 정작 안정복이 생각했던 실학은 오늘날 이야기하는 실학의 개념과 다르며 분명 주자학의 정신 위에 서 있다.

『주서절요朱書節要』라는 책은 퇴계 선생이 정력을 다한 저술이니, 참으로 학자들로서는 가장 우선으로 공부해야 할 것이며 또 일생을 두고 수용受用해야 할 것이다. 그런데 요즘 사람들은 이 책을 읽지 않는 이가 많다. 이런 까닭에 실학은 점점 빛을 잃고 속학俗學이 점점 기세를 부리고 있다.

이와 같이 안정복은 학문의 뿌리를 주자학에 내리고 있지만 리기성리설理氣性理說에는 별로 관심을 보이지 않았다.

대저 리기설理氣說이 있은 뒤로 이에 관한 학설이 한우충동汗牛充棟으로 많아 오늘날 학자들이 가장 중요시하는 저술의 자료가 되어 하나의 폐단을 이루는 실정입니다. 가만히 생각해 보면 사람이 학문을 한다는 것은 악을 버리고 선을 따르는 데 불과합니다. 리기理氣가 비록 성명性命의 근원이라고는 하지만 실용에는 별 관계가 없는 것 같고, 공연히 주고받으며 한갓 종이 위의 한가로운 말만 늘어놓다가 점점 과격해져서 끝없이 각축을 벌이는 것은 또한 무슨 작태입니까.

주자학의 두뇌라 할 수 있는 리기설이 실용에 도움이 되지 못하고 한갓 폐단이 될 뿐이라고 지적하였다. 이것이 당시 조선의 주자학과 다른 그의 실학 정신으로서, 『동사강목』, 『열조통기 列朝通紀』, 『잡동산이 雜同散異』, 『임관정요 臨官政要』 등 방대한 실학적 저술을 남길 수 있었던 원동력이 되었다.

서학西學이 중국에 처음 들어온 것은 17세기 초엽이다. 이후 100여 년이 지난 18세기 초엽에 이르러서 조선에 전래되었고, 성호 이익을 비롯한 성호학파星湖學派의 학자들은 일찍부터 천주학을 포함한 서학에 관심을 보였다. 안정복은 서학 중 역법, 화포 등 서양 과학 기술은 정교한 점이 있다고 인정하면서도 성인聖人의 학문이 아니라고 폄하해 버린다. 그는 천주학이 이단이라는 강한 소신을 가지고 비판하다가 녹암鹿菴 권철신權哲身 1736~1801을 비롯한 동문의 젊은 학자들로부터 갖은 모욕과 비방을 받았다.

그럼에도 안정복이 천주학으로 쏠려 가는 성호학파 후학들을 경고한 것은 또한 당시 실권을 잡은 노론들에게 사교邪教

를 믿는다는 구실을 주어 큰 화를 당할까 우려했기 때문이기도 하다.

성호학파 안에서 안정복과 가장 크게 의견의 대립을 보인 학자는 권철신이다. 안정복이 보수적 성향을 보이는 우파右派를 대표하는 학자라면 권철신은 진보적인 성향을 보이는 좌파左派를 대표하는 학자라 할 수 있다. 안정복이 정주의 학설을 힘써 따르고 지키려는 신중한 태도를 보인 반면, 권철신은 정주의 학설일지라도 자기 견해와 다르면 과감하게 고치는 혁신적인 면모를 보인다. 오늘날 지식인들은, 진보적인 성향을 보이는 인물은 시대에 앞선 선각先覺이라 하여 무턱대고 높이 평가하려는 경향이 있다. 안정복과 같은 인물이 상대적으로 각광받지 못할 수 있는 것이다. 그러나 실학이 현실에 밀착한 학문이라 한다면, 나는 안정복이야말로 실학자 중에서 가장 실학을 한 학자라 일컫고 싶다.

안정복은 예학禮學에 밝고 주자학의 이념에 충실하면서 당시 현실을 외면하지 않고 어디까지나 실용을 중시한, 소위 실학을 한 학자이다. 안정복을 통해서 주자학과 실학이 본래 하나이면서 둘임을 볼 수 있으니, 안정복이야말로 주자학과 실학의 관계 그리고 그 경계선을 가장 잘 보여 주는 학자라 하겠다.

조선은 주자학의 나라라 명분과 염치를 지나치게 중시한

나머지 선비들이 대개 관직에 나가지 않고 산림처사山林處士로 자처하는 것을 고상하게 여기는 풍조가 만연하였는데, 안정복은 이는 신하의 도리가 아니라고 단호히 비판하였다.

오늘날 사람들은 "아무개는 유자儒者이니, 틀림없이 이 벼슬에 나오지 않을 것이다."라고 하면서 안 나오는 것을 고상하게 여기고, 당사자 자신도 말하기를 "어진 이를 등용해야 할 자리이지 내가 맡을 자리는 아니다."라고 하면서 역시 나가지 않기로 작정한다. 그래서 이 길이 철한鐵限이 되어 이를 넘어가는 자가 아무도 없으니, 국가에서 관직을 둔 뜻이 허울 좋은 겉치레가 되어 버리고 선비들도 쓰일 때가 없게 되는 것이다. 세상에 이런 이치가 어디 있겠는가. 어려서 배우는 목적은 장성해서 그대로 실행하기 위한 것이다. 만약 지금 세상 사람들의 말처럼 우물쭈물하다가 말 뿐이면, 이는 자기 몸 하나 깨끗하게 하려고 임금을 섬기는 인륜을 어지럽히는 자들이나 하는 짓이지, 우리 유가儒家의 중정中正한 도리가 아니다.

조선의 학자에게서는 좀처럼 듣기 어려운 말이다.

안정복은 38세에 처음 벼슬길에 나아가 만녕전 참봉萬寧殿參奉, 의영고 봉사義盈庫奉事, 정릉 직장靖陵直長, 귀후서 별제歸厚署別提 등 미관말직微官末職을 거쳤지만, 성심을 다해 봉직奉職하며 오로지 청렴하고 조심하는 태도를 지켰다. 그래서 의영고 봉사로 있다가 정릉 직장으로 옮겨 가니, 백성들이 의영사義盈司의 문밖에 거사비去思碑를 세웠다. 스승 이익이 이 사실을 듣고 보낸 편지에서 "의영사 문밖에 거사비가 세워졌으니, 경아문京衙門의 낮은 관원에 대해 이렇게 한 적이 고금에 없네. 여기에서 학문을 하거나 벼슬살이를 하거나 늘 온 힘을 다했음을 알 수 있네."라고 크게 칭찬하였다.

안정복은 43세 때 부친상을 당해 사헌부 감찰을 그만두었는데, 이때 지나치게 슬퍼한 나머지 몸을 해쳐 피를 토하는 증세가 생겼다. 그래서 건강이 늘 좋지 못하였기 때문에 더욱 세상에는 관심을 끊고 학문에 전념하였다.

안정복은 61세에 이르러 병조 판서 채제공蔡濟恭 1720~1799의 천거로 세자익위사 익찬世子翊衛司翊贊에 임명되어 세손世孫을 보좌하며 지도하였다. 이 세손이 훗날 정조正祖가 되었다.

65세에 목천 현감木川縣監으로 부임하여 백성들이 관청에 저장할 얼음을 채취하는 일을 폐지하고, 방역소防役所를 설치하는 등 선정善政을 베풀었다. 그래서 부임한 지 몇 달이 지나지 않아 백성들이 선정을 칭송하여 온 고을 안에 목비木碑를 세우자, 안정복은 이를 금지하였다.

67세 12월과 68세 2월에는 자신의 봉급을 줄여서 백성들의 세금을 덜어 주고 고을 안의 굶주린 백성들을 진휼하니, 2월부터 4월에 이르기까지 진휼한 자가 2천여 명이었다.

> 만년에 벼슬길에 나갔다가 곧장 물러나곤 하여 오랫동안 벼슬할 생각이 없었으니, 이는 고상하게 은거하려는 뜻이 있어서가 아니라 병세로 보아 억지로 벼슬하기 어려워서 그랬던 것이다. 제대로 알지 못하는 자들이 함부로 학자라는 이름을 붙여 놓았으니, 이는 비록 일일이 사람을 찾아다니며 해명할 수는 없지만 또한 나의 진심을 알지 못한 것이다.

자신이 학자로 일컬어지는 것조차 부담스럽게 여겼던 안정복은 위의 유언을 남기고 1791년 80세를 일기로 세상을 떠났다.

운명하기 이틀 전에, '경의직방敬義直方' 넉 자를 써서 늘 자리 곁에 걸어 두던 경의패敬義牌를 가져오라 하였고, 운명할 때에도 정신이 맑았다고 한다. 벽에 걸린 '경敬', '의義' 두 글자를 가리키며 "이 두 자는 학자에게 극히 중요하니, 모름지기 공부를 익숙하게 해야 한다. 공부가 익숙하면 가슴속에 일물一物도 없게 된다. 나는 이러한 경지에 이르지 못하고 죽는다."라고 말한 조선 중기의 도학자 남명南冥 조식曺植 1501~1572의 임종 모습을 떠올리게 한다. 안정복을 대개 실학자로 분류하지만, 그의 일생을 통해 내면을 관류하는 것은 주자학, 도학의 정신이었음을 알 수 있다. 요컨대 조선 주자학의 그릇된 학문 풍토를 비판하고 주자를 바로 배우겠다는 정신의 바탕 위에서 현실을 바로 보고 실용을 추구하고자 한 학문이 안정복의 실학이라 하겠다.

제1장

순암이라는 학자

안정복은 충청북도 제천현에서 태어나, 4세 때 모친을 따라 상경한 뒤로 여러 지역을 옮겨 살다가, 25세 때 경기도 광주 경안면 덕곡리에 정착하였다. 그의 집안은 남인에 속했던 터라 노론이 득세하던 당시에 과거를 통해 입신하기 어려웠기 때문에 일찍부터 과거를 포기하고 학문에 전념하였다.

영장산객전
靈長山客傳

객客은 광주인廣州人이니, 성은 모某이고 이름은 모, 자字는 모이다. 자기의 자로 말미암아 거처하는 집에 순암順菴이라고 편액을 걸었으니, "천하의 일은 순리順理뿐이다."라는 뜻이다.

영장靈長은 산 이름이다. 이 산속에서 글을 읽으면서 '영장산객靈長山客'이라고 자호自號하였다. 어려서는 몸이 약하여 병을 안고 살더니 장성한 후에는 학문을 좋아하여 읽지 않은 책이 없었다. 학문을 함에 스승과 동학同學이 없어 마음 내키는 대로 온갖 책들을 보며 정치, 병법, 천문天文, 역학易學, 의서醫書 등을 두루 연구하느라고 여러 해를 보냈지만 결국 소득이 없었다. 뒤늦게야 자신의 공부가 잘못되었다는 것을 깨달았으면서도 시원하게 버리지 못하다가 26세에 『성리대전』을 읽어 보고서야 비로소 이 학문이 더없이 좋은 것임을 알고 탄식하였다.

"'자기 집에 있는 무진장無盡藏한 보물을 버려두고 깡통을 들고 남의 대문 앞에서 비렁뱅이 노릇을 했다.'라는 것은 지금의 내 상황을 옛사람이 먼저 깨달은 말이 아니겠는가."

드디어 이 책을 손수 베끼며 입으로 외웠다. 한편 역대의 사서史書를 두루 공부하여 역사의 치란治亂, 안위安危의 기미, 문물제도文物制度의 연혁, 시비득실是非得失 등을 분석하고 연구하느라 여러 해를 보냈다. 이 때문에 내면으로 향하는 공부에 전념하지 못했다.

서책을 널리 섭렵했기에 비록 얻은 것은 없었지만 의견을 내놓으면 그런대로 들어 볼 만한 것이 있었으므로 뜻을 같이 한 선비들이 간혹 실제로 터득함이 있다고 여기기도 했지만 그 속을 알고 보면 아무것도 없었다. 이로 말미암아 헛된 명성으로 세상을 속여 기사년1749 여름에 천거되어 후릉 참봉厚陵參奉에 제수되었으나 나아가지 않았고, 겨울에 또 만녕전 참봉에 제수되자 이마저 사양하면 명예를 사려는 것처럼 보일까 봐 어명을 따랐으나 그가 좋아했던 것은 아니었다.

신미년1751 2월에 의영고 봉사로 승진하고, 임신년1752 2월에 정릉 직장으로 승진하였으며, 계유년1753 10월에 귀후서 별제로 승진하고, 갑술년1754 2월에 사헌부 감찰로 승진하여 통훈대부通訓大夫의 품계에 이르렀으니, 모두가 순서에 따라 오른 자급資級이었다.

이해 6월에 부친상을 당하여 영장의 옛집으로 돌아가 여막廬幕을 지켰다. 그러다 병이 나자 이대로 일생을 마치겠다는 마음을 먹고는 문을 닫아걸고 사람들과 교유를 끊은 채 한결

같은 마음으로 운명을 기다렸으니, 이때 나이 43세였다.

객은 평소 제갈량諸葛亮과 도연명陶淵明을 사모하였다. 진수陳壽의 『삼국지三國志』와 『진서晉書』, 『송서宋書』에 수록된 그들의 전傳은 상세한 곳과 소략한 곳이 뒤섞여 있고 누락된 사실도 실로 많았다. 그래서 두루 전기傳記를 채집하여 제갈량과 도연명의 전을 만들어 늘 읽으면서 그들을 만나기나 한 듯이 기뻐하였다. 그리고 그들의 흉내를 내어 뽕나무 8백 그루와 버드나무 다섯 그루를 집의 좌우에 심었는데, 뽕나무는 6백 그루가 말라 죽고 버드나무는 한 그루가 시들었다. 일찍이 웃으면서 다른 사람에게 말하였다.

"망녕되게 옛사람으로 자부하였더니 나무들도 내가 옛사람과 같지 않다는 것을 안 모양이다. 제갈량에게는 4분의 3이 미치지 못하고 도연명에게는 5분의 1이 미치지 못하니, 내가 누구를 속이겠는가?"

글을 읽으면 항상 대의大義만을 보고 굳이 깊이 해석하려 하지 않았으니, 이 또한 두 사람이 하던 바를 사모한 것이다.

자질과 성품이 비루하고 오활하여 백에 하나도 잘하는 것이 없었으나, 한 가지 자부하는 것은 남의 선을 보면 좋아하고 남의 장점을 보면 몸을 굽혀 배우기를 원하는 것이었다. 남의 비위를 거스른 일이 없고 남을 심하게 꾸짖지 않았기 때문에 한번도 남에게 실례한 적이 없었다. 벼슬하는 5년 동안 분수에 맡게 일하고 한 사람도 매질한 적이 없었으며, 사私로써 공公을 해치지 않았고 옛것을 고집하다가 시속時俗을 어기는 일이 없었다. 그래서 아랫사람들은 그 간편한 처사를 좋아하고 사람들은 그의 온화한 인품을 좋아하였다. 그래서 모르는 사람들이 처세를 잘한다고 하였지만, 또한 마음에 개의치 않았다.

집이 가난하여 서책이 없었으므로 잊어버리는 데 대비하여 미리 베껴 적어 두는 것을 좋아하였으나 글을 짓는 것은 좋아하지 않았으니, 역시 문사文辭에 재주가 없음을 스스로 잘 알기 때문이었다. 저술한 것이 상자 안에 가득 차 있지만 모두 탈고하지 못한 것이라 비록 연석燕石*처럼 스스로 귀중하게 여겼지만 있어도 되고 없어도 되는 것이었다. 그래서 한갓 심력만 허비했을 뿐 양만 많고 긴요치 않았다.

야사씨野史氏는 말한다.

"내가 객의 마을 사람들에게 객의 사람됨을 자세히 들어 보았는데, '집 안 깊이 들어앉아 있으면서 드물게 밖으로 나오는 것은 도가道家의 수련修鍊을 하는 자와 같고, 향리鄕里에

* 연석燕石 : 연산燕山에서 나는 옥 비슷한 돌이다. 옛날 송宋나라의 어리석은 사람이 오대梧臺의 동쪽에서 이 돌을 얻고는 큰 보물이라 여겨 비단으로 수십 겹을 싸서 잘 보관하였으나, 결국 일반 돌과 다름이 없었다 한다.

서 세속을 따르는 것은 향원鄕愿*과 같고, 큰 뜻을 품고 옛날을 말하는 것은 광자狂者*와 같고, 남에게서 구함이 없는 것은 지조가 있는 사람 같고, 항상 종일토록 글을 보는 것은 학문을 하는 자와 같고, 간혹 눈을 감고 고요히 앉아 있는 모습은 참선하는 자와 같고, 나약한 듯이 남에게 굽히는 것은 노자老子의 학문에서 얻은 바가 있는 듯하고, 운수에 미루고 운명에 맡기는 것은 장주莊周의 학문을 터득한 듯하다. 또 그의 말은 박식하고 갈래가 많아 요점을 파악하기 어려우나 널리 아는 것을 요약하여 하나로 귀결시킨다면 도리에 거의 어긋나지는 않을 것이다.'라고 하니, 참으로 그러하다. 그러나 성격이 간졸簡拙하여 사람들과 교유하지 않으면서, '한 사람을 사귀는 것이 한 사람을 끊는 것만 못하다.'라고 하였다. 그래서 그를 찾아오는 사람이 없어 삼경三逕*의 아래에 풀이 무성하였

* 향원鄕愿 : 향리에서 근후謹厚하다고 일컬어지면서 세상에 적당히 적응하는 사람을 가리킨다. 공자孔子가 "내 문 앞을 지나면서 내 집에 들르지 않아도 내가 유감으로 여기지 않는 자는 오직 향원일 것이다. 향원은 덕의 적이다.過我門而不入我室 我不憾焉者 其惟鄕愿乎 鄕愿德之賊也"라고 한 데서 온 말이다. 『맹자孟子』「진심 하盡心下」에 보인다.

* 광자狂者 : 이상과 포부는 크나 실천은 따라 주지 못하는 사람이다. 공자가 말하기를 "중도의 선비를 얻어 함께할 수 없다면 반드시 광자나 견자와 함께 할 것이니, 광자는 진취적이고 견자는 하지 않는 바가 있다.不得中行而與之 必也狂狷乎 狂者進取 狷者有所不爲也" 하였다. 『논어論語』「자로子路」에 보인다.

* 삼경三逕 : 한漢나라 장후蔣詡가 두릉杜陵에 은거하면서 자기 집 대밭 아래에 세 개의 오솔길을 내고 친구인 구중求仲과 양중羊仲 두 사람하고만 교유하였던 고사에서 온 말로, 은자隱者의 집을 뜻하는 말이다. 여기서는 작자 자신의 집을 가리킨다.

다. 이렇게 일생을 마치니, 어쩌면 은사隱士의 풍모를 아는 자가 아니겠는가."

갑술년1754 43세 때 지은 것으로, 자신이 닦아 온 학문의 과정과 관력官歷, 행실 등을 서술한 일종의 자전自傳이다.

영장산객은 안정복 자신을 가리킨다. 영장산은 경기도 광주시 중대동 텃골을 둘러싸고 있는 작은 산인데, 그 산자락이 안정복이 살던 덕곡리 뒷산을 이룬다.

일생을 학자로 보낸 안정복이 삼국 시대 촉한蜀漢의 승상 제갈량과 동진東晉의 은사 도연명을 사모하였다는 것은 퍽 의외이다. 안정복이 한평생 초야에 묻혀 학문 연구만 했던 것은 과거를 통해 포부를 펼 수 없는 답답한 처지에서 어쩔 수 없는 선택이었음을 알 수 있다.

이 글의 끝에서 안정복은 야사씨의 논평을 빌려서 자신의 생활 모습을 형용하였다. 자신이 수련하는 도사道士, 참선하는 승려, 향원, 광자, 내지 노장老莊의 학문을 한 사람과 같다고 한 것은, 당시 남인에 속하여 벼슬길이 거의 막힌 안정복이 세상에 관심을 끊고 학문에 열중하며 살 수밖에 없는 자신의 처지를 다소 희화화하여 자조한 말일 것이다. "한 사람을 사귀는 것이 한 사람을 끊는 것만 못하다."라고 한 말이 그러한 심정을 단적으로 보여 준다.

순암이라는 집
上星湖先生別紙

질병과 거상居喪이 이어진 탓에 여러 해 동안 집을 떠나 있다 보니 옛날에 살던 집이 퇴락하여 들어가 살 수 없었습니다. 그리하여 막내아우와 맏아들을 시켜 손수 연장을 들고 집을 짓게 하고 동네의 일 잘하는 젊은이들을 불러서 공역을 돕게 했더니, 열흘도 채 못 되어 집 한 채가 다 지어졌습니다. 집 모양은 '암菴' 자를 닮았습니다. '암菴'이라는 글자에서 '초艹'는 띠풀로 지붕을 덮은 것이고, '일一'은 가로지른 대들보이고, '인人'은 둘러친 서까래들입니다. '전电'은 기둥 하나를 가운데 세워 네 칸을 만든 것인데, 기둥이 둘이면 여섯 칸이 되고, 셋이면 여덟 칸이 되어 용도가 더욱 넓어집니다. 동북 지방 산골 백성들은 모두 이런 집을 짓습니다. 제가 직접 상량문上梁文을 쓰기를 "세 기둥이 높이 세워지니 앞뒤로 여덟 칸 집이 열려 있고, 대들보 하나가 위를 덮음에 좌우로 백여 개의 서까래가 둘러 있네."라고 하였으니, 그 모양을 상상하실 수 있을 것입니다.

전면 두 칸은 방을 만들어 거처하면서 이름을 '순암順菴'이라고 했는데, 이는 저의 자字 '백순百順'에서 따서 이름을 붙인 것입니다. 생각건대 천하의 모든 일은 오직 이치를 따르면順理 그만일 뿐입니다. 가운데 한 칸은 당堂을 만들어서 일을 보는 곳으로 삼았습니다. 띠풀로 인 지붕과 흙으로 만든 당에서 밭 갈고 땔나무하며 베옷 입고 거친 밥을 먹으며 시를 외우고 글을 읽는 것이 모두 저의 분수에 맞기에 '분의당分宜堂'이라는 이름을 붙였습니다. 그리고 또 한 칸을 막아 방으로 꾸미고 '담숙실湛肅室'이라는 이름을 붙였으니, 제사 때 재계하는 곳입니다. 그리고 또 뒤로 세 칸을 틔워 기물을 보관하는 곳으로 삼고, 동북쪽 한 칸에는 가묘家廟 조상의 위패를 모신 사당를 봉안하였습니다.

제가 살고 있는 곳은 깊은 산골로 동네의 둘레가 몇 궁弓* 남짓밖에 안 됩니다. 산 이름은 영장인데 한산漢山 남한산에서 서남쪽*으로 30리里는 좀 못 되고 삼전포三田浦에서 남쪽으로 40리 남짓 됩니다. 이곳에 여러 대代의 선영先塋 조상의 묘소이 있습니다. 여기서 농사짓고 땔나무하고 가축이나 치면서 사람들과 만나지 않고 동구 밖을 나가지 않은 지가 어언 삼 년입니다. 상중喪中에 있었고 또 질병 때문에 그런 것이기도

* 궁弓 : 거리를 재는 길이 단위로 8자尺를 1궁이라고 하는데, 6자나 5자를 1궁으로 보기도 한다.

* 서남쪽 : 영장산은 남한산의 동남쪽에 있으므로 오류인 듯하다.

하지만 천성이 간졸한 탓도 있습니다.

제가 외람되게 문하생이 된 지도 벌써 10년이 넘었습니다. 그동안 편지를 내려 가르침을 주셔서 학문의 모든 이치를 남김없이 드러내 보여 주셨으니, 이것만으로도 평생을 두고 행하여도 남음이 있을 것입니다. 고요히 조섭하고 계시는 선생님께 무엇을 감히 번거롭게 청하겠습니까. 다만 분의당에 대한 기명記銘과 순암에 대한 명銘을 받아서 종신토록 외우고 생각할 자료로 삼고자 하니, 굽어 생각해 주시기 바랍니다. 너무도 송구할 뿐입니다.

병자년1756 45세 때 스승인 성호 이익에게 올린 편지이다. 먼저 자신이 정착해 살던 덕곡리에 새로 집을 짓게 된 연유와 집의 건축 양식을 말한 다음, 천하의 모든 일은 이치를 따르면 된다는 뜻에서 자신의 자인 백순百順에서 '순順' 자를 따 순암順菴이라는 당호堂號를 지었다고 하였다. 안정복은 성품이 매우 강직하여 소신을 굽히지 않아 사람들과 부딪치는 일이 많았다. 그래서 동문 중에서 천주학을 하던 젊은이들과 사이가 크게 벌어지기도 했다. 이러한 자신의 성격을 잘 알기에 스스로 매사에 이치를 따르겠다는 뜻에서 순암이라는 호를 썼던 것이다.

청빈한 학자의 생활
與鄭永年書

옛날에는 사농공상士農工商의 모든 백성이 저마다 일정한 직업이 있어 자기가 할 일만 하면 되었지만, 지금 선비들은 농사 아니면 살아갈 길이 없습니다. 우리들의 운명이 너무나 기구하여 집안 식구들 끼니 걱정에 마음이 괴롭고 어지러워 좋아하는 학문에 전념하지 못하고 있으니, 이 얼마나 탄식할 일입니까.

저의 형편으로 말하면, 근래 해마다 수해水害와 가뭄이 겹친 터에 식구는 늘어나고 농토는 줄어들어 선영 아래에 있는 몇 이랑 논밭의 평년 수확이 40섬 미만이고, 올해 같은 흉년을 당하면 그나마 절반으로 줄어듭니다. 그런데 먹는 식구는 스물둘이나 되는 데다 조세 납부며, 의복 비용이며, 제수祭需 장만이며, 손님 접대를 모두 이것에 의지할 수밖에 없습니다. 저는 상喪을 당한 이후로 병세가 위독하여 숨만 겨우 붙어 있는 상황에서도 지출을 자칫 한번이라도 잘못했다가는 반드시 굶어 죽는 식구가 생기겠기에 늘 염려하며 살고 있습니다.

죄가 있어 죽는 것이야 슬플 것이 없지만 죄 없이 굶어 죽게 된다면 이 어찌 사람이 할 일이겠습니까. 그래서 자식들을 시켜 집안일을 번갈아 보게 하되, 옛사람이 수입을 헤아려 지출했던 방식*을 따라 한 해를 열두 달로 쪼개고, 한 달을 30일로 쪼개어 지출하되 늘 조금씩 곡식을 남기도록 유의하면서 다음 달 쓸 것을 미리 당겨쓰는 일은 없도록 했습니다. 그리하여 온 식구가 죽은 근근이 먹고 있지만 앞으로는 겨까지 먹어야 할 형편입니다. 그래서 가족들이 매우 괴로워하고 저도 매우 민망하지만 이렇게 하지 않으면 생계를 지탱할 방도가 없습니다.

가난한 형편에 살아가자면 우선 위아래 없이 한집안 모든 사람의 뜻이 통해야만 가능한데, 종들도 사람인지라 그런 형편을 눈으로 보니 감히 배부르게 먹을 생각도 하지 않고 원망도 하지 않습니다. 이른바 "살리기 위해서 사람을 죽이면 죽어도 원망하지 않는다."*라고 한 것이 바로 이런 경우일 것입니다. 그러나 장구히 이렇게 할 수 있을지는 모르겠습니다.

* 옛사람이……방식 : 송나라 사마광司馬光의 고사이다. 사마광의 「사마씨거가잡의司馬氏居家雜儀」에 가장이 집안을 다스리는 도리를 말하면서 "재용을 절제하여 수입을 헤아려 지출하되 집안의 형편에 맞게 하고 윗사람 아랫사람의 의복과 식량 및 길사와 흉사의 비용을 지급하되 모두 잘 절제하여 균일하지 않음이 없게 하며, 불필요한 비용을 절감하고 사치를 금지하여 늘 잉여 자금을 다소 남겨 두어 예기치 못한 일에 대비하게 한다." 하였다.

* 살리기……않는다 : 맹자가 "편안하게 해 주는 방법으로 백성을 부리면 비록 수고롭더라도 백성들이 원망하지 않으며, 살려 주는 방법으로 백성을 죽이면 비록 죽더라도 죽이는 자를 원망하지 않는다." 하였다. 『맹자』「진심 상盡心上」에 보인다.

옛날에 소동파蘇東坡 소식蘇軾가 가운로賈耘老 가수賈收의 가난을 위로할 방법을 썼고,[*] 유서애柳西厓 유성룡柳成龍도 그 방법을 썼다고 하는데, 형도 이미 알고 계실 것입니다. 한번 시험해 보셨습니까? 우리가 편지를 교환할 때면 당연히 경서나 예설禮說을 물어야 할 것인데 이렇게 자질구레하고 쓸데없는 말만 썼으니 도리어 민망합니다. 노형께서도 한바탕 웃으실 것입니다.

을해년1755 44세 때 정수연鄭壽延에게 보낸 편지로 안정복의 생활 형편을 잘 보여 주는 글이다.

수입을 헤아려 지출을 절제하지 않으면 흉년에는 식구가 굶어 죽을 수밖에 없는 딱한 처지라 종들도 배불리 먹을 생각을 하지 않고 원망도 하지 않는다. 참으로 궁핍한 생활이다. 이러한 상황에서도 안정복은 마음의 여유를 잃지 않고 옛날에 소동파가 가운로의 가난을 위로했던 것처럼 서화書畫를 보며 마음을 달래자고 말한다.

* 소동파蘇東坡가……썼고 : 송나라 가운로는 시를 잘 짓고 술을 좋아했으나 집이 몹시 가난하였다. 소동파와 친했는데 소동파가 그의 가난을 딱하게 여기면서도 도와줄 것이 없자, 고목古木과 괴석怪石을 그리고 그 후면에다 글을 써서 주면서 배가 고플 때면 한 번씩 펴 보라고 했다는 고사가 있다.

산수 경치도 얘기하지 말지니

與李景協書

우리 같은 사람들은 문을 닫고 칩거하면서 세상에 바라는 것이 없고 다른 사람과 상관하지 않고 사니, 혹시 입 가진 자의 구설에 오르더라도 그저 침묵하면서 자신을 지켜야 할 뿐입니다.

성대곡成大谷* 1497~1579의 시에 다음과 같은 내용이 있습니다.

서로 만나면 산수도 얘기하지 말지니	相逢不用談山水
산과 물을 얘기해도 남의 귀 거스른다네	談水談山亦忤人

이분의 맑은 명성과 곧은 지조가 영구히 사라지지 않는 것은 입을 다물고 침묵했던 효과가 컸습니다. 노형께서는 어떻게 생각하십니까? 후략

* 성대곡成大谷 : 조선 시대 학자 성운成運으로, 대곡은 그의 호이다. 본관은 창녕昌寧, 자는 건숙健叔이다. 그의 형이 을사사화로 화를 입자 충청북도 보은報恩 속리산에 은거하였다. 서경덕徐敬德, 조식, 이지함李之菡 등과 교유하였으며 당대의 은사로 명성이 높았다.

병자년1756 45세 때 이병휴李秉休 1710~1776에게 보낸 편지이다. 이병휴는 자가 경협景協, 호가 정산貞山이며, 안정복의 스승인 성호 이익의 조카이다.

성대곡의 시에서 산수 얘기도 남의 귀를 거스를 수 있다고 한 것은, 거듭된 사화士禍로 흉흉한 세태를 잘 반영한다. 당시 구설에 올라 비방을 받고 있다고 불만을 토로하는 이병휴에게 안정복이 세상사를 아예 잊고 끊으라고 충고한 것인데, 이는 안정복 자신의 뜻이기도 했다.

온 세상 사람들이 헐뜯더라도 두려울 것이 없고
與李景協書

뜻밖에 첨성촌瞻星村에서 보내 주신 답서答書를 받아 보니, 진심을 피력한 간절한 말씀이 거의 수백 내지 천 자에 이르렀습니다. 편지를 어루만지며 감탄하느라 차마 손에서 놓지를 못했습니다. 저를 지극히 아끼고 돈독히 믿어 주시지 않는다면 이렇게까지 하실 수 있겠습니까. "부질없는 득실得失은 이미 태허太虛에 맡겨 버렸다."라고 하신 말씀에서 확고하여 흔들리지 않는 뜻을 더욱 우러러보게 되었습니다. 저도 일찍이 벽 위에다 스스로 경책警策하는 말을 써 붙였습니다.

"온 세상 사람들이 다 헐뜯더라도 두려울 것이 없고 도道를 아는 이가 헐뜯는 것이 두려우며, 온 세상 사람들이 다 칭찬해도 기쁠 것이 없고 도를 아는 이가 칭찬하는 것이 기쁘다." 중략

우리 도는 날이 갈수록 쇠퇴하고 이 학문은 날로 고단孤單해지니, 문을 닫고 앉아 독서에 열중하고 경전 연구에만 몰두하며 명예나 이익에 유혹됨이 없이 조용히 자득의 경지를 맛보고 있는 자가 지금 세상에 몇이나 되겠습니까. 지금 세상은

높아지기 쉽고* 풍습은 남 헐뜯기만 좋아하니, 자기가 자기 글을 읽는 것이 남의 일과 무슨 상관이기에 그렇게들 떠들어 댄단 말입니까. 제 경우만 말하더라도 5년 동안 괴이한 병에 걸려 이승과 저승을 오락가락하는 지경에 있으면서도 차마 손을 묶어 둔 채 가만히 있을 수만은 없어서 저술도 좀 해 보고 소견이 있으면 말하기도 하면서 때로 남에게 꺼내 보인 적이 있습니다. 이는 내 능력을 자랑하고 칭찬을 받기 위해서가 아니라 사실은 많은 사람에게 물어 학문에 도움을 받고자 했던 것인데, 도움은 받지 못하고 도리어 남의 구설만 초래하고 말았습니다. 후략

무인년1758 47세 때 이병휴에게 보낸 편지이다. 세상의 비방을 아랑곳하지 않고 자기 소신대로 글을 읽고 연구하며 살겠다는 안정복의 지향志向이 잘 드러난다. 성리학, 예학 외에 다양한 분야에 관심을 두던 안정복의 저술이 당시 보수적인 학자들로부터 비판받았던 정황도 알 수 있다.

* 지금……쉽고 : 주자의 「답정자명서答鄭子明書」에 "형공이 말한 '말세에서는 높아지기 쉽고 험한 길을 다하기 어렵다.' 한 것을 또한 생각해야 할 것이다. 荊公所謂末俗易高險塗難盡者亦可念"라고 한 데서 온 말이다. 말세에서 높아지기 쉽다는 것은 쇠퇴한 세상에서는 뛰어난 인물이 없어 웬만하면 높은 사람으로 인정받고 자부한다는 뜻이다. 『주자대전朱子大全』 권25에 보인다.

사문의 장래를 염려하며
答李景協書

옛날 젊었을 때는 친구들에게 편지를 보낼 때 공부를 어떻게 하고 있는지, 그동안 학문은 얼마나 깊어졌는지 반드시 묻고 싶었는데, 몇 해 전부터는 이런 생각이 점점 사라져 그저 '평안平安' 두 글자 소식만 알면 곧 마음이 반가웠고, 이 밖에는 언급할 겨를이 없었습니다. 이는 역시 앞으로 살날이 많지 않아 지기志氣가 꺾이고 줄어서 그런 것일 터이니, 참으로 저 자신이 가련할 뿐입니다.

세도世道가 날이 갈수록 쇠퇴하고 우리 학문도 전해지지 못하고 있는 이때, 다행히도 우리 몇 사람은 타고난 성품과 재주가 비록 다르기는 하지만, 외물에 유혹되는 병통이 없고 학문을 진실하게 좋아하는 마음을 지니고서 적막한 초야에 터를 잡아 살면서 냉담冷淡한 경서*를 공부하고 있으니, 이러한

* 냉담冷淡한 경서 : 재미가 없는 경서를 뜻한다. 주희朱熹가 친구인 여조겸呂祖謙에게 보낸 편지에서 경서와 사서를 함께 공부하는 방법에 대해 "먼저 경서에 뜻을 두게 하는 편이 좋을 듯하니, 사서는 요열鬧熱하고 경서는 냉담하네. 후생들은 심지心志가 안정되지 못해 바깥쪽으로만 쏠리지 않을 사람이 드무니, 이 점을 미리 방비해야 하네."라고 한 데서 온 말이다. 역사서는 시끌벅적한 저잣거리와 같아 홍미를 끌기 쉬운데, 경서는 그 내용이 냉담하여 맛이 없다는 것이다.

시기에 상종할 자가 누가 있겠습니까.

그러나 나이 젊은 몇몇 사람들은 뜻한 바가 범상치 않고 기명旣明*과 사흥士興* 등은 앞으로 우리 학문을 떠맡을 가망이 보입니다. 다만 나이가 젊고 기운이 너무 예리한 나머지 간혹 의론이 경솔하고 식견이 지나친 점이 있습니다. 사람도 보잘것없고 말도 무게가 없는 저로서는 그들을 바로잡아 줄 길이 없으나 마음속의 걱정만은 깊고도 큽니다. 사흥은 지난번에 편지를 통해 자기 말이 지나쳤던 것을 뉘우치고 있었고, 지금 또 만나 보니 스스로 깊이 자책하고 있었습니다. 이 사람은 기가 세어 좀처럼 꺾기 어려우리라 늘 생각했는데, 이렇게 빨리 자기의 소견을 버리고 마음을 비워 받아들이는 것을 보니 장래의 성취를 이루 헤아릴 수 없을 듯합니다. 그래서 애지중지하는 마음이 더욱 깊고 간절해집니다. 후략

기축년1769 58세 때 이병휴에게 보낸 편지이다. 이기양과 권철신은 당시의 뛰어난 학자였지만, 그들이 급진적인 성향을 가지고 천주학

* 기명旣明 : 성호 이익의 제자인 녹암 권철신의 자이다.
* 사흥士興 : 복암伏菴 이기양李基讓 1744~1802의 자이다. 천주교 교도이다. 실학자 이가환李家煥과 서학을 강론하고, 나라의 혁신을 위해 서학의 필요성을 역설하였다.

을 하는 것에 대해 안정복은 늘 우려하였다. 과연 신유사옥辛酉邪獄* 이 일어나자, 안정복이 우려한 대로 이기양은 함경도 단천으로 귀양가서 1년도 못 되어 고문의 후유증으로 죽었고, 권철신은 사형을 선고받고 옥중에서 장독杖毒으로 죽었다. 그리하여 성호학파는 크게 기운이 꺾이고 말았다.

* 신유사옥辛酉邪獄 : 순조 1년 신유년1801에 중국에서 세례를 받고 돌아와 천주교를 전교하던 남인 학자들을 탄압한 사건이다. 이 일로 이승훈李承薰, 홍낙민洪樂敏, 정약종丁若鍾 등이 처형되고, 권철신, 이가환은 옥사하였으며 정약전丁若銓, 정약용 등은 유배되었다.

불쇠옹의 기개
與樊巖書

지난해에는 영남 선비 황태희黃泰熙 군이 와서 대감께서 저를 두고 "천주학을 배척하는 데 노익장이더군."이라고 하신 말씀을 전했고, 올봄에는 또 상사上舍 홍석주洪錫疇가 "「불쇠헌기不衰軒記」를 찾아가라."라고 하신 말씀을 전해 주었습니다. '불쇠不衰' 두 글자에 대해 대감께서 어떻게 듣고 아셨습니까? 이는 과연 성상聖上께서 저를 총애하고 칭찬하시는 뜻에서 나온 것이었습니다.

그날 습의習儀*의 성대한 예禮를 막 거행할 즈음 신하들이 직책과 성명을 고하여 알현謁見하고 물러나려던 참이었는데, 그때 유독 이 미천한 신하를 위로해 주시고 또 '불쇠' 두 자를 내려 칭찬해 주셨던 것입니다. 물러 나오자 동료들이 일제히 축하해 주었고, 정자상鄭子尙 대감과 조 성주曺星州는 편액으로 써서 보내 주기까지 하였습니다. 돌아와 생각하니 이 늙고 병약한 몸이 아무런 능력도 없는데 성상께서 이런 하유

* 습의習儀 : 의전 행사를 예행 연습하는 것을 이른다.

下諭를 내리셨으니, 이는 결코 실상에 맞지 않는 일입니다. 이에 한마디 말을 해야겠다는 생각이 들어 주제넘게 다음과 같은 서툰 시구를 읊었습니다.

근력이 해가 갈수록 줄어 탄식하였는데　自歎筋力逐年衰
성상께선 쇠하지 않았다고 자상하게 말씀하셨네　天語丁寧諭不衰
신의 몸이 쇠하지 않을 수 있는 것은 아니니　不是臣身能不衰
지기만은 늙어도 쇠하지 않도록 하려 하신 게지　要令志氣不隨衰

지금 와서 스스로 면려할 것은 오직 지기志氣 뿐인데 지기마저도 쇠하였으니, 장차 어찌하겠습니까. 이 시를 차운하여 보내 주어 저의 초라한 집을 빛나게 해 주시기 바랍니다.

근래 와서 평소 재기才氣를 자부하던 우리 쪽 젊은이들이 많이 신학新學 쪽으로 가서는 진리가 여기에 있다고 하면서 너도나도 쏠리고 있으니, 어찌 한심한 노릇이 아니겠습니까. 신학에 거꾸러져 빠져드는 꼴을 차마 눈으로 볼 수 없어 서로 가까운 사이에만 대충 충고해 보았으니, 이는 진심으로 걱정하여 한 말이었습니다. 그런데 상대 쪽에서는 도리어 나를 두고 나쁜 마음을 가졌다고 말하면서, 심지어 나와는 감히 절교하지 못할 사이인데 절교하는 자가 있기까지 하였습니다. 용감하다면 용감하다 하겠으나, 역시 한번 세상이 변하여 한집

안 사람끼리의 싸움이 이러한 지경에 이른 것입니다. 당론이 제각기 판을 치고 있는 이때에 기회를 노려 돌을 던지는 자가 없으리라는 보장이 어디 있겠습니까. 이렇게 가다가는 틀림없이 망하고 말 것입니다. 지금은 모든 것을 되는 대로 맡겨 버리고 벼룻집 표면에다 '마도견磨兜堅'* 석 자를 써 두고 스스로 경계하고 있습니다.

지난번에 오성도吳聖道의 말을 들어 보니, 대감께서 「불쇠헌기」 안에 천주학을 배척하는 내용이 있어 젊은이들의 지목을 받을까 염려하여 가볍게 내놓지 못하셨다고 하던데, 과연 사실입니까? 아, 이 무슨 말씀입니까. 우리 두 사람이 천주학을 물리치지 않으면 누가 그 일을 하겠습니까. 어른으로서 당연히 통렬히 물리치고 꾸짖어야지, 어찌하여 군이 앞뒤를 돌아보고 두려워 위축되는 태도를 보인단 말입니까. 모진 풍상風霜을 겪은 터에 또 하나의 적이 생길까 두려워 그러시는 것입니까. 절대 그럴 리 없습니다. 절대 그럴 리 없습니다. 베개에 엎드려 남을 시켜 겨우겨우 씁니다. 이만 줄이겠습니다.

* 마도견磨兜堅 : 『철경록輟耕錄』에 "양주襄州 곡성현穀城縣 성문 밖 길가에 돌사람이 있는데, 그 배에다 '마도견이여, 삼가고 말을 하지 말라.磨兜堅 愼勿言'라고 글자를 새겼다." 하였다.

병오년1786 75세 때 번암樊巖 채제공에게 보낸 편지이다. 안정복이 불쇠옹이라 불리게 된 데는 사연이 있다. 안정복은 61세 때인 임진년1772에 익위사 익찬翊衛司翊贊에 임명되어 당시 세자였던 정조를 모셨고, 73세 때인 갑진년1784에 다시 익위사 익찬이 되어 임금이 된 정조를 만났다. 12년 만에 안정복을 만난 정조는 특별히 접견하고 "쇠하지 않았구려.不衰"라고 하였다. 정조가 자신을 잊지 않고 기억해 준 데 감격한 안정복은 자기 집에 불쇠헌不衰軒이라는 편액을 걸고 위 시를 지었던 것이다. 그 뒤로 안정복은 불쇠옹을 자신의 호로 쓰기도 하였다. 이즈음에 체재공이 「불쇠헌기」를 써 주었는데, 그 글에 천주학을 비판하는 내용이 많았다. 그래서 채제공은 젊은이들의 공격을 받게 될까 염려하여 이 글을 안정복에게 보내지 않았는데, 안정복이 걱정할 필요 없다고 하면서 편지를 보내 달라고 종용한 것이다.

18세기에 들어와 『천주실의天主實義』가 읽히면서 성호의 문하에서도 재주가 뛰어난 젊은 학자들이 속속 천주교를 받아들였다. 안정복은 젊은이들이 화를 당할까 염려하여 천주교를 강력히 비판하다가, 젊은이들로부터 노망이 들었다는 욕까지 듣고 친한 동문에게 절교를 당하기도 하였다. 그래서 순암은 다시는 입을 열지 않겠다는 뜻에서 벼룻집 표면에다 '마도견磨兜堅' 세 글자를 쓰고, 입을 다물겠다는 뜻의 「폐구음閉口吟」이라는 시를 지었다. 그렇지만 안정복이 걱정했던 대로, 그가 세상을 떠난 해부터 사옥邪獄이 일어나 성호학파 후학들 가운데 수많은 사람이 참화를 입고 말았다.

차라리 얕게 볼지언정 깊게 보지 말라

答權旣明書

보내온 편지를 자세히 보건대 내 뜻을 잘 이해하지 못한 점이 있으니, 대략 말해 보겠네. 그대의 편지에 "만약 오로지 내면을 돌이켜 보기만 할 뿐 책을 읽고 토론하는 것을 소홀히 여기면, 결국 한쪽으로 치우친 강서선학江西禪學*처럼 되고 말 것입니다."라고 하였고, "한번 질의質疑하고자 했다가 도리어 죄책罪責을 받고 말았습니다."라고 하였으며, 또 "의리義理의 핵심이 되는 곳에 대해 어찌 입을 다물고 말하지 않을 수 있겠습니까."라고 하였으니, 어투에서 불평스러운 기운을 몹시 드러내는 것 같았네. 그런데 전일에 나는 그냥 붓 가는 대로 써서 답을 보낸 뒤 까마득히 잊고 있었네. 모르겠네만, 그 편지에서 그대에게 강서선학처럼 하라고 한 대목이 어디 있었으며, 또 의리의 핵심이 되는 곳에 대해 그대에게 입을 다물고

* 강서선학江西禪學 : 송나라 유학자인 육구연陸九淵 계통의 학자들을 가리킨다. 육구연은 강서江西 금계金谿 사람으로, 자가 자정子靜이고 호가 상산象山으로, 주희와 같은 시대 사람이다. 그의 학풍은 책을 읽고 이치를 토론하는 강학講學을 중시하지 않고, 실천에 힘쓰며 돈오頓悟를 중시하여 선학禪學과 같은 성향이 있다는 비판을 받았다. 그래서 강서선학이라는 말이 생겼다. 여기서는 주자학이 아닌 이단의 학문을 뜻한다.

말하지 못하게 한 적이 있었는가?

주자는 문인門人에게 독서하는 법을 말하면서 "글은 차라리 얕게 볼지언정 너무 깊게 보아서는 안 되고, 차라리 낮게 볼지언정 너무 높게 보아서는 안 된다."라고 하였고, 또 "그대는 글을 볼 때 의론을 세우기를 좋아하는데, 이는 먼저 자기 생각으로 남을 볼 뿐 성현이 하신 말씀을 가져다 내 가슴속을 적시는 것은 아닐세. 이후로는 그저 있는 그대로 보도록 하게."라고 하였네.

내가 그대의 독서하는 모습을 보니, 언제나 자기 견해를 주장하여 굳이 글 뜻을 깊고 높게만 보려 하더군. 이런 까닭에 한 권의 책을 읽고 하나의 이치를 알 때에도 미처 침잠하고 진밀縝密한 공부를 하지 못하고 먼저 자기 견해를 주장하여 기필코 글 뜻을 자기 뜻에 맞추려고 하네. 여기에서 어서 머리를 돌리고 빨리 발길을 돌리지 않으면, 이런 습관이 오래 굳어진 나머지 자기 견해를 내세우는 성향이 강해지고 겸허한 마음으로 남의 견해를 받아들이는 태도가 적어져서, 결국 심성心性에 나쁜 영향을 끼치고 진덕수업進德修業의 큰 공부에도 방해가 될 수 있을 것이네.

세상은 쇠퇴하고 학문은 단절되어 사람들의 마음이 인욕人欲에 함몰되어 버린 이때에 그대들 몇 사람이 급변하는 세상 풍파 밖 한적한 초야에서 서로 어울려 경서를 읽는 냉담冷淡

한 생활을 하면서 옛 선왕先王의 유택遺澤을 노래하고 육경六經의 유지遺旨를 강론하고 있으니, 이 얼마나 크게 기쁜 일이요 좋은 소식인가. 이러한 까닭에 나도 그대들을 매우 아끼는 마음에서 자신의 부족한 점은 헤아리지 않은 채 기필코 그대들을 잘 다듬어서 한 점 하자 없는 옥처럼 훌륭히 성취시키고자 하였네. 그래서 그동안 그대가 편지로 질문하면 곧바로 수긍하고 듣기 좋은 말로 인정해 주지 않았던 것이네. 이것이 바로 내가 매양 그대의 견해에 반대하게 된 까닭이네.

옛날에 당唐나라 시인 백낙천白樂天은 시 한 수를 지으면, 반드시 이웃 노파에게 가서 물어보고 그 노파가 이해하겠다고 하면 기록해 두고 이해하지 못하겠다고 하면 버렸네. 공들이 나를 멀리하지 않는다면, 내가 공들을 위해 백낙천의 이웃 노파가 되고 싶은데 그대는 허락해 줄 수 있겠는가. 후략

무자년1768 57세 때 녹암 권철신에게 보낸 편지이다. 권철신도 성호 이익의 제자이다. 그러나 안정복과 권철신 두 사람의 성향은 매우 달라서 거의 상반된다 할 수 있다. 권철신이 정주의 학설에 거침없이 이견을 제기하고 서학에도 관심을 가지는 것을 안정복은 아주 못마땅하게 생각했다. 그래서 정자나 주자와 같은 고인의 글을 읽으면서 자기 견해를 경솔히 주장하는 것을 경계하자 권철신이 반박하는 편지를

보내왔고, 안정복이 이에 답한 것이다.

주자는 독서의 방법을 말하면서 "글은 차라리 얕게 볼지언정 너무 깊게 보아서는 안 되고, 차라리 낮게 볼지언정 너무 높게 보아서는 안 된다."라고 하였다. 퇴계 이황도 고봉高峯 기대승奇大升에게 독서 방법을 말하면서 "얕으면 얕은 대로 두고 감히 천착하여 깊게 보지 않으며, 깊으면 깊은 데까지 나아가고 감히 얕은 데 그치지 않는다."라고 하였다. 퇴계학파에 속한 안정복은 이러한 학문 자세를 배웠다. 그래서 정주의 학설과 다른 견해를 주장한 데 대해 그는 "정주가 이미 알고도 하찮게 여겨 울타리 가에 버린 것인지 어찌 알겠는가."라고 반박하기도 하였다. 매우 근후謹厚하지만 오늘날에는 보수적이라는 비판을 받을 것이다.

권철신의 아우인 직암稷庵 권일신權日身 1751~1791은 바로 안정복의 사위이다. 안정복은 이 형제를 비롯한 일군의 젊은 학자들이 보이는 급진적인 성향을 깊이 우려하여 누누이 타이르고 경계하였다. 그러나 권일신은 신해사옥 때 순교하고, 권철신도 결국 경신사옥이 일어난 이듬해 체포되어 혹독한 고문을 받다가 목숨을 잃고 말았다. 백낙천의 이웃 노파를 자임하기까지 했던 안정복의 간절한 정성도 결국 수포로 돌아가고 말았던 것이다.

무엇하러 애써 옛 성현의 책을 읽겠는가
答權旣明哲身別紙

보내온 별지別紙를 반복해 읽어 보고서 그 정밀한 의론과 초절超絶한 식견에 참으로 감탄하였네. 책을 읽을 때는 모름지기 의심이 있어야 하니, 의심이 있어야 학문이 진보할 수 있는 법이네. 주자는 "책을 읽으면서 크게 의심하면 크게 진보한다." 하셨고, 또 "처음 읽을 때는 의심이 없다가 그다음에는 점차 의심이 생기고 중도에는 구절구절 의심이 생긴다. 이런 과정을 한 차례 거친 뒤에는 의심이 점차 풀려서 융회회통融會會通하는 데 이르게 되니, 이러해야 비로소 학문이라 할 수 있다." 하셨으니, 이것이 책을 읽는 방법에 대한 큰 단안斷案이고 다른 방법은 없네.

대저 성현의 말씀은 모두 평이하고 명백하니, 너무 천착해서 별다른 뜻을 찾다가 스스로 혼란 속에 얽혀 들어서는 안 되네. 퇴계 선생은 "책을 읽을 때는 별다른 뜻을 깊이 찾을 필요가 없고, 본문에서 현재 있는 뜻을 찾아야 한다." 하셨네. 이 말이 적당하고 간명簡明하니, 한번 생각해 보시게.

경전의 문장에는 진실로 두 가지 뜻이 있을 수 있는데, 후세 사람들은 해석할 때 반드시 자기 생각으로 헤아려 보고서 가장 그럴듯한 것을 취하네. 지금 그대가 책을 읽을 때 경문經文을 풀이한 전傳의 뜻과 견해가 다른 것이 있거든, 그 견해가 다른 곳에 대해 어느 쪽이 더 나은지 헤아려 보고 그 대목을 가만히 읊조리며 생각해 보면 절로 변별할 수 있는 길이 있을 것이네.

자신의 사사로운 선입견을 가슴속에 걸어 두고 오히려 선유先儒의 학설을 자기 견해에 맞추려 한다면 이는 매우 옳지 못하네. 그렇게 하려거든 자기 생각대로 글을 쓸 것이지, 무엇하러 애써 옛 성현의 책을 읽겠는가.

나는 몽매하고 병든 사람이라 정신이 흐려서 의문에 답하는 일은 도저히 할 수 없는 형편이네. 그래도 질문해 준 마음을 저버리기 어려워 조목조목 답하였지만, 나 자신의 역량을 헤아리지 못한 꼴만 되고 말았네.

경진년1760 49세 때 권철신이 보내온 편지의 별지에 답한 글이다. 권철신이 보낸 편지는 지금 남아 있지 않지만, 이 편지의 내용으로 보아 정주와 다른 견해를 별지에 적어서 보냈을 것이라 짐작하기는 어렵지 않다. 보수적이고 온건한 안정복과 진보적이고 다소 과격한 권철신의 대조적인 학문 성향이 충돌한 현장이다.

경서와 같은 고전을 읽을 때 사람들은 대개 안정복과 권철신처럼 두 가지 상반된 태도를 보인다. 어떤 사람은 경서의 말씀과 선유의 주석과 해설을 온전히 받아들여 오랫동안 두고 보며 곱씹어 생각하고, 어떤 사람은 처음부터 기존의 주석이나 설명을 의심하여 깊이 파고든다. 책을 읽으면서 의심하고 깊이 생각하는 것을 나쁘다 할 수는 없다. 오히려 오늘날 학문하는 자세로는 바람직하다고 권장해야 할 터이다. 연구는 결국 의심에서 출발할 수밖에 없기 때문이다.

주자도 "책을 읽으면서 크게 의심하면 크게 진보한다." 하였고, 선가禪家에서도 "큰 의심 아래에 반드시 큰 깨달음이 있다." 하였다. 그렇지만 의심도 의심 나름이니, 진짜 의심이 일어나는 것은 결코 쉬운 일이 아니다. 그래서 주자는 "처음 읽을 때는 의심이 없다가 그다음에는 점차 의심이 생기고 중도에는 구절구절 의심이 생긴다." 하였던 것이니, 어렴풋이 아는 상태에서 일어나는 의심이 문제의 핵심에 접근해 있기는 어렵다.

따라서 진짜 의심이 일어나는 과정을 통해서 얻어진 견해가 아니라면, 자신이 진짜로 그 이치를 알지 못하면서 추측해서 안다고 여긴 것일 터이다. 간혹 우격다짐으로 안다고 강변하는 경우도 없지 않다. 그렇다면 자기가 진짜로 아는지는 어떻게 알 수 있는가. 정이程頤는 이렇게 말하였다.

참으로 아는지 그렇지 못한지를 알고자 한다면 심기心氣의 상태를 확인해 보면 된다. 생각해서 알 때 마음이 기쁘면서 가슴이 시원하고 여유로운 경우는 참으로 아는 것이요, 생각해서 알 때 심기가 소모되는 경우는 참으로 알지는 못하고 억지로 헤아려 추측한 것일 뿐이다.*

글을 처음 볼 때 일어나는 의심은 대개 객기나 선입견에서 온다. 불쑥불쑥 치솟아 오르는 새로운 주장을 하고 싶은 욕구, 이 글을 쓴 작자는 이런 사람이니 이 글 뜻은 이럴 것이라는 따위의 선입견이 심기를 흔들고 마음의 눈을 흐려 놓는 것이다.

퇴계는 "책을 읽을 때는 별다른 뜻을 깊이 찾을 필요가 없고, 본문에서 현재 있는 뜻을 찾아야 한다." 했거니와, 그 글 그대로 놓고 텅 빈 마음으로 글을 읽어야 시각의 굴절 없이 그 글의 뜻에 가장 정면으로 다가갈 수 있다. 또한 글 뜻을 평이하고 명백하게 있는 그대로 아는 것은 쉬워 보이지만 실은 가장 어렵다.

글을 읽을 때 선입견이 전혀 없기는 어렵다. 오래 연구하고 생각을 쌓아 온 사람일수록 더욱 그러하다. 그래서 자기 견해에 맞는 글을 발견하면 마음이 기뻐지고 자기 추측과 다른 글을 보면 이럴 리가 없다고 고개를 젓게 된다. 자기주장이 강한 상태에서 고전을 읽으면 자기가 옛사람의 글을 보고 배우는 게 아니라 오히려 옛사람의 글을 자기 생각에 맞추어 가는 우愚를 범하고 만다. 그런 사람에게 안정복은 이렇

* 참으로 아는지……뿐이다 : 『근사록近思錄』 권3에 보인다.

게 꾸짖는다.

"그렇게 하려거든 자기 생각대로 글을 쓸 것이지, 무엇하러 애써 옛 성현의 책을 읽겠는가."

아들에게 보이다
示家兒

군자는 과장해 말하지 않느니	君子不夸言
과장하는 말은 알맹이가 없단다	夸言無其實
성인이 큰 길을 보여 주셨으니	聖人示周行
마음은 거짓 없고 한결같은 것이지	無妄與主一
평소에 늘 조심하는 마음을 가져야	平生臨履意
타고난 본성을 보전할 수 있느니라	可以保性質
이 몸 밖의 모든 일을 할 때에도	身外百千事
이를 보아서 기준으로 삼아야 한다	視此以爲律
집 안에서는 승려같이 거처하고	居家如釋子
집 밖에서는 아낙처럼 처신하라	處鄕如閨婦
아낙은 늘 남을 두려워하고	閨婦恒畏人
승려는 가난을 싫어하지 않는다	釋子不嫌窶
그렇게 담박하고 근신하면	淡泊而謹愼
집 안팎에서 근심 걱정 면하느니	出入免憂懼
너를 경계하고 또 나도 경계하여	戒爾又自警

애오라지 이로써 잠명을 삼자꾸나 聊欲代朦瞽

안정복이 아들 안경증安景曾을 훈계하기 위해 써 준 시 두 수이다. 정주학程朱學을 하는 도학자들이라면 으레 정이의 「사물잠四勿箴」, 주희의 「경재잠敬齋箴」 등과 같은 선현들의 잠명箴銘을 본떠서 경敬이니 성誠이니 하는 상투적인 말들을 반드시 썼을 것이다. 그러나 안정복은 쉬운 말로 간곡히 표현하여 오히려 가슴에 와 닿는다. 여기서 정주학을 무턱대고 존신尊信하는 여타 학자들과 안정복의 다른 점을 볼 수 있다. 또한 아들에게 승려와 아낙처럼 조심해서 처신하라고 하면서 나도 함께 조심하겠다고 한 데서 안정복의 가식 없고 솔직한 성품과 아들을 지극히 사랑하는 마음을 느낄 수 있다.

곤충과 벌레에게도 배울 점이 있다

詠物十絶

내가 한가한 생활 중 무료하여 여름에서 가을로 계절이 바뀔 때면 곤충과 벌레들을 관찰하곤 하였다. 비록 지각 없는 미물이지만 보고서 배울 만한 점이 있기에 절구 10수를 읊어 좌우명을 대신한다.

붉은 해가 불덩이 같건만 赫日方如火
매미는 계속 울고만 있네 蟬鳴猶不已
뉘 알랴 저 푸른 잎 사이에 誰知綠葉間
이 시원한 곳 있는 줄을 有此淸凉地

이상은 매미를 읊은 것이다.

굴속에서는 빗물을 피할 줄 알고 居能避雨潦
밖에 나와선 임금 위해 죽기도 하지 出而死長上
이름을 지은 것이 틀리지 않으니 命名固不爽

개미 의蟻는 의義의 뜻을 취한 것이니, 군신의 의리를 안다고 하여 붙인 이름이다.

그 지혜가 훌륭하구나　　其智亦可尙

이상은 개미를 읊은 것이다.

어두운 방에선 제 마음 속이기 쉽고　　暗室易欺心
어두운 길에선 더듬거리며 가게 마련인데　　冥途又擿埴
너는 타고난 천성이 어둡지 않아　　爾性能不昧
밤에는 반드시 등불 밝히고 다니누나　　夜行必以燭

이상은 반딧불을 읊은 것이다.

파리 색이 흑백으로 변하는데　　青蠅變白黑
먹는 음식 때문에 그렇게 되지　　由食使之然

파리 자체가 흰 놈이 검은 놈이 되고 검은 놈이 흰 놈이 되는 것이 아니라, 그 놈이 흰 것을 먹으면 똥도 희고 검은 것을 먹으면 똥도 검게 나온다.

소인들은 참소하기를 좋아하니　　小人好讒慝
같은 마음이지만 원래 비뚤어져 있지　　一心元自偏

이상은 파리를 읊은 것이다.

동쪽 동산에 봄기운이 오면　　東園春氣至
복사꽃 오얏꽃이 활짝 피는데　　桃李正芳菲
훨훨 꽃 위를 나는 저 나비들은　　紛紛花上蝶

꽃이 지고 나면 어디로 가려나　花落更何歸

이상은 나비를 읊은 것이다.

그물 엮은 게 촘촘하고 촘촘하니　結網密復密
마음 씀이 어쩌면 그리도 깊은가　用意一何深
경륜이 비록 배 속에 가득하지만　經綸雖滿腹
모두가 다 교활한 마음일 뿐　都是機巧心

이상은 거미를 읊은 것이다.

가을바람이 어느 저녁 불어오면　秋風一夕吹
귀뚜라미가 창문과 벽에서 우네　蟋蟀鳴窓壁
미물도 저렇게 때를 아는데　微物亦知時
흐르는 세월을 스스로 아껴야지　流光當自惜

이상은 귀뚜라미를 읊은 것이다.

천지 사이를 맘껏 날아다니니　飛翔天地間
해 입을 걱정은 당연히 없었거늘　患害宜無及
어디서 작은 어린애가 와서는　何來五尺童
끈끈이로 덮쳐서 잡고 마는구나　膠絲奄相襲

이상은 잠자리를 읊은 것이다.

오랫동안 두엄 속에 있을 땐 久在腐草裏
몰골이 더러워 차마 못 보겠더니 醜穢不可見
어느덧 때가 되어 매미로 변하자 時至化爲蜩
도리어 사람들의 사랑을 받는구나 翻爲人所羡

이상은 굼벵이를 읊은 것이다.

온종일 똥 덩어리 속에서 終日糞壤中
배 채우느라 부지런히 일하더니 營營爲口腹
굴리고 굴리기를 그칠 줄 모르다 轉轉不知止
마소의 발굽 아래 짓밟혀 죽고 마누나 殞身牛馬迹

이상은 말똥구리를 읊은 것이다.

뜨거운 태양 아래 만물이 다 지쳐 있는데, 매미는 푸른 나뭇잎 사이에서 쉬지 않고 운다. 매미가 숨어 있는 나뭇잎 속이야말로 청량淸凉한 자기만의 세계이다. 사람이 사는 세상은 늘 시끄럽고 괴로운 곳이지만 학문 속에 마음을 쉴 수 있는 즐거운 세계가 있음을 비유하였다.

개미는 여왕이 있고 병정이 있고 일꾼이 있어 임금과 신하의 관계가 성립된다. 사람이 이 생태를 알아서 개미를 한자로 벌레 충虫에 '의義' 자를 붙여 '의蟻'로 썼다고 했다. 개미도 사람처럼 군신君臣의 의

義가 있으니 개미에게서 의리를 배운다.

사람은 아무도 없는 곳에서 제 마음을 속이기 쉽고 어두운 길에서 곧잘 헤매니, 자기 등불을 밝히고 다니는 반딧불에게서 마음속 지혜의 등불을 밝힐 것을 배워야 한다.

파리는 원래 『시경詩經』에서 참소하는 소인을 비유하는 말로 쓰였다. 소인도 때로는 군자처럼 보일 수 있지만 남을 해치기를 좋아하는 천성은 바뀌지 않으니 각별히 조심해야 한다.

복사꽃과 오얏꽃은 덧없는 영화榮華 또는 그러한 영화를 좇기 좋아하는 소인을 뜻하는 말로 쓰인다. 당나라 이백李白의 시 「영양에서 원단구와 헤어져서 회양으로 가다潁陽別元丹邱之淮陽」에서 "소나무 잣나무는 비록 추위에 고통스럽지만, 복사꽃 오얏꽃이 봄날 좇아가는 것을 부끄러워한다네.松柏雖寒苦 羞逐桃李春"라고 하였고, 「공후요箜篌謠」 시에 "꽃이 피면 반드시 일찍 지나니, 복사꽃 오얏꽃은 소나무만 못하여라.開花必早落 桃李不如松"라고 하였다. 나비가 복사꽃과 오얏꽃을 좇듯이 덧없는 세상의 영리 또는 소인을 좇지 말 것을 경계하였다.

경經은 씨줄이고 윤綸은 실을 꼬아서 만든 가는 줄이다. 즉 경륜經綸은 원래 실을 정리하고 꼬아서 줄을 만드는 것인데, 이로써 국가를 다스리는 일에 비유한다. 거미의 배 속에 경륜이 가득하다는 것은 거미의 배 속에 토해 낼 실이 가득함을 말한 것인데, 거미가 배 속의 실을 토해 촘촘한 그물을 엮어 먹잇감을 포획하듯이 소인은 치밀한 술책으로 남을 모함한다고 표현하였다.

귀뚜라미도 가을이 온 줄 알고 세월이 흘러가는 것을 슬퍼하여 저리 우니 사람도 시간을 아끼며 노력해야 한다고 하였다.

잠자리는 자유로이 날지만 방심하다 어린애에게 잡히는 것을 보면, 사람도 세상을 살아가면서 늘 조심하는 마음을 잊지 말아야 한다는 것이다.

굼벵이는 땅속에서 7, 8년을 유충으로 살다가 땅 밖으로 나와 매미가 된다고 한다. 사람도 인고忍苦의 세월을 오래 겪어야 큰 인물이 될 수 있음을 비유하였다.

말똥구리는 똥 덩어리 속에서 배를 채우느라 급급하다가 말이나 소의 발굽에 짓밟혀 죽음을 당한다. 제 죽을 줄 모르고 탐욕을 채우느라 급급한 어리석은 사람을 비유하였다.

초서롱과 저서롱

題鈔書籠 / 題著書籠

이미 고질병이 몸에 있는데도	沉疾已在躬
서책을 좋아하는 건 여전하여라	嗜書猶不廢
언제나 귀한 책 있단 말만 들으면	每聞有奇籍
무슨 수를 써서든 반드시 구하지	多方必圖致
이미 책을 살 돈이 없기에	旣無買書錢
책을 베낄 생각을 가질 수밖에	乃有鈔書意
온종일 쭈그리고 앉아 베끼고	垂首坐終日
날 저물면 등불 아래서 베껴 쓴다네	復以燈火繼
잔글씨로 지렁이 기어가듯 쓰지만	蠅頭畫蚯蚓
결코 부끄럽게 여긴 적은 없어라	曾不爲愧恥
힘이 들면 남의 손 빌려서라도	力疲倩人手
그 책을 다 베껴 쓰고야 말지	卷終斯置已
한 책 베끼는 게 몹시 어려우니	成編亦艱難
어루만지며 진귀한 보물로 여긴다	把玩自珍貴
집안사람은 누차 그만두라 말리며	家人屢挽止
피로가 쌓여 병이 들까 걱정하네	勞瘁恐成祟

벗들에게도 비웃음을 받나니 亦蒙朋友笑
이미 벼슬했거늘 무슨 소용이냐 하지만 旣宦安用是
내 몸에 병 있는 줄 스스로 아니 自知身有病
무슨 원대한 생각 가진 건 아니고 不作長久計
유별난 기호를 끝내 버리지 못해 偏好固莫捐
애오라지 내 뜻대로 살아가는 게지 聊爾從吾志
자식 하나 아우 하나가 있지만 有一子一弟
누구에게 물려줄 수 있을지 모르겠네 不知誰可遺
나 자신이나 읽어 보면 그만이지 我但要披閱
후세까지 생각할 게 있으리오 豈復思後世
못난 자손 만나면 모아 둔 책도 없애고 逢愚聚亦散
잘난 자손 만나면 반드시 더 모을 테니 賢必能添寘
지금 눈앞에 놓인 책을 읽으면서 不如供目前
한 권에서 넉넉한 맛 느끼는 편이 낫지 一卷有餘味

우리 한산의 가업*은 惟我漢山業
팔백 년을 이어 왔는데 相承八百年
집안이 원래 가난한 탓에 家世本清貧

* 한산漢山의 가업 : 신라 문무왕 때 경기도 광주 지역을 한산주漢山州라고 명명했기 때문에 광주가 본관인 안정복이 자신의 가업을 '한산업漢山業'이라고 한 것이다. 저자의 또 다른 호가 한산병은漢山病隱이다.

책을 제대로 쌓아 두지 못했는데	曾不有簡編
수십 년 동안 갖은 고생 겪으며	辛勤數十載
전심전력하여 책을 구입해서	求之心頗專
경사자집의 갖가지 서책들을	經史與子集
그럭저럭 모아서 구비하였네	裒稡亦畧全
책마다 표지를 새로 입히고	一一堅紙裝
고생스레 손수 다 꿰매었지	辛苦手自穿
화났을 때도 책만 읽으면 기쁘고	當怒讀卽喜
병들었을 때도 책만 읽으면 나으니	當病讀卽痊
이것이 내 운명이려니 믿고서	恃此用爲命
종횡으로 책을 앞에 쌓아 두노라	縱橫堆滿前
옛날에 이 책들을 쓴 분들은	當時作書者
성인이 아니면 필시 현인이리니	非聖必是賢
굳이 책을 펴서 읽어 봐야 하리오	豈待開卷看
그냥 손으로 만져도 마음이 흐뭇해라	撫弄亦欣然
책을 본 세월이 쌓여 가서	讀之積年歲
읽은 책이 백 권 천 권도 넘으니	卷帙踰百千
가슴속엔 마치 무언가 있어서	胸中如有物
밖으로 마구 뛰쳐나오려는 듯	輪囷欲自宣
그래서 저술하려는 뜻을 일으켜	遂起著書意
글을 짓느라 밤잠도 잊었어라	編輯夜忘眠

집안사람과 친구들이야 家人與朋友
나를 미친 사람으로 보겠지만 視之若狂癲
변변찮은 글이나마 소중히 여기노니 燕石謾自珍
옛날 양자운도 태현경을 썼었다네* 子雲曾草玄

앞의 시는 「초서롱에 쓰다題鈔書籠」이고 뒤의 시는 「저서롱에 쓰다題著書籠」이다. 초서롱과 저서롱은 안정복의 서재에 놓여 있던 두 궤짝인데, 초서롱은 왼쪽에 두고 저서롱은 오른쪽에 두고서 남의 저작을 베낀 것은 초서롱에, 자신의 저작은 저서롱에 넣었다 한다.

안정복은 귀한 책이 있다는 말만 들으면 무슨 수를 써서든 반드시 구해야 직성이 풀렸다. 그러나 책을 살 돈이 없기에 온종일 쭈그리고 앉아 책을 베끼고 날 저물면 등잔 아래에서 베껴 써서 초서롱에 넣어 두었다. 그는 화났을 때도 책만 읽으면 기쁘고 병들었을 때도 책만 읽으면 나았으며, 굳이 책을 펴 읽지 않고 손으로 만지기만 해도 마음이 흐뭇했다. 그리하여 오랜 세월 책을 읽어 백 권 천 권을 넘기니 가슴 속에 마치 무언가 있어 밖으로 마구 뛰쳐나오려는 듯하기에 저술하려

* 옛날……썼었다네 : 자운子雲은 후한 때의 학자인 양웅揚雄의 자이다. 그가 벼슬길에 나가지 않고 『주역周易』을 모방하여 『태현경太玄經』을 지으니, 당시 사람들이 조롱하였다. 유흠劉歆은 『태현경』을 두고 "후세 사람들이 장독 덮개로나 쓸 것이다."라고 조롱했다. 『한서漢書』 권87 「양웅전揚雄傳」에 보인다. 여기서는 저자가 자신이 벼슬길에 나가지 않고 남이 알아주지 않는 저술을 하고 있다는 뜻으로 말하였다.

는 마음을 내어 밤잠도 잊은 채 글을 지어 저서롱에 넣어 두었다.

안정복은 35세 때 스승 성호 이익을 만나기 전에는 거의 독학으로 학문을 했던 것으로 보인다. 그가 『동사강목』, 『잡동산이』 등 방대한 저술을 남길 수 있었던 것은 초서롱과 저서롱 덕분이었다고 해도 과언이 아니다.

제2장

스승과 제자

안정복은 병인년1746 35세 때 성호 이익을 처음 찾아가 스승으로 섬긴다. 이익과는 세 차례 만났고 함께한 시일은 모두 4일이었으나 안정복은 이익을 평생에 유일한 스승으로 지극히 존경하였고 수십 통의 편지를 주고받으며 진지하게 학문을 토론하였다. 그렇지만 안정복은 기질과 학문 성향이 스승과 달랐다. 이익이 활달하고 개방적이라면 안정복은 온건하고 보수적인 성향을 보인다.

함장록
函丈錄

내가 어릴 때 낙향한 이후로 중간에 병이 들어 공부를 못 하고 말았기에 성호 선생의 문하에 들어가고 싶은 마음이 많았다. 나이 스물여섯에 비로소 무주茂朱에서 광주廣州 경안면慶安面 덕곡德谷의 선산先山 아래에 와서 살게 되었으나 가난과 질병으로 늘 편안한 해가 없었다. 그래서 병인년1746 10월 17일에 성호 선생을 처음으로 찾아가서 뵙고 하룻밤을 묵은 다음 돌아왔고, 정묘년1747 9월 20일에 또 찾아가서 뵙고 하룻밤을 묵은 다음에 인사를 드리고 돌아왔으며, 무진년1748 12월 14일에 또 찾아가서 뵙고 하루를 머무른 뒤 16일에 작별 인사를 드리고 돌아왔으니, 그간 선생에게 가르침을 받은 것이 모두 4일이었다.

그 뒤 신미년1751 7월에 찾아가 병문안을 드렸으나 이때 마침 종묘의 대향大享에 제관으로 차출되었기 때문에 이튿날 바로 돌아오고 말았다. 계유년1753 3월에 아산牙山에서 돌아올 때에 찾아뵙고자 진위振威의 주막까지 갔으나, 종이 병이 심하였는데 당시 나쁜 전염병이 연로沿路에 퍼져 있었기 때문에 증세가 의심스러워서 역시 그만 돌아오고 말았다.

그 후 서울의 관사官司에 있을 때는 공무가 많았으며, 갑술년1754에 친상親喪을 당해 고향에 내려온 뒤로는 그대로 병들어 쓸모없는 사람이 되어 10년 동안 집 안에만 들어앉아 있었다. 그리하여 끝내 아침저녁으로 가르침을 받으려던 계획을 이루지 못했는데, 선생께서 그만 세상을 떠나시고 말았다.

평소에 받은 깊은 사랑을 생각하면 은혜와 의리가 모두 크고, 스승을 잃은 슬픔은 세월이 갈수록 더욱 가슴에 사무친다. 그래서 옛 상자를 뒤적여 4일간의 일록日錄을 찾아서 여기에 따로 기록함으로써 작은 정성을 담는 바이다.

병인년1746 10월 16일에 집에서 출발하여 17일 오후에 점섬占剡 첨성촌의 별칭에 이르렀다. 작은 산기슭을 하나 넘자 그 산기슭이 끝나는 곳에 초가집 한 채가 있었는데, 마당에 있던 하인 하나가 찾아온 손님을 보고 앞에 와서 절을 하였다. 내가 물어보아 선생의 댁임을 알고 말에서 내려서 내가 찾아왔음을 알리게 했더니, 즉시 들라고 하셨다. 바깥채는 세 칸으로, 앞의 한 칸은 토청土廳 봉당이고 뒤의 두 칸은 방인데, 규모가 매우 소박하고 누추하였다. 이는 선생의 중형仲兄 옥동공玉洞公*이 육영재六楹齋라고 이름을 지은 집이다.

* 중형仲兄 옥동공玉洞公 : 성호 이익의 셋째 형인 옥동玉洞 이서李溆 1662~1723이다.

방에 들어가서 절을 올리니 선생께서는 일어나서 매우 공손히 답례하셨다. 눈을 들어 바라보니, 신장이 보통 사람보다 크고 수염이 아름다웠으며 안광이 사람을 쏘았다. 머리에 당건唐巾을 썼는데 검은 명주로 된 두 끈이 뒤로 두어 자 남짓 늘어져 있었으며, 당건 위에는 포건布巾을 겹쳐 썼으니, 지난 5월에 아내의 상을 당했기 때문이다.

선생이 전에 만난 적이 있느냐고 묻기에 내가 없다고 대답하고 성명을 말씀드렸다. 선생이 듣고 한참 있다가 우리 집의 일에 대해 말씀하셨다.

"어릴 때 일찍이 안 전부安典簿* 어른을 뵌 적이 있는데, 그대에게 어떻게 되는가?"

내가 증조부께서 일찍이 그 벼슬을 지내셨다고 대답하였다. 선생이 다시 말씀하셨다.

"나의 외숙外叔이 그대의 4촌 조부인 진사 어른과 동서간이라네.-곧 형제분 중 넷째인 도동桃洞 대부大父*이다.- 그래서 그대 집안을 잘 아는데, 각기 다른 고을에 살다 보니 소식을 듣지 못하여 생사와 존몰存沒을 전연 서로 모르고 지냈네. 우리들이 궁핍하여 뿔뿔이 흩어져 사는 형편은 어디나 다 그렇네그려."

* 안 전부安典簿 : 안정복의 증조부 안건행安健行 1625~1711이다. 전부는 종친부에 속하는 정5품의 관직이다.

* 도동桃洞 대부大父 : 안서채安瑞采로, 대부는 조부 항렬의 문중 어른을 가리킨다.

이어서 탄식하셨다. 또 나에게 무주에 가서 살았던 일을 물으시기에 그 경위를 대강 말씀드렸다.

이때 방 안에서 열대여섯 살쯤 되어 보이고 한아閑雅한 얼굴의 사랑스러운 동자童子가 『소학小學』을 펴 놓고 읽고 있었는데, 아마도 선생의 손자인 듯하여 물어보니 과연 그러하였다. 아명은 여달如達이고 신해생辛亥生1731이며 만경萬頃의 아들이었다. 만경은 이름이 맹휴孟休이고 자는 순수醇叟이며 계사생癸巳生1713인데, 이때에 만경 현령萬頃縣令으로 있다가 모친상을 당해서 거상居喪 중에 있었기 때문에 자리에 없었다. 선생이 이어서 어떤 연유로 이곳에 왔는지를 묻기에 내가 허리를 굽히고 대답하였다.

"나이가 거의 마흔이 되었으나 아직 학문의 방법을 모르고 있습니다. 선생님께서 도를 강론하시는 곳이 멀지 않다는 것을 들었으면서도 선善을 지향하는 정성이 부족해 10년 동안 우러러 사모하기만 하다가 이제서야 찾아와 배일합니다."

선생께서는 잠자코 계셨다. 담소談笑가 화락하여 전혀 검속하는 모습이 없어 보였지만 거동이 절도에 맞기에 한번 보고 선생이 장자長者임을 알았다.

내가 이어서 물었다.

"선유들이 흔히 '『대학大學』의 격치장格致章은 본래 있었으니, 주자가 보망補亡한 것이 반드시 맞지는 않다.'라고들 하는데, 그렇습니까?"

말씀하셨다.

"나는 그런지는 모르겠다. 다만 '본말本末'을 따로 한 장章으로 만든 뜻은 알 수 없는 점이 있다. 회재晦齋 이언적李彦迪가 논한 것도 십분 온당한지를 모르겠지만, 근래에 어떤 선비-진사 신후담愼後聃을 가리킨다.-가 또 설을 만들었는데 과연 맞는지 모르겠다. 대개 격치장이 있었는지 없었는지는 우선 따지지 말고, 다만 현재의 문장을 가지고 읽으면 그 또한 충분한 것이다. 그런데 어찌 군이 별도로 설을 만들어 내겠는가."

또 말씀하셨다.

"그대는 '혈구絜矩'의 뜻을 아는가?"

대답하였다.

"깊은 뜻이 무엇인지는 실로 알지 못하겠습니다."

선생이 말씀하셨다.

"혈구는 의당 '혈絜하여 구矩하는 도道'라고 해석해야지, '구矩로 혈絜하는 도道'라고 해서는 안 된다네."*

이어서 여달을 불러 『대학』 책을 뽑아 오게 해서 펴 놓고

* 혈구는……된다네 : 주희의 『대학장구大學章句』에 의하면, 혈絜은 헤아린다는 뜻이고, 구矩는 방정한 척도尺度를 의미한 것으로, 자기의 마음을 방정한 척도로 삼아 남을 헤아려 준다는 뜻이 된다. 그런데 성호는 여기서 '헤아려서 방정한 법도에 맞도록 한다.'는 뜻으로 풀이하였다.

손으로 가리키면서 말씀하셨다.

"'이른바 천하를 평안히 함이……'에서 윗사람이 늙은이를 늙은이로 대접하는 것과 윗사람이 어른을 어른으로 대접하는 것이 모두 장구章句에서 말한 '윗사람이 행하면 아랫사람이 본받는다.'라는 것인데, '윗사람이 고아를 구휼하면 백성들이 저버리지 않는다.'라고 하고 '윗사람이 어린이를 어린이로 대접하면 백성들이 자애로운 마음을 일으킨다.'라고 하지 않은 것은 무엇 때문인가? 자애로운 마음은 비록 지극히 어리석은 백성이라도 모두 가지고 있어서, 굳이 가르치지 않아도 알기 때문이다. 아비가 없는 아이를 고아라고 하는데, 반드시 윗사람이 남의 고아를 구휼한다면 백성들의 마음이 충후忠厚해져서 옛 친구를 저버리지 않을 것이다. 이것은 『예기禮記』「방기坊記」의 '백성들이 버리지 않는다.民不偝'라고 한 것과 같은 뜻이다."

조금 있다가 저녁상이 들어오는데 계집종이 내 앞에 밥상을 먼저 올렸다. 나는 약간 몸을 굽히고 물러나서 감히 먼저 받을 수 없다는 뜻을 표하니, 다시 선생 앞에 상을 올렸다. 선생이 수저를 들고는 식사를 권하므로 나도 수저를 들었다. 선생은 제반祭飯*하였고 나는 제반하지 않았다. 선생이 먼저 진지

* 제반祭飯 : 옛날에 음식을 먹을 때에 미리 음식을 조금 덜어 내어 처음 음식을 만든 사람에게 고마움을 표시하는 의식이다. 우리나라에서는 고수레라고도 한다.

를 들기 시작한 후에 나도 식사를 시작했다. 밥은 그릇에 차지 않았으며, 반찬은 새우젓이 흰 사기 접시에 조금 담겨 있고, 나박김치가 한 접시였으며, 또 토호土瓠로 끓인 국이 있었는데, 맛이 모두 짜기에 절약하는 뜻을 알 수 있었다. 상과 그릇들은 모두 깨끗하였다. 물도 나에게 먼저 올리고 상을 물리는 것도 역시 그랬으니, 모두 손님과 주인의 예에 따른 것이다.

선생이 웃으며 말씀하셨다.

"우리 집이 가난해서 반찬이 변변찮으므로 손님의 입맛에 맞지 않다 보니 더러는 자신이 가지고 온 반찬을 먹는 사람도 있었네. -예전에, 정모鄭某라는 사람이 와서 식사를 할 때 자기가 가지고 온 반찬을 들여와서 먹었다는 말을 들었다.- 상재傷哉의 탄식*이 대개 이와 같았을 것이다. 그러나 선비는 응당 가난을 당연하게 생각해야 하니, '나물을 먹으면 모든 일을 이룰 수 있다.'* 라는 말은 그 뜻이 매우 좋다. 일상생활 중에서 먹는 일보다 더 긴요한 것이 없으니, 가장 긴요한 일에서 먼저 자신의 사욕私欲을 이기는 공부를 해 나가서 오랫동안 습관이 쌓이다 보

* 상재傷哉의 탄식 : 공자의 제자 자로子路가 "슬프구나 가난이여! 부모님 생전에는 봉양을 제대로 할 수 없었고, 돌아가셔서는 장례를 제대로 치를 수가 없구나.傷哉貧也 生無以爲養 死無以爲禮也"라고 한 것을 가리킨다. 『예기』「단궁檀弓」에 보인다.

* 나물을……있다 : 송나라 때 왕신민汪信民이 일찍이 "사람이 늘 나물 뿌리를 씹으면 모든 일을 이룰 수 있다.人常咬得菜根 則百事可做"라고 하니, 호강후胡康侯가 그 말을 듣고 무릎을 치며 감탄했다. 『소학』「선행善行」에 보인다. 나물 뿌리를 씹는다는 것은 청빈한 삶을 뜻한다.

면 마치 본성인 것처럼 편안해질 것이다."

내가 만경에게 조문하겠다고 청하니 선생이 여달에게 명하여 안내하게 하였다. 상차喪次에 이르러 예의禮儀에 따라 조문하였다. 조문할 때에 상인喪人인 만경이 머리를 조아리면서 조문을 받았다. 중략

이때 밤이 꽤 깊었다. 선생이 여달에게 이르기를 "너는 물러가서 자거라."라고 하셨는데, 이는 방이 좁았기 때문이다. 여달이 명을 받들어 절하고 물러 나갔다가 작은 이불을 가지고 들어왔다.

선생이 말씀하셨다.

"내가 조금만 더 오래 살아서 『주역』과 『시경』을 읽을 수 있다면 얻는 바가 있을 듯하다."

이어서 『시경』의 시詩를 논하였다.

"'비바람이 몰아치는 캄캄한 밤에 닭 소리는 그치지 않는다.風雨如晦 鷄鳴不已'라고 했으니, 이 구절을 완미玩味해 보면 그 사람은 필시 깊은 시름이 있어 닭이 울기 전부터 이미 잠을 이루지 못하여 이렇게 말을 한 것이다. 만약 쇠란衰亂한 시대를 만나면 난리를 극복할 인재를 생각하는 것이다." 중략

내가 이어서 허리를 굽혀 절하고 가르침을 청하였다.

"지금 세상은 학술學術이 지리멸렬하고 당의黨議가 판을 치고 있습니다. 한쪽 편은 비록 연원이 있다고 하나 그 학문이

단지 훈고訓詁와 소주小註에만 얽매이고, 송습誦習하는 것이 『중용』, 『대학』, 『심경心經』, 『근사록』에 불과하며, 대부분 이록利祿에 이끌리고 있는 실정입니다. 그리고 다른 한쪽 편은 곤궁하고 피폐하다 보니 그럴 겨를이 없어서 이 학문에 뜻을 두지 못하고 있습니다. 학문이 강론講論되지 못하고 도리가 밝혀지지 않는 것이 실로 여기에 연유하니, 원컨대 학문하는 요지를 듣고 싶습니다."

선생이 말씀하셨다.

"이것은 모두 양쪽 사람들의 폐단이다. 그러나 이것만으로 단정하여 주장해서는 안 된다. 지금 세상이라고 어찌 호걸스러운 선비가 없겠는가. 다만 내가 아직 보지 못했을 뿐이다. 한쪽에서 세도世道를 주장하여 따로 의리를 만들어서 상대방을 얽어 넣는 수단으로 삼고 있으니 참으로 두려운 일이다. 학문이란 다만 뜻을 겸허히 가지는 데 달린 것이다. 뜻을 겸허히 가지고 오랫동안 학습하면, 절로 의리義理에 푹 젖어 들어 마음이 편안하고 기운이 화평해질 것이다. 그 요령은 전적으로 자기 자신에게 달려 있고 다른 사람과는 상관이 없다. 비록 훈고에 얽매이는 것이 옳지 않다고는 하지만, 만약 근원을 거슬러 올라가 찾아보려 하는 경우에 선유들이 이미 말해 놓은 설이 없으면 어떻게 그 시비를 가릴 수 있겠는가. 다만 학문이 실로 여기에만 있는 것이 아닐 뿐이다. 또 저들은 이록을 좇아가더라도 나는 그 실질을 추구하며, 저들은 곤궁하고 피폐하여 배우지 않더라도 나는 자로子路*나 원사原思*처럼 배움에 열중하여 스스로 노력한다면, 이것이 이른바 선악이 모두 나의 스승이라는 것이다. 그러하니 남의 단점을 지적하여 시비만 따져서는 안 된다."

내가 다시 청하였다.

"그렇다면 어떻게 해야 합니까?"

말씀하셨다.

"장횡거張橫渠가 남을 가르칠 때는 반드시 먼저 예로써 가르쳤다.* 예는 근거할 바가 있으니 일상생활에 이보다 절실한 것이 없다. 그러므로 공자가 '예에서 선다.立於禮'라고 한 것이다. 주자의 『소학』은 곧 장횡거의 뜻이다. 반드시 먼저 『소학』에 힘써서 완전히 익혀 체득하여 행한다면 함양涵養이 평소

* 자로子路 : 공자의 제자로 가난을 부끄럽게 여기지 않고 학문을 좋아하였다. 공자가 자로를 칭찬하여 "해진 솜옷을 입고서 여우나 담비 가죽으로 만든 갖옷을 입은 자와 같이 서 있으면서도 부끄러워하지 않는 자는 아마 자로일 것이다.衣敝縕袍 與衣狐貉者立而不恥者 其由也與"라고 하였다. 『논어』「자한子罕」에 보인다.

* 원사原思 : 춘추 시대 송나라 사람 원헌原憲으로, 이름은 헌憲이고 자가 자사子思이다. 매우 가난하게 살았으나 의지가 굳고 학문을 좋아하였다. 공자가 노魯나라 사구司寇 벼슬을 할 때 그를 가신家臣으로 삼고 녹봉으로 곡식을 많이 주자 받지 않았다. 『논어』「옹야雍也」에 보인다.

* 장횡거張橫渠가……가르쳤다 : 장횡거는 북송北宋의 학자 장재張載이다. 자는 자후子厚이다. 명도明道 정호程顥가 "자후가 예로써 학자를 가르치는 것이 매우 좋으니, 학자로 하여금 먼저 근거해 지킬 바가 있게 한다.子厚以禮教學者最善 使學者先有所據守"라고 하였다. 예를 먼저 가르치면 공허한 이론이나 관념에 빠지지 않고 착실하게 실천할 수 있다는 것이다. 주희도 이 점을 칭찬하였다.

이뤄지고 덕성德性이 저절로 확고해질 것이다. 이것이 사람을 만드는 가장 중요한 기본이니, 앞으로 나아가는 길은 모두 이로부터 극복하여 확충해 나가는 것일 뿐이다. 그러나 학문은 자득이 중요한 법이니, 반드시 이 학문이 귀하다는 것을 진정으로 알아서 스스로 마음에 터득해야만 억지로 애쓰거나 거짓으로 꾸미는 습관이 없어져서 날로 참되고 바른 경지로 나아가게 되는 것이다." 중략

선생이 이어서 말씀하셨다.

"내가 선배들을 많이 보았지만 시원스럽게 자득하여 견식이 있는 이가 없었다. 전에 고성固城 이장李丈 –외암畏菴 이식李栻으로 자는 경숙敬叔이다.– 을 뵈었는데, 그분이 말씀하시기를 '선비가 정靜을 말하고 경敬을 말하는데, 정한 사람이 반드시 경한 것은 아니지만 경한 사람은 능히 정할 수 있다. 그러나 심지心志가 혼매하고 나약한 자는 흔히 정에 치우쳐서 해로움이 있다. 이것은 기질의 병이니 오직 변화시켜야 한다. 정은 실로 배우는 사람의 큰 공부이니, 정한 뒤라야 능히 글을 읽고 이치를 궁구할 수 있다.' 하였으니, 매우 식견이 있는 말이다."

또 말씀하셨다.

"『자치통감강목資治通鑑綱目』은 모두 다 주자朱子가 지은 것은 아닐 것이다." 중략

선생이 말씀하셨다.

"선비는 응당 치지致知를 학문으로 삼되 실행實行에 중점을 두어야 한다. 그러나 순박하고 신중한 사람은 단지 실천에만 힘써서 정해진 길로만 고지식하게 따라갈 뿐이다. 그래서 끝내 소견이 시원하게 트이지 못하니, 선비는 응당 지식을 위주로 해야 할 것이다."

또 말씀하셨다.

"세상 사람들이 모두 말하기를 '정주 이후에 경서의 문의文義가 크게 밝혀져서 더 이상 미진한 것이 없으니 단지 그대로 따르기만 하면 된다.' 하는데, 이 말이 대체로 그렇기는 하지만, 온당치 않은 점도 있다. 성현이 후인에게 바라는 것은 이로써 의리를 연구해 밝히게 하려는 것이니, 그 의도가 어찌 자신의 저술에 더 이상 미진한 게 없다고 여겨 후인이 말하지 못하게 하려는 것이겠는가. 이는 정주의 본뜻이 아니다."

내가 대답하였다.

"감히 말씀드립니다만, 이 또한 두 가지 구별이 있습니다. 만약에 도덕과 행실이 확고히 서고 지력이 탁월한 자는 참으로 말씀한 바와 같을 것입니다. 그러나 새로 배우는 후생들이 지식이 아직 확립되지도 않은 채 오로지 지력을 위주로 하여 전배前輩들을 능가하려 한다면, 필시 새로운 것을 좋아하고 남다른 것에 힘쓰는 버릇이 생기고 전배들을 경시하는 문제가 생길 것입니다. 그렇다면 성현이 이미 정해 놓은 법도를 잘 지키자고 주장하는 것이 진실로 법도를 세우는 가장 큰 원칙일 듯합니다. 어떻게 생각하십니까?"

선생께서 말씀하셨다.

"참으로 그렇다."

내가 말하였다.

"감히 여쭙겠습니다만, 혹시 다른 사람 중에도 명성을 듣고 찾아와 뵙는 자가 있습니까?"

말씀하셨다.

"서인西人의 학문은 전적으로 '근수규구謹守規矩 정해 놓은 법도를 잘 지킴'라는 넉 자를 병패病敗 없이 세상을 살아가는 확고한 원칙으로 삼는다. 그러므로 그 지식이 끝내 매우 거치니 한스럽다. 세상의 길은 위험하고 나는 곤궁하고 위축된 사람이니 어찌 감히 털끝만큼이라도 남들이 알아주기를 바라는 마음이 있겠는가. 더러 서인들이 찾아오기도 하지만, 화살에 한번 상처를 입어 본 새처럼 그 속에 어떤 함정이 숨겨져 있을지 항상 두려워할 뿐이다. 비록 나의 소견을 다 말하기는 하지만, 저들이 믿는지 믿지 않는지는 어찌 알 수 있겠는가. 소문을 듣고 나를 인정하여 찾아오는 자로 말한다면 전혀 없다. 전혀 없다."

내가 몸을 굽히고 다시 청하였다.

"선생께서 말씀하신 것이 매우 깊고 넓으니 하찮은 저의 재주로는 알아듣지 못하겠습니다. 이제 그만 물러가야겠는데 가르침을 듣고자 합니다."

말씀하셨다.

"먼저 정좌靜坐하는 것을 익히게."

"무슨 책을 읽어야 합니까?"

선생이 웃으면서 말씀하셨다.

"이에 대한 답은 참으로 어렵다. 『대학』이 읽을 만하고 『소학』은 굳이 읽을 필요가 없다."

또 말씀하셨다.

"오늘날에는 예학이 점차 사라지고 있다. 서인은 사계沙溪 김장생金長生에서, 영남 사람은 퇴계에서 그치고 말았다. 그대가 만약 예학을 하려면 먼저 삼례三禮*를 읽어서 그 근원을 탐구해야 한다."

또 말씀하셨다.

"친구 중에는 학문의 진전이 있는 자가 보이지 않고, 아들 맹휴가 예학에 자못 조예가 있고 예학에 대한 저술도 있으며, 조카 병휴는 학문이 통투通透하다. 젊은이 중에는 이들을 능가할 자가 없으니, 인재가 많지 않은 것이 한탄스럽다."

* 삼례三禮 : 『예기』, 『주례周禮』, 『의례儀禮』를 가리킨다.

또 말씀하셨다.

"윤동규尹東奎* 1695~1773라는 이가 인천仁川에 살고 있는데, 견해가 명오明悟하니 쉽게 만날 수 없는 사람이다. 옛날에 윤자尹子*가 육경六經의 글을 자기 말처럼 외웠다고 하는데, 지금 윤동규는 이를 외울 뿐만 아니라 능히 그 뜻을 이해하고 있다. 다만 가난하여 거의 죽을 지경이니 한탄스럽다."

이윽고 아침상이 들어와서 식사를 마친 뒤, 조금 앉아 있다가 물러가겠다고 하였다. 선생이 말씀하셨다.

"내가 쓸데없는 말을 많이 했으나, 그중에 쓸 만한 것도 있을 터이니 그대가 한번 생각해 보게."

자리에서 일어나자, 선생이 다시 말씀하셨다.

"그대는 나이가 젊고 힘이 있으니 응당 지식의 탐구에 힘쓸 일이다. 지식이 밝아져야만 가는 길이 평탄하여 걸리는 것이 없게 된다."

내가 절하자 선생께서 일어나 답하셨다. 마침내 물러나 돌아왔다.

* 윤동규尹東奎 : 본관은 파평坡平, 자는 유장幼章으로, 성호 이익의 문인이다. 그는 벼슬에 뜻을 버리고 학문을 연구하여 성리학뿐 아니라 역법, 천문, 지리, 의약 등에 이르기까지 조예가 깊어 실학파의 대가로 손꼽힌다.

* 윤자尹子 : 북송北宋의 학자 화정和靖 윤돈尹焞이다. 그의 문인이 쓴 「화정찬和靖贊」에 "육경의 글이 귀에 익숙하고 마음에 터득되어 자기의 말을 외우는 것 같았다. 六經之編 耳順心得 如誦己言"라고 하였다.

안정복은 1746년 10월 17일에 평소 흠모해 오던 성호 이익을 찾아가 배알한다. 당시 안정복은 35세, 이익은 66세였다. 이익의 집은 경기도 안산 첨성촌에 있었으니, 지금의 안산시 상록구 성포동에 해당한다. 안정복이 살던 광주 덕곡과 이익이 살던 안산 첨성촌 사이는 200리라 이틀이면 갈 수 있는 거리이다. 안정복은 이때 하룻밤만 묵고 돌아왔고, 이듬해 9월 20일에도 하룻밤만 묵고 돌아왔으며, 그 이듬해 1748년 12월 14일에는 세 번째 찾아가서 이틀 밤을 묵고 돌아왔다. 그리하여 안정복이 스승과 함께한 시일은 모두 4일이 된다. 「함장록」은 이 4일 동안의 기록이다. 「함장록」에서 함장函丈이란 『예기』「곡례曲禮」에서 강학할 때 스승과 제자 사이는 한 길 거리를 둔다고 한 데서 온 말로, 스승의 경칭으로 쓰인다. 「함장록」은 이익이 세상을 떠난 이듬해인 1764년에 안정복이 예전에 써 둔 일록을 다시 정리해 작성한 것이다. 「함장록」은 전문이 4천 8백 77자로 된 장편이라 난해한 학문 토론 부분들을 빼고, 비교적 읽기 쉬우며 안정복과 이익의 학문 성향 차이를 잘 보여 주는 부분들을 모았다.

「함장록」 중에서 중요한 부분을 다시 정리해 보자.

먼저 안정복이 "지금 세상은 학술이 지리멸렬하고 당의가 판을 치고 있습니다. 한쪽 편은 비록 연원이 있다고 하나 그 학문이 단지 훈고와 소주에만 얽매이고, 송습하는 것이 『중용』, 『대학』, 『심경』, 『근사록』에 불과하며, 대부분 이록에 이끌리고 있는 실정입니다. 그리고 다른 한쪽 편은 곤궁하고 피폐하다 보니 그럴 겨를이 없어서 이 학문에 뜻을 두지 못하고 있습니다."라고 하고, 어떻게 학문해야 하는지 묻자, 이익은 "학문은 자득이 중요한 법이니, 반드시 이 학문이 귀하다는 것을 진정으로 알아서 스스로 마음에 터득해야만 억지로 애쓰거나 거짓으로 꾸미는 습관이 없어져서 날로 참되고 바른 경지로 나아가게 되는 것이다."라고 하였다.

여기서 안정복과 이익이 조선의 학자들이 모두 정주와 같은 선현의 훈고와 주석에만 얽매여 참된 학문을 하지 못한다는 문제의식을 공유하였음을 알 수 있다.

이익은 "선비는 응당 치지를 학문으로 삼되 실행에 중점을 두어야 한다. 그러나 순박하고 신중한 사람은 단지 실천에만 힘써서 정해진 길로만 고지식하게 따라갈 뿐이다. 그래서 끝내 소견이 시원하게 트이지 못하니, 선비는 응당 지식을 위주로 해야 할 것이다."라고 하고, "세상 사람들이 모두 말하기를 '정주 이후에 경서의 문의가 크게 밝혀져서 더 이상 미진한 것이 없으니 단지 그대로 따르기만 하면 된다.' 하는데, 이 말이 대체로 그렇기는 하지만, 온당치 않은 점도 있다. 성현이 후인에게 바라는 것은 이로써 의리를 연구해 밝히게 하려는 것이니, 그 의도가 어찌 자신의 저술에 더 이상 미진한 게 없다고 여겨 후인이 말하지 못하게 하려는 것이겠는가. 이는 정주의 본뜻이 아니다."라고 하자 안정복이 대답하기를 "감히 말씀드립니다만, 이 또한 두 가지 구별이 있습니다. 만약에 도덕과 행실이 확고히 서고 지력이 탁월한 자는 참으로 말씀한 바와 같을 것입니다. 그러나 새로 배우는 후생들이 지식이 아직 확립되지도 않은 채 오로지 지력을 위주로 하여 전배前輩들을 능가하려 한다면 필시 새로운 것을 좋아하고 남다른 것에 힘쓰는 버릇이 생기고 전배들을 경시하는 문제가 생길 것입니다. 그렇다면 성현이 이미 정해 놓은 법도를 잘 지키자고 주장하는 것이 진실로 법도를 세우는 가장 큰 원칙일 듯합니다. 어떻게 생각하십니까?"라고 하였다.

여기서 이익은 고지식하게 아는 것을 실천하기만 해서는 소견이 트이지 못하니, 지식을 넓히는 공부를 해야 하고, 정주 이후에도 새로운 이치를 연구해 밝혀야 한다고 하였다. 이에 대해 안정복은 경솔하게 선현을 능가하려는 나쁜 풍토가 생길 수 있으니, 함부로 새로운 학설을 주장하는 것은 위험하다고 은근히 반대한다.

안정복이 "감히 여쭙겠습니다만, 혹시 다른 사람 중에도 명성을 듣고 찾아와 뵙는 자가 있습니까?"라고 하니, 이익이 "서인의 학문은 전적으로 '근수규구'라는 넉 자를 병패 없이 세상을 살아가는 확고한 원칙으로 삼는다. 그러므로 그 지식이 끝내 매우 거치니 한스럽다."라고 하였다.

이익은 기호학파의 사람들은 근수규구만 잘할 뿐 지식을 넓히는 공부를 하지 않아 학식이 거칠다고 하였는데, 근수규구는 앞에서 안정복이 주장한 것과 같다.

안정복이 "무슨 책을 읽어야 합니까?" 하니, 이익은 "『대학』이 읽을 만하고 『소학』은 굳이 읽을 필요가 없다."라고 한다.

『소학』은 실행할 도리를 적은 책이고, 『대학』은 유학의 학문 체계를 밝힌 책이다. 『소학』은 굳이 읽을 필요가 없다는 말은 당시로서는 이익이 아니면 하기 어려울 것이다. 그만큼 이익은 학문에서 이치를 연구하는 것을 중시하였다. 이 밖에도 자신이 저술한 『질서疾書』에서 주자와 다른 설을 주장한 글을 보이면서 "이는 주자를 논박하는 일대一大 망론妄論이지만, 바로 주자의 충신忠臣이 되고자 하는 뜻이니, 아마 주자가 보더라도 크게 그르다고 하며 배척하지는 않을 것이다." 라고 하였으며, "『중용』과 『대학』을 읽으면 구절마다 의문이 생긴다. 그런데 지금 사람들은 글을 읽으면서도 의심할 줄 모르기 때문에 학문이 진전되지 않는 것이다. 사람이 하는 학문이 이 두 책에 불과하다."라고 하여 선유의 학설을 따르기만 할 뿐 연구할 줄 모르는 당시의 학문 풍토를 개탄하기도 하였다.

여기서 안정복과 이익의 학문 성향 차이뿐만 아니라 조선의 주자학과 실학의 미묘한 차이를 엿볼 수 있다. 기실 주자학과 실학은 다른 두 체계를 갖춘 학문이 아니라, 유학 안에서 일어난 새로운 움직임을 따로 정의해 임의로 구분한 것을 실학이라 했다고 보는 편이 타당할 것이다. 이익과 안정복은 스스로 주자학자라 생각하였다. 다만 윗글에서 이익이 『대학』의 혈구絜矩를 해석하는 데서 볼 수 있듯이 자신의 소견을 주장하여 주자와 다른 해석을 하기도 한다는 점이 여느 주자학자들과 다를 뿐이다.

이 글에는 이 밖에도 이익의 집이 작은 초가삼간이었고, 계집종이 차려 온 상에는 밥은 그릇에 차지 않았고 반찬은 새우젓이 흰 사기 접시에 조금 담겨 있고 나박김치가 한 접시였으며 또 토호로 끓인 국이 있었는데, 맛이 모두 짜서 검소한 생활을 짐작할 수 있다는 대목, 그리고 주인과 손님이 수인사하고 대화하는 과정도 담겨 있어 당시 청빈한 선비의 생활 모습을 떠올리며 음미해 봄 직하다.

이름을 바꾸지 않다
答上星湖先生書

지난 섣달 찾아가 배알한 것이 한 해만의 일이었는데, 이틀 밤을 모시고는 곧바로 돌아와야 했으니, 사모하는 마음이 더욱 간절합니다.

전일에 보내신 두 통의 편지에서 말씀하신 주정主靜,* 거경居敬*의 가르침과 군자소귀장君子所貴章*은 감히 실천할 수 있다 자신하는 것은 아니지만 맹세코 종신토록 잊지 않겠습니다. 그리고 재능을 감추라고 하신 것은 삼가 가슴에 새기겠습니다. 그러나 말씀하신 이름을 고치는 일은 아무래도 온당하고 바른 도리가 아닐 듯합니다. 이름을 아무리 고치더라도 이

* 주정主靜 : 북송의 학자 주돈이周敦頤의 『태극도설太極圖說』에 "성인은 중정, 인의로 정하되 고요한 상태의 공부를 위주로 하여 사람의 표준을 세웠다. 聖人定之以中正仁義而主靜 立人極焉" 한 데서 온 말로, 마음을 고요히 하여 마음의 본체를 함양하는 것이다.
* 거경居敬 : 마음을 엄숙하고 전일專一한 상태로 유지하는 것이다.
* 군자소귀장君子所貴章 : 증자曾子가 "군자가 도에서 중요하게 여기는 것이 세 가지 있으니, 용모를 움직일 때는 사납고 거만함을 멀리할 것이며, 낯빛을 바르게 하는 데는 신실함에 가까워지도록 할 것이며, 말을 함에는 상스럽고 도리에 어긋난 것을 멀리할 것이다. 제기祭器를 다루는 일은 맡아서 할 유사有司가 있다."라고 한 것을 가리킨다. 『논어』 「태백泰伯」에 보인다.

몸은 여전히 그 사람 그대로일 것이니, 이 문제는 저 자신의 할 도리를 다하여 스스로 지켜 가면 그만일 것입니다. 이에 감히 분부를 따르지 못합니다. 어떻게 생각하시는지요?

기사년1749 38세 때 스승 이익에게 보낸 편지로 스승을 마지막으로 만난 뒤에 보낸 것이다. 이익이 안정복을 처음 만난 뒤에 학문의 요결要訣로 준 가르침이 주정主靜, 거경居敬과 『논어』의 군자소귀장君子所貴章이었으니, 이는 당시의 학자들이면 누구나 중시하고 자주 말하는 것이다. 그렇지만 학문에서 치지致知와 자득을 특히 중시한 이익이 왜 이러한 가르침을 주었을까. 당시 다양한 분야에 관심이 많았던 안정복에게 마음을 하나로 수렴하여 근본이 되는 공부에 집중하라는 뜻을 담은 것이라고 생각된다.

이익이 이름을 고치라고 했는데 안정복은 고치지 않았다. 스승의 말을 매우 중시하는 당시로서는 퍽 이례적인 일이 아닐 수 없다. 왜 이름을 고치라고 했는지 알 수 없지만, 건강이 좋지 않았던 안정복을 염려하여 이름을 고치라고 했던 것이 아닐까 추정해 본다. 아무튼 안정복이 자존심과 소신이 매우 강한 사람이었음을 알 수 있다.

스승의 시를 논평하며
上星湖先生別紙

오솔길이 앞에 있으면 자세히 구분해야 하니 蹊路當前可細分
선비가 뜻 구한다*는 것도 일찍이 들은 말이지 士生求志亦曾聞
귀뚜라미는 잎을 안고 가는 세월 슬퍼 말라 秋蛩抱葉休悲歲
하늘 높이 나는 학은 본래 친구가 적은 법이지 昂鶴冲霄本寡羣
이 한밤 창해의 달빛을 누가 남겨 두었는가 誰使夜留滄海月
바람이 구름 쓸어버리는 것 누워서 보노라 臥看風掃太空雲
우뚝 솟은 청산 그대가 오직 나의 벗이니 青山儼立惟吾友
또한 마음에 간직한 생각을 그대에게 말하노라 也有心存說向君

이 시는 선생님께서 읊으신 것입니까? 누가 와서 이 시를 전하면서, 이는 세상을 조롱하는 뜻으로 지은 것이라고 했습니다. 이에 제가 "이 시는 풍경을 보며 감회를 읊은 것에 불과하니, 어느 구절이 세상을 비웃는 말인가." 했더니 그 사람이

* 선비가 뜻 구한다 : 공자가 "은거하여 살면서 그 뜻을 구하고, 의를 행하여 그 도를 실현한다.隱居以求其志 行義以達其道"라고 한 데서 온 말이다. 이에 대해 주희는 "그 뜻을 구하는 것은 실현할 도를 지키는 것이요, 그 도를 실현하는 것은 구하는 도를 행하는 것이다." 하였다. 『논어』「계씨季氏」에 보인다.

수긍하고 갔습니다. 생각하면 세상인심이 참으로 험한 것입니다. 흑백을 가려 보지 않고 경솔하게 말을 하여 거짓을 진짜로 만들고 마침내 한가로운 얘깃거리를 만드니 대체로 세태가 그렇습니다.

지난날 서울에 있을 때 선생님을 모르는 몇 사람들이 『질서疾書』를 보았다고 하면서 많은 곳을 잘못되었다고 지적했는데, 비록 그들과 말하지는 않았으나 마음이 몹시 언짢았습니다. 이 책을 베껴 빌려 보는 동안 좋아하는 사람끼리 두세 번 서로 돌려 보았을 뿐인데도 혹 세상 사람의 눈에 걸렸는가 봅니다. 그래서 감히 말씀드립니다.

그런데 이 시의 함련頷聯은 사물 밖에 우뚝 서서 속세를 굽어보는 기상이 부족하고 다소 외물에 마음이 끌리는 뜻이 있는 듯합니다. 어떻게 생각하시는지요?

갑술년1754 43세 때 스승 이익에게 올린 편지이다. 혹자가 이익이 지은 시에 벼슬길에 올라 포부를 펴지 못해 우울한 마음으로 세상을 조롱하는 뜻이 담겼다고 비판하더라는 이야기와 이익의 저술인 『질서』의 내용을 지적하며 헐뜯는 자들도 있더라는 이야기를 하였다. 스승에게 세상인심이 험하니 조심하라고 은근히 말씀드린 것이다.

안정복은 "이 시는 풍경을 보며 감회를 읊은 것에 불과하다."라고 해명했지만 위 시를 읽어 보면, 혹자가 비판한 것이 전혀 근거 없지는 않다.

'오솔길이 앞에 있으면 자세히 구분해야 하니'는 한漢나라 양웅揚雄의 『태현경太玄經』에서 "큰길은 평탄하고, 산길은 좁다.孔道夷如 蹊路微如"라고 한 구절을 인용한 것이다. 곧 길을 갈 때 위험한 오솔길로 가지 말고 큰길로 가야 하듯이 인생에서도 올바른 길을 찾아서 가야 한다는 뜻이다. 그리고 '선비가 뜻 구한다는 것도 일찍이 들은 말이지'에서 뜻 구한다는 말은 세상에 진출하지 않고 은거하여 학문에 전념한다는 뜻이다. 따라서 이러한 말을 들었다는 것은, 자신은 벼슬길에 나가지 않고 은거한다는 뜻을 드러내 보인 것이다.

'귀뚜라미는 잎을 안고 가는 세월 슬퍼 말라. 하늘 높이 나는 학은 본래 친구가 적은 법이지.'라고 한 함련은, 안정복이 지적했듯이 누가 보아도 세월은 흘러가고 자신을 알아주는 사람이 없는 현실을 안타까워하는 뜻이 담겨 있다고 생각할 수 있다. 그 아래 경련과 미련의 네 구에서도 세상을 조롱하는 뜻을 쉽게 엿볼 수 있다.

스승의 사후에 후진을 걱정하다
答李景協書

선생님께서 세상을 떠나신 이후로 우리 학문이 날이 갈수록 외로워지는데, 다행히도 우리 존형尊兄이 그 훌륭한 유업을 이어받고 유집遺集을 정리 감수하여 선생님 저술의 은미한 뜻을 드러내 밝히고 있으니, 과연 하늘의 뜻이 따로 있는 것 같습니다.

젊은이들 중에 훌륭한 인물이 없는 것이 아니니, 기명과 사흥은 참으로 당대의 뛰어난 인재들입니다. 하지만 덕을 성취시키고 큰 사업을 하자면 재주만 가지고는 안 됩니다. 반드시 근실하고 신중하며 관후寬厚하고 정대正大한 기상이 있어야만 큰일을 해낼 수 있으니, 그들을 꾸짖고 칭찬하여 바른길로 인도하는 책임을 실로 형이 맡아 주셔야 할 것입니다.

사빈士賓*은 정말 쉽게 얻을 수 없는 재주를 가졌는데, "통달한 것이 병통이다."라고 제가 지적한 그 태도를 갑자기 바꾸기는 어려울 듯합니다. 애석하게도 벼슬길을 서둘러 찾는 것

* 사빈士賓 : 이인섭李寅燮 1734~?의 자로, 본관은 연안延安이다. 안정복과 편지를 주고받으며 『동사강목』을 편찬하는 일을 토론하였다.

이 예로부터 사람 망치는 길인데, 눈앞에 있는 평탄한 큰길을 돌아가는 길이라고 여기면서 내버리고 계속 군색한 길을 가고 있습니다. 학문의 자세가 이러한 데 이르렀으니 그 나머지야 말할 것이 있겠습니까. 그러므로 저는 늘 젊은 친구들에게 강조하여 말하였습니다.

"덕행德行도 당연히 힘써야 하지만, 절조節操를 가다듬는 것이 최초에 수립해야 할 기본이니, 여기에서 잘못되어 버리면 나머지는 볼 것이 없다."

이 말을 그대로 듣고 따르는 자가 있는지 모르겠습니다. 이 말에 혹시 공정하지 못한 문제점은 없는지요? 저의 말은 실로 요즘 세상의 병폐를 바로잡자는 뜻에서 나온 것이니, 가르쳐 주시기 바랍니다.

보내 주신 편지에 "선유의 말과 다르다는 이유로 일률적으로 배척하는 것이 어찌 선현들이 후인에게 바라는 바이겠습니까."라고 하셨으니 이는 진실로 옳은 말씀입니다. 지난날 제가 우리 선생님의 말씀을 들은 적이 있는데 그때 말씀하셨습니다.

"성왕聖王이 천하를 다스릴 때 우선 언로言路부터 열었다. 도를 밝히고 학문을 강론하는 것이 그 얼마나 중대한 일인데, 후생들의 의론을 막는단 말인가. 그러므로 학문은 스스로 터득하는 자득이 중요한 것이지 꼭 선배들 의론에 얽매일 필요는 없다."

제가 일어나서 대답하였습니다.

"그 말씀이 참으로 옳습니다. 그렇지만 염려스러운 것은 다만 오로지 자득한 소견으로 먼저 주관을 세워 두면 자기 소견이 제멋대로 생겨나 그 폐단이 적지 않을까 염려됩니다. 만약 젊은 후생이 궁리窮理와 격물格物도 제대로 못하고 의지와 사려도 확고하지 못하면서 약간의 소견이 있다고 해서 자기주장만을 내세우며 옛사람들도 몰랐던 것이라고 말하는 그러한 습성이 점점 자라게 되면, 들뜨고 경박한 기상만 더할 뿐 덕을 쌓아 가는 일에 도움이 되지는 않을 것입니다."

그러자 선생님께서 웃으시면서 이 말도 참으로 옳다고 하셨습니다. 그래서 저는 늘 재기才氣가 있고 말만 앞세우는 젊은 이들을 위해 그 폐단을 바로잡아 줄 뿐이지, 참으로 자득하여 분명한 견해가 있는 사람들까지 어찌 감히 일률적으로 배척하겠습니까. 그러나 참으로 자득한다는 것이 어찌 쉬운 일이겠습니까. 그렇기 때문에 억지로 선인들과 다른 뜻을 찾는 것이 차라리 선유들의 말씀을 지켜 잊지 않는 것만 못할 것입니다.

지난번에 사홍이 편지를 보내왔는데, 『중용』 첫째 장首章에 나오는 '미발未發'의 뜻을 설명하면서 너무나도 낭자하게 옛 학설을 모두 엎어 놓았습니다. 이 대목은 바로 이치의 중요한 핵심인데 정주가 어찌 못 보았겠습니까. 이를 믿고 따르지 않는다면 그 폐단이 어떠하겠습니까. 이 편지를 보고 난 후 심기가 불편하여 거의 여러 날 동안 진정되지 않았습니다. 사홍도 말하였습니다.

"성인은 정靜에 관한 공부가 없고, 경敬은 선학禪學에 가까우며, 주자의 격물치지格物致知에 관한 해석은 또 구이지학口耳之學의 폐단이 될 뿐이다."

이에 기명이 덩달아 동조했습니다. 이러한 기습氣習이 어찌 크게 우려할 만한 일이 아니겠습니까. 후략

기축년1769 58세 때 이익의 조카 이병휴에게 보낸 편지이다. 이익은 평소 학문에 자득을 중시하여 선유의 학설과 다른 새로운 견해를 주장하는 것을 인정하였다. 그래서 그 영향을 받은 젊은 제자들 사이에 정주의 학설과 다른 설을 과감하게 주장하는 경솔한 풍조가 생기고 있다고 안정복은 크게 우려하였다. 사홍과 기명은 이익의 젊은 제자 중 특히 두각을 드러낸 이들이다. 이들이 성리학에서 가장 중요한 함양涵養 공부인 정靜과 경敬을 불교의 선禪에 가깝다고 하고, 나아가 주자학의 핵심이요 근간이라 할 수 있는 격물치지설格物致知說을 구이지학口耳之學으로 쉽게 매도하였으니, 이는 주자학을 송두리째 부정한 것으로 당시 학문 풍토에서는 경악할 일이 아닐 수 없다.

제3장

사상과 성리설

안정복의 사상의 근본은 주자학이고 스스로 주자학을 매우 존신하였다. 그래서 불교와 천주교는 물론 양명학도 이단으로 몰아 배척하였지만, 한편으로는 사후 세계에 대해 일정한 관심을 가졌다. 이러한 점에서 안정복의 사상은 당시 조선의 일반적인 주자학자들과 다소 다르다고 할 수 있다. 그러나 성리설은 퇴계학파 주류의 학설을 고수하려고 하는 보수적인 입장을 보인다.

영혼과 사후 세계는 있는가
上星湖先生書 別紙

귀신이 무엇인지는 『주역』 「계사繫辭」, 『예기』 「제의祭義」 및 주돈이, 정자, 장재, 주자 등 여러 선생의 학설을 보면 알 수 있으나 끝내 풀리지 않는 의문이 있습니다. 귀신에는 세 가지 등급이 있으니, 천지天地의 귀신이 있고, 사람이 죽어 된 귀신이 있고, 또 백물百物의 귀신이 있습니다. 그중에서 사람이 죽어서 된 귀신의 경우는 그 이치가 가장 알기 어렵습니다. 그에 대해 후세에 세 가지 논설이 있으니, 유자는 "기운이 모이면 생명이 태어나고 기운이 흩어지면 죽어서 텅 비어 아무것도 없는 상태로 돌아간다."라고 하고, 서양 사람들은 "기운이 모여 사람이 되는데 이미 사람이 된 뒤에 일종의 영혼이 따로 있어 사람이 죽어도 없어지지 않고 그 사람 자신의 귀신이 되어 영원히 존재한다."라고 하고, 불교에서는 "사람이 죽어서 귀신이 되고 그 귀신이 다시 사람이 되어서 계속 윤회한다."라고 합니다.

만약 유자의 말대로라면 성인이 제사 제도를 만든 뜻에는 분명히 조상의 귀신이 찾아온다는 이치가 들어 있는 것입니다. 만약 다만 자손이 조상을 사모하는 마음 때문에 제사를 만들었다고 한다면 이는 거의 헛된 장난에 가까우니 매우 불경한 일이 아니겠습니까.

비록 조상과 자손은 하나의 기운으로 서로 연결되어 있기 때문에 감응하여 찾아오는 이치가 있다고 하지만 조상의 기운은 이미 흩어져서 음양 본연의 상태로 돌아가 버린다면, 그 기운이 허공에 분산되어 벌써 원초적 상태와 전혀 다를 바가 없는데 다시 무슨 기운이 있어 찾아오겠습니까. 만약 찾아오는 것이 있다면 그것은 흩어지지 않고 별도로 존재하는 것이 있음이 분명합니다.

그리고 만약 서양 사람들 말대로라면 사람은 선악을 막론하고 모두 영혼이 있어 죽은 뒤에 천당과 지옥의 과보果報가 있게 됩니다. 예로부터 지금까지 영혼이 소멸하지 않고 그대로 있다면 그 귀신이 매우 많을 터이니, 이른바 천당은 텅 비고 넓어서 혹 수용할 수 있을지 몰라도 소위 지옥이라는 곳은 땅 둘레가 9만 리이고 그 지름이 3만 리라고 하니 그 3만 리 속에 그렇게 많은 귀신을 어찌 다 수용할 수 있겠습니까. 설령 수용한다고 하더라도 땅이라는 것은 형질形質이 있어 공간이 없이 꽉 차 있는데 귀신이 아무리 형체가 없다고 하더라도 어떻게 수용할 수 있겠습니까. 사람이 죽은 뒤에 기운이 흩어지는 것이 더디고 빠름이 있다고 할 수는 있겠지만 영원히 흩어지지 않는다고 할 수는 없습니다.

또 불교의 말대로라면 그 말은 더욱 어처구니없어 다 믿을 수 없지만 그중에는 그럴 법하게 생각되는 점도 있습니다. 대저 천하의 도가 하나가 아닌데 유가 외에는 모두 이단입니다. 그렇기에 유자의 도는 상도常道를 말하고 괴변怪變은 말하지 않습니다. 괴변은 진실로 예측할 수 없으니, 괴변을 계속 말하다 보면 결국은 허황되고 정상에서 벗어나 거리낌 없이 함부로 행동하는 이단이 되고 말 것입니다. 그렇기 때문에 성인이 괴변을 말씀하지 않았을 뿐이지, 결코 괴변이 없는 것은 아닙니다.

『시경』과 『서경』을 보면 임금과 신하가 서로 경계하면서 반드시 상제上帝 아니면 조상의 신령을 들어서 말합니다. 그런데 만약 실제로 그것이 없다면, 성인이 어찌하여 사람이 볼 수도 없고 모호하여 믿기도 어려운 일을 가지고 사람들을 속였을 것이며, 사람들 역시 이를 믿고 따랐겠습니까. 분명히 그러한 일이 있기 때문에 이와 같이 말했을 것입니다. 은殷나라 사람들이 귀신을 숭상한 것이 어찌 후대의 어리석은 백성들이 무당에게 홀리는 것과 같았겠습니까. 이는 필시 말할 만한 실제 사실이 많이 있었지만, 진 시황秦始皇 때 기록이 다 불타고 없어져 전해지지 못하게 되었을 수도 있지 않겠습니까.

후세에는 상도만 말하는 경향이 많아져서, 만약 조금이라도 평소에 보지 못하고 듣지 못하는 일에 대해 한마디 말을 하고 한 가지 행동이라도 했다 하면 대뜸 괴변을 말한 죄를 씌웁니다. 이런 까닭에 가르침을 맡은 사람들은 조심하여 말하지 않고, 상도를 지키는 이들은 단지 선유들의 말에 의거하려고만 하여 결국 의심이 환하게 풀리지 못하였던 것입니다.

가만히 생각해 보면, 사람의 생사는 대체적으로 말한다면 실로 기운이 모이고 흩어짐에 달려 있으니, 불이 꺼지면 연기가 흩어져 허공으로 올라가 소멸하는 것과 같습니다. 그리고 그중에는 또한 서양 사람들 말처럼 흩어지지 않는 것도 있으니, 마치 순금이 불에 들어가면 전체가 다 녹아 버리지만 한 점의 정광精光만은 그대로 존재하는 것과 같습니다. 그리고 또 그중에는 불교의 말처럼 윤회하는 경우도 있으니, 흩어지지 않은 기운이 만약 있다면 그것이 모여 다시 태어나는 것도 이상한 일은 아닙니다. 사람이 태어나는 것이 기운이 모였기 때문이고 보면 귀신은 기운이 아니겠습니까. 역사의 기록으로 보면 전생에 반지를 숨겨 놓은 곳을 알았다든지 전생에 살던 집의 우물을 기억했다고 하는 따위의 일들이 매우 많고, 지금 세상 사람들의 집안에 전해지는 말을 보더라도 그럴 법한 것들이 많습니다. 이러한 경우들을 반드시 그렇다고 증명하려 한다면 부질없는 짓이고, 그렇다고 일절 그렇지 않다고 무시해 버리면 너무 융통성 없는 태도이니, 그저 말을 하지 않을 수밖에 없습니다. 『주역』에서 "떠도는 혼魂이 변變이 된다." 라고 했는데, 그냥 흩어져 버리는 것이 아니고 변하게 되는 데 이른다면 그 혼이 어디에고 없는 곳이 없을 것입니다. 장자張子는 "떠도는 혼이 변이 된다."라는 것을 근거로 윤회설을 부정하였으니 어찌 감히 다시 말할 것이 있겠습니까마는 그 의심은 끝내 풀리지 않습니다. 정주의 학설에도 간략히 언급만 하고 분명히 말하지 않은 경우가 많아, 후인들의 의심만 더 증폭시키고 있습니다.

무인년1758 47세 때 스승 성호 이익에게 올린 편지의 별지이다. 안정복은 사람이 죽으면 기운이 흩어져 아무것도 없이 사라진다고 한 유교의 주장과 사람이 죽은 뒤에는 영혼이 영원불멸한다고 한 천주교의 주장, 그리고 사람이 죽은 뒤에는 윤회한다고 한 불교의 주장을 차례로 논박한다.

그는 유교의 주장대로라면 조상의 귀신이 없을 터이니 유교에서 그렇게 중시하는 제사도 헛일이 되고 말 것이라 하였다. 유교에서 조상과 자손은 하나의 기운으로 서로 연결되어 있기 때문에 감응하여 찾아오는 이치가 있다고 주장하지만, 조상의 기운이 이미 흩어져서 우주의 기운에 돌아가 버렸다면 다시 무슨 기운이 있어 찾아오겠느냐고 반문한다. 그리고 찾아오는 기운이 있다면 흩어지지 않고 별도로 존재하는 귀신이 분명 있다고 주장하였다. 일반적인 유학자들의 생각과는 다르다.

천주교의 주장에 대해서는 사람이 죽은 뒤에 기운이 흩어지는 것이 더디고 빠름은 있을지언정 영혼이 영원불멸하다는 것은 있을 수 없다고 반박하였다.

불교의 윤회설에 대해서는 다 믿을 수는 없지만 그중에 그럴 법하게 생각되는 점도 있다고 하면서 전생에 반지를 숨겨 놓은 곳을 알았다든지 전생에 살던 집의 우물을 기억한 고사를 언급하였다. 전생에 반지를 숨겨 놓은 곳을 알았다는 것은 진晉나라 양호羊祜의 고사이다. 양호가 5세 때에 자기 유모에게 자기가 가지고 놀던 금가락지를 가져다 달라고 하였다. 유모가 "너에게는 금가락지가 없다." 하자, 양호가 즉시 이웃 이씨李氏 집으로 가서 동쪽 담장 곁의 뽕나무 속에서 금가락지를 찾아내었다. 그 주인이 놀라며 말하기를 "이것은 죽은 우리 아이가 잃어버린 물건인데, 왜 가져가느냐?" 하였다. 그래서 당시 사람들은 이씨의 아들이 바로 양호의 전생이라 여겼다고 한다. 한편 전생에 살던 집의 우물을 기억했다는 것은 진晉나라 포정鮑靚의 고사이다. 그는 다섯 살 때 자기 부모에게 말하기를 "나는 본래 곡양曲陽의 이씨李氏 집 사람인데 아홉 살 때 우물에 빠져 죽었다." 하기에 그 부모가 곡양의 이씨 집에 가서 확인해 보니 모두 그 말과 부합하였다 한다.

사람의 사후 세계가 있는지, 있다면 과연 어떤 것인지는 과학이 극도로 발달한 오늘날에 이르러서도 확인할 길이 없다.

공자는 "삶을 알지 못한다면 어떻게 죽음을 알 수 있겠는가." 하였거니와, 유교에서는 삶과 죽음의 이치를 낮과 밤의 이치와 같다고 본다. 낮이 있어야 밤을 밤이라 인식할 수 있고 밤이 있어야 낮을 낮이라 인식할 수 있다. 주자는 귀신에 대해 "참으로 어떤 것이 있다고 해도 안 되고, 참으로 어떤 것이 없다고 해도 안 된다." 하였다. 불교에서는 영혼이 있어서 사후에도 소멸하지 않는다고 생각하는 것을 상견常見이라 하고, 육체가 소멸하면 아무것도 없다고 생각하는 것을 단견斷見이라 하면서, 상견과 단견을 떠나서 중도中道의 정견正見으로 보아야 실상을 볼 수 있다고 하였다. 사후 세계가 있다면 어떤 것인지 가서 두 눈으로 확인하기 전에는 알 수 없다. 천당과 지옥, 극락을 아무리 그럴 듯하게 그려서 말해도 그것은 상견에 떨어진 어리석은 생각에 불과할 것이다.

젊은 학자들이 천주교에 빠진다는 말을 듣고 안정복은 이렇게 시를 읊었다.

천당이니 지옥이니 황당한 말이니	天堂地獄說荒唐
바꿀 수 없는 도리가 우리 유가에 있네	自有吾家不易方
그 주장이 참으로 허황하지 않을지라도	若使此言眞不妄
악하면 지옥 가고 선하면 천당 가는 것을	惡歸地獄善天堂

양명학을 비판하다

答權旣明書

지난번 그대가 내 집에 들렀을 때, "왕양명王陽明 왕수인王守仁의 치지설致知說이 매우 옳다."라고 했는데, 그때 나의 견해를 말해 주고 싶었으나 충동만 일고 결국 말해 주지 못한 것이 아직도 후회가 되네. 왕양명이 선유들에게 죄를 얻은 까닭도 바로 처음 공부의 길을 잘못 들어섰기 때문이네. 주자가 물物을 리理로 풀이했는데, 왕양명이 틀렸다고 하면서 말하기를 "리는 따로 물物에 있는 것이 아니라, 내 마음이 바로 리이다. 마음이 움직이는 것이 양지良知가 아님이 없으니 심心과 리를 둘로 나누어서는 안 된다."라고 하였다. 그리하여 마침내 의義가 마음 밖에 있는 것으로 간주한 고자告子의 학설과 주자의 주장이 같다고 비판하였으니, 이 어찌 터무니없는 자가 아니겠는가.

마음의 기능은 생각思이고, 생각은 지각知을 맡고 있으니, 주자가 치지격물致知格物을 해석하면서 "내 마음의 지각으로 사물의 이치를 궁구하는 것이다."라고 했네. 마음에는 앎의 이치가 있기 때문에 사물의 이치를 궁구할 수 있는 것이니,

내 마음이 알고 있는 이치와 각 사물에 산재해 있는 이치가 합일되는 것이네. 그런데 군이 마음心이 바로 이치理라고 곧바로 풀이할 필요가 있겠는가. 또 마음이 아는 것이 양지良知라고 하지만, 사람마다 기질이 달라 성인의 마음은 본래 그것이 다 양지의 본연本然에서 나오는 데 반해 일반 사람들의 마음은 기질의 제약을 받아 치우치고 막혀 버려 마음의 앎이 대개 인욕人欲에서 나온다네. 왕양명의 이 설은 인욕을 천리天理로 오인하고 있으니 그 유폐를 이루 말할 수 있겠는가.

왕양명 연보를 보면 그가 어버이의 상喪을 당했을 때 자제들에게 이르기를 "너희들이 고기 먹고 싶은 마음이 있으면 먹어라. 먹고 싶은 것을 먹지 않는 것은 마음을 속이는 일이다." 했다고 하니, 아아, 이게 무슨 말인가! 성인이 예禮를 만들 때 현자賢者는 너무 지나치지 못하게 하고, 불초자不肖者는 발돋움하여 따라잡을 수 있게 하였으니, 그래서 중도中道가 되는 것이네. 왕양명이 사심私心을 가지고 제멋대로 주장한 폐단이 이 지경에 이르렀으니 탄식할 노릇이네.

그는 또 격물치지를 해석하면서도 "나의 양지를 지극하게 하면 사물들이 제각기 바르게 된다."라고 하였으니, 이 또한 경문經文을 거꾸로 해석하면서 자기 말이 모순됨을 스스로 알지 못한 것이네. 또 그는 지행합일설知行合一說을 주장했는데, 경문을 가지고 말하면 경문 안에 지知와 행行을 합일하여 말한 곳이 있었는가. 왕양명이 종횡으로 언변을 구사하여 이 주장을 한 것은 주자의 치지설을 깨부수고자 한 것이나, 자기 말이 지知와 행行을 뒤섞고 구별하지 않아 절로 석씨釋氏 불교의 견해가 되고 말았다는 것을 깨닫지 못했네. 이 뜻을 그대도 알겠는가.

병술년1766 55세 때 권철신에게 보낸 편지이다. 권철신이 "왕양명의 치지설이 매우 옳다."라고 한 데 반박한 것으로, 주자학의 입장에서 왕양명의 양지설과 지행합일설을 비판한 글이다. 왕양명의 양지설에 대해서는 인욕을 천리로 오인한 폐단이 있다고 비판하고, 지행합일설에 대해서는 경전에서 지와 행을 함께 말한 곳이 없다고 말하면서 지와 행을 구별하지 않은 불교의 견해에 빠졌다고 비판하였다.

퇴계학파의 사칠설四七說을 고수하다
上星湖先生書

사단칠정四端七情의 이치는 저는 몽매하여 알지 못합니다. 다만 퇴계의 설을 보고 좋아하였고, 뒤에 율곡의 설을 보고 의심했었는데, -장여헌張旅軒*의 설이 율곡의 설을 따르고 있으니, 참으로 이상한 일입니다.- 선생님의 『사칠신편四七新編』을 보고 나서야 비로소 의심이 확 풀렸습니다. 그것은 속에 실제로 터득한 것이 없기 때문에 다른 견해를 보면 생각이 바뀌고 했던 것이니, 그저 부끄러울 뿐입니다. 그런데 이번에 기명을 만났더니 그가 벗 홍사량洪士良을 만났는데 홍사량이 "선생님께서 『사칠신편』의 내용 중 혹 온당치 못한 곳이 있다 하셨다."라는 말을 하였습니다. 온당치 못하다는 곳이 어느 부분인지요? 가르쳐 주시기 바랍니다.

임신년1752에 김종정金鍾正* 1722~1787과 동료로 있을 때 그

* 장여헌張旅軒 : 여헌은 조선 중기 학자 장현광張顯光의 호이다. 여헌은 1554년에 태어나 1637년에 죽었다.
* 김종정金鍾正 : 본관은 청풍淸風, 자는 백강伯剛, 호는 운계雲溪, 시호는 청헌淸獻이다. 저서에 『운계집』, 『사례집요四禮輯要』, 『문헌집략文獻輯略』 등이 있다.

가 말하기를 "사칠설四七說은 고봉의 견해가 옳다. 그때는 김하서金河西가 벼슬을 그만두고 향리에서 노년을 보낼 때이니 고봉이 한 말은 모두 하서가 한 말이었다. 하서가 죽자-하서는 경오년1510에 태어나 경신년1560에 죽었다.- 고봉이 자기 설을 더 부연하지 못하고 도리어 퇴계에게 굽히고 말았다. 율곡 때 와서야 그 학설이 비로소 확정되었다." 했으니, 하서에게 과연 이런 일이 있었는지요?

임오년1762 51세 때 스승 이익에게 보낸 편지이다. 사칠설은 사단칠정에 관한 학설이다. 안정복은 본래 퇴계 이황의 설을 따르다가 율곡 이이의 설을 보고 마음이 흔들렸는데, 스승이 저술한 『사칠신편』을 읽고 의심이 풀려 퇴계의 설을 확신하게 됐다는 것이다. 그리고 이황과 논변한 고봉 기대승의 사칠설이 실은 하서河西 김인후金麟厚의 학설을 이었다는 것은 사실 여부를 확인할 수 없다. 기대승이 동향인 김인후와 교유는 있었겠지만, 이황과 토론하는 과정에서 기대승이 스스로 주자의 저술을 읽고 학설을 연구하였다고 보는 편이 타당할 듯하다.

공정한 희로는 리발인가
與邵南尹丈書

저는 성품이 원래 어리석고 거칠어서 오묘한 성명性命의 이치에 대해서는 애당초 연구하지 않고 단지 선유들의 정설定說에 입각해서 어렴풋이 알고 있었을 뿐입니다. 이런 까닭에 학문에 자득한 실효가 없었으며, 사칠설에 대해서는 어려서부터 선입견이 있어서 퇴도退陶 이황의 설만을 옳은 것으로 여겨 오다가 성호 선생님의 『사칠신편』을 보고 나서는 더욱 독실하게 믿게 되어 이보다 더 오묘한 뜻은 없는 것으로 알아 왔습니다.

예전에 의영고義盈庫에 숙직하고 있을 때 경협이병휴이 보내온 서신에 "성인의 공정한 희로喜怒는 리발理發이다."라고 하면서 그 내용이 수백 자나 되고 변증한 것이 명백했으니 매우 좋았습니다. 그때는 참고할 만한 서적이 없어서 대충 답을 했는데, 그 줄거리는 "희로라는 글자 뜻이나 생긴 모양을 보면 아무래도 기氣에서 나온 것으로서 거기에는 성현과 우매한 사람의 구별이 없을 것 같다."라고 하였습니다. 이경협이 더 이상 이에 대해 답하지 않기에 저도 그 소견만 그대로 가지고 있었을 뿐 더 이상 의심해 보지 않았는데, 뒤에 들으니 그 발단이 신 진사慎進士 신후담에게서 나온 것으로 선생님도 이를 따랐기에 집사께서 쟁변하지 못하고 말았다는 것이었습니다. 동문 사이에 이러한 논의가 있었는데도 그 사실을 모르고 오늘에 이르렀으니 얼마나 어리석은 일입니까. 저의 소견을 개진하니 헤아려 취택取擇해 주시기 바랍니다.

대저 성性이 동動하여 정情이 되니 정이 원래는 선한 것이지만 절제하지 않으면 너무 성하게 일어나서 악하게 됩니다. 성인의 공정한 칠정七情도 곧바로 성이 동하여 정이 되는, 최초의 본래 선한 곳으로부터 왔고 보면 사단四端과 다를 바 없으니 리발이라고 해도 불가할 게 없습니다. 그러나 비록 일반 사람의 정이라 할지라도 성명에서 나온 것이라는 점은 역시 성인의 경우와 다르지 않을 듯합니다. 이렇게 보면 설명하기가 쉬우니, 까다로워 이해하기 어려울 곳이 없을 것입니다.

그런데 퇴도 이자李子 이황는 성인의 희로는 기가 리理에 순응하여 발현된 것이라고 하였습니다. 그 말이 공평하고 정당하여 고칠 것이 없습니다만, 의심스러운 점이 있습니다. 고봉의 「후설後說」에서 "견해의 합일을 보았다."라고 했지만 그 중에 "칠정이 비록 기에 속하지만 리가 그 가운데에 있으니, 그것이 발현되어 절도에 맞는 것은 바로 천명天命의 성입니다. 이를 어떻게 기발氣發이라고 하겠습니까?"라고 하여, "기가 리에 순응한다."라는 이자의 말을 배척했는데, 이자가 더 이상 변석辨析하지 않은 것은 어째서입니까? 「심통성정중도心統性情中圖」에 사단을 칠정 속에 포함시켜 놓고는 "선善과 악惡이 나뉘는 곳에서 선 한쪽만을 말한 것이다." 했고, 또 이평숙李平叔에게 답한 편지에서도 똑같이 말했습니다.

지금 이자의 문집에 의거하면 고봉의 「후설」은 병인년1566에 지은 것이고, 『성학십도聖學十圖』는 무진년1568에 지은 것이고, 이평숙에게 보낸 편지는 기사년1569에 지은 것입니다. 그렇다면 만년의 정론은 역시 고봉의 견해를 따라 그러한 것입니까?

『맹자』에서는 사단을 말하면서 심心이라 하고, 또 "그 정의 경우에는乃若其情"이라고 했고, 『예기』「예운禮運」에서는 정情이라 하고, 「악기樂記」에서는 또 희로를 심心이라 했으니, 심이 정을 통괄하는 묘한 이치를 알 수 있을 것입니다. 인심人心과 도심道心, 사단과 칠정이 이름은 다르지만 내용은 같다는 뜻은 과연 집사가 주장하신 그대로입니다. 집사께서 또 "사단을 확충해 나가면 칠정을 절제하는 공부가 그 가운데 있으니, 희로가 절도에 맞는 것과 사단을 확충하는 것이 절로 서로 도움이 될 것이다. 성인의 희로는 자연히 절도에 맞으니 리발이라고 해도 된다."라고 하였습니다. 집사께서도 지금은 견해의 합의를 보셨으니 이는 당연한 이치로서 더 이상

의심할 것이 없겠으나, 우매한 저로서는 끝내 석연찮은 데가 있습니다.

맹자가 말한 사단은 정의 선한 측면을 지적해 내어 인의예지仁義禮智의 정을 밝힌 것이지만 또 형기形氣에 연관된 것으로 말하자면 그 정이라는 것이 여러 갈래여서 넷으로 말한 데가 있고,-『중용中庸』에서는 희喜, 노怒, 애哀, 락樂이라고 하였다.- 다섯으로 말한 데가 있고,-『대대례大戴禮』에서는 희喜, 노怒, 욕欲, 구懼, 애哀라 하였고, 『서경』「홍범洪範」의 채전蔡傳에서는 희喜, 락樂, 욕欲, 노怒, 애哀라 하였다.- 여섯으로 말한 데가 있고,-『좌전左傳』에 자태숙子太叔이 "사람에게는 호好, 오惡, 희喜, 노怒, 애哀, 락樂이 있으니 육기六氣에서 나온다." 하였고, 「악기樂記」에서는 애哀, 락樂, 희喜, 노怒, 경敬, 애愛의 마음이라고 했고, 『장자莊子』에서는 오惡, 욕欲, 희喜, 노怒, 애哀, 락樂이라고 했다.- 일곱으로 말한 데가 있으며,-「예운禮運」에서는 "무엇을 사람의 정이라고 하는가? 사람의 정을 희喜, 노怒, 애哀, 구懼, 애愛, 오惡, 욕欲이라 한다." 하였고, 정자의 「호학론好學論」에는 희喜, 노怒, 애哀, 락樂, 애愛, 오惡, 욕欲이라고 했으며, 『황제내경黃帝內經』에는 희喜, 노怒, 우憂, 사思, 비悲, 경驚, 공恐이라고 했다.- 그 밖에도 정을 말할 수 있는 뜻을 가진 글자들이 얼마든지 있습니다.

이미 형기가 있고 보면 호오선악好惡善惡을 말미암아 감촉에 따라 동하는 것이 또한 수없이 많습니다. 성인은 비록 자기 마음이 하고자 하는 대로 따라 해도 법도를 넘지 않는다고 하지만, 모든 감정이 각각 기를 따라 발현된다는 점에서는 일반 사람들과 똑같습니다. 『좌전』에 육정六情 여섯 개의 감정이 육기六氣 여섯 개의 기에서 나온다고 했는데, 육기는 기氣입니다. 지금 육기가 어지럽지 않고 순서를 따르는데 이것을 리발이라고 할 수 있겠습니까.

의서醫書에 칠정에 소속된 장기臟器가 각기 따로 있고 치료법도 그 장기에 따라 맞는 약을 쓰니, 비록 성인의 칠정이라 하더라도 형기 속에 있는 것은 사실인데, 그것이 형기로부터 나오는 것이고 보면 기발氣發이라고 해야 될 것입니다. 그러하니 칠정은 기가 리에 순응하는 것이라고 하신 이자의 말씀이 옳지 않겠습니까. 굳이 리발이라고 해야만 되겠습니까.

보통 사람들로 말한다면 희로의 감정이 까닭 없이 발현될 리가 없고 반드시 기뻐할 만하거나 성낼 만한 일이 있어야 발현될 것입니다. 만약 그 일이 기뻐할 만하거나 성낼 만한 일이어서 희로가 발하였다면, 그 희로는 당연한 희로일 것입니다. 그 당연한 희로를 모두 리발이라고 한다면 처음 나올 때는 리에서 나왔다가 중간에 희로가 절도를 잃은 뒤에야 비로소 기발이라고 하는 것입니까? 제가 의심하는 이러한 점들은 예전에 들은 학설에 집착해서 선생님께서 이미 확정한 설을 어지럽히고자 하는 것이 아니라, 사실은 의심이 생겼는데 질문할 곳이 없어 이렇게 여쭈어보는 것입니다. 이것을 경협에게도 물어보고 다시 그 통쾌한 해답을 듣고 싶으나 이 말이 꽤 사람들의 입에 오르내린다고 하니, 만약 서로 논란을 주고받는 사이에 한갓 쓸데없는 분란만 일으킨다면 그 역시 좋은 일이 아닐 것입니다. 그래서 이제 번거롭게 말씀드리고 집사의 정론을 들어서 학문의 방향을 잡고자 합니다.

정해년1767 56세 때 소남邵南 윤동규에게 보낸 편지이다. 윤동규는 안정복이 스승 성호 이익을 처음 배알했을 때 성호가 사귀어 보라고 소개한 인물이다.

성호 문하에서 벌어진 성인의 공정한 희로, 즉 공희로公喜怒에 관한 논변의 발단은 이렇다. 성호의 제자인 신후담이 "성인의 공정한 희로는 리발이다."라는 설을 주장하자 윤동규는 반대하였으나 스승 성호가 신후담의 설에 동조하여 반론하지 못하고 말았고, 성호의 조카 이병휴도 신후담의 주장에 동조했다. 안정복은 갑신년1764 53세 때 윤동규에게 보낸 편지에서 "사칠설에 대해 성호 선생께서 힘을 다해 논파했던 것이 결국에 다시 고봉과 같은 주장이 되고 말았으니, 이 문제는 다시 변석해야만 합니다." 하고 논쟁에 뛰어든다. 이 편지는 윤동규의 답장을 받은 뒤에 보낸 편지로 윤동규의 주장에 동조하여 공희로는 리발이 아니라 기발임을 증명한 것이다.

공희로가 리발이냐 기발이냐 하는 문제는 퇴계학파 안에서도 첨예하게 대립한 중요한 쟁점이므로 이 문제가 발생한 연유를 살펴볼 필요가 있다.

계축년1553 가을, 추만秋巒 정지운鄭之雲 1509~1561이 자신이 만든 『천명도설天命圖說』을 가지고 퇴계 이황을 찾아가 질정을 받았다. 퇴계는 "사단은 리에서 발현되고 칠정은 기에서 발현된다.四端發於理 七情發於氣"라고 한 정지운의 설을 "사단은 리의 발현이요 칠정은 기의 발현이다.四端理之發 七情氣之發"로 고쳤다. 몇 해 뒤인 무오년1558 가을에 정지운이 『천명도설』을 가지고 고봉 기대승을 찾아와 토론하였는데, 이때 고봉이 『천명도설』을 보고 위 퇴계의 학설에 이견을 제시했다.

두 사람의 토론을 전해 들은 퇴계는 "사단의 발현은 순수한 리이므로 선하지 않음이 없고, 칠정의 발현은 기를 겸하므로 선악이 있다.四端純理故無不善 七情兼氣故有善惡"로 자구를 수정하여 고봉에게 편지로 보낸다. 이것이 두 사람 사이에 벌어진 소위 사칠논변四七論辨의 시작이다.

퇴계의 편지를 받고 고봉은 답장을 보내 반론을 펴는데, 그 요지는 "사단과 칠정은 모두 본체인 성이 발한 것으로 정이라는 점에서 같고 사단은 칠정 중 선일변善一邊이므로, 사단과 칠정을 상대시켜 각각 리, 기에 분속分屬시켜서는 안 된다. 칠정이 기를 겸한다고 하면 앞의 설보다 다소 나은 듯하나 그래도 사단은 칠정을 벗어난 것이 아니므로 이 둘을 상대적인 개념으로 보아서는 안 된다."라는 것이다. 그는 사단과 칠정은 나아가 말한 곳이 다르기 때문에 구별을 둔 것일 뿐이지, 칠정 밖에 따로 사단이 있는 것은 아니라고 하였다. 즉 하나의 사물을 관점을 달리하여 표현했을 뿐이므로, 그 내용은 두 가지 뜻이 있는 것이 아니라 실상이 같다는 것이다. 다시 말하면 사단은 칠정의 한 면 또는 부분집합이라 할 수 있으므로 이 양자를 나누어 리, 기로 대립시켜서는 안 된다는 것이다.

이에 대해 이황은 사단과 칠정은 비록 내용이 같은 것이지만, 기대승이 말한 바대로 '나아가 말한 곳', 관점이 다르기 때문에 그 개념을 다르게 정의해야 한다고 주장한다. 이황의 생각은 "사단과 칠정 모두 리와 기가 합한 것이지만, 사단은 그중에서 리 쪽만 가리켜 정의했듯이 칠정은 기의 작용이 크므로 기 쪽에 분속시킬 수 있다. 그렇지 않다면 옛 성현들이 무엇하러 굳이 그 명칭을 달리했겠는가."라는 것이다. 그리고 퇴계가 "마음의 본체인 성을 본연지성本然之性과 기질지성氣質之性이라 하여 리와 기의 구분을 두었으니, 마음의 작용인 정도 리와 기로 구분하지 못할 것이 없다."라고 하고, 『주자어류』의 "사단은 리의 발현이요 칠정은 기의 발현이다.四端理之發 七情氣之發"라고 한 구절을 자신의 설에 대한 논거로 제시한다. 이것이 위 편지에서 안정복이 주장하는 논리의 근거가 된다.

여기서 주목해야 할 곳은 고봉과 퇴계 두 사람이 모두 '나아가 말한 곳, 관점이 다르다.'는 말을 자신의 입론 근거로 삼는다는 점이다.

퇴계의 주장에 대해 고봉은 다시 편지를 보내 반박하는데 그 요지는

"사단은 칠정 속에서 리만을 가리켜 말한 것이므로 칠정에 속하는 것인데, 사단과 칠정을 각각 리와 기로 나누어 상대시키면 마치 마음속에 두 가지 정이 있어 하나는 리가 발하고 하나는 기가 발하는 것으로 오인될 수 있다."라는 것이다. 즉 퇴계의 주장에 의하면, 마음에 리와 기 두 가지 근본이 있고 이 근본이 발하여 두 가지 정이 되는 것이니 논리적으로 맞을 수 없다는 것이다. 고봉이 지적한 이 문제 때문에 오늘날 퇴계의 성리설을 리기이원론理氣二元論으로 정의하게 되는 것이다.

고봉의 이 반론에 대해, 퇴계는 "이치를 볼 때는 같음에 나아가 다름이 있음을 알고 다름에 나아가 같음이 있음을 알아서, 나누어 둘로 만들어도 본래 분리된 적이 없고 합하여 하나로 만들어도 실상은 서로 섞이지 않을 수 있어야 한다."라는 논리를 세워 "다름은 같음을 전제한 다름이고 같음은 다름을 포함한 같음이므로 근본이 둘이 될 우려가 없음"을 말한다. 그리고 퇴계는 "마음이 리와 기의 합일이듯이 마음의 작용인 정도 리와 기가 합일한 것이다. 따라서 정의 일반적인 개념을 말할 때는 칠정이 사단을 포함하여 둘을 나눌 수 없지만 칠정과 사단을 상대시켜 말할 경우에는 주가 되는 것에 따라 리와 기에 각각 분속하는 것이 불가할 게 없다."라고 한다. 여기서 퇴계는 "사단은 리가 발현되어 기가 따르고 칠정은 기가 발현되어 리가 탄다.四端理發而氣隨之 七情氣發而理乘之"라고 하는 이른바 호발설互發說을 제시한다.

이상에서 살펴본 고봉과 퇴계의 논변을 요약해 보면, 기대승은 "사단은 칠정에 속하는 것이므로, 전체인 칠정과 그 일부분인 사단을 상대하는 개념으로 설정할 수 없다."라고 하고, 퇴계는 "마음의 작용인 정의 일반적인 개념을 말할 때에는 칠정이 정 전체를 포괄하는 것이므로 리, 기의 합일로 말할 수 있지만 사단과 상대하여 말할 경우에는 칠정을 기 쪽에 분속할 수 있다."라고 한다. 이것이 양자 간 논변의 핵심이다.

논변을 마칠 때 기대승은 자신의 견해를 정리한 「사단칠정후설四端七情後說」과 「사단칠정총론四端七情總論」을 보내는데, 여기서 그는 이황의 호발설에는 긍정한다. 그러나 『중용』에서 온 천하에 공통되는 도, 즉 달도達道로 규정한 희로애락喜怒哀樂과 순舜 임금, 공자, 맹자와 같은 성인의 희로애락은 칠정에 속하는 것이지만 사단과 다르지 않다고 주장한다. "순 임금, 공자, 맹자의 희로애락은 기가 리에 순응하여 발현되어 터럭만큼도 방해를 받지 않았기 때문에 리의 본체가 고스란히 드러난 것이다."라고 한 퇴계의 주장에 대해 성인의 공정한 희로는 기발이 될 수 없다고 반박한 것이다.

퇴계와 고봉의 사칠논변이 있은 후로 영남학파의 학자들은 대체로 고봉이 결국 퇴계의 주장에 승복하였다는 것으로만 결론을 내려 왔다. 대산大山 이상정李象靖 1711~1781, 한주寒洲 이진상李震相 1818~1886은 공정한 희로가 리발이라는 설은 퇴계가 받아들인 것으로 인정하였다. 이 설을 바탕으로 이상정, 입재立齋 정종로鄭宗魯 1738~1816, 응와凝窩 이원조李源祚 1792~1872 등에게서 칠정리발설七情理發說이 나오더니, 이진상에 이르러 심즉리설心卽理說이 나와 주리론主理論의 대미를 장식한다.

안정복은 이 편지를 쓴 56세 때까지는 『성학십도』「심통성정중도」와 이평숙에게 답한 편지를 근거로 퇴계의 만년 정론이 고봉의 견해를 따랐을 수도 있다는 의문을 제기하면서도, 여전히 희로애락과 같은 칠정은 기발일 수밖에 없다는 자신의 주장을 굽히지 않는다. 성리설에서도 되도록 새로운 견해를 주장하지 않으려 하는 안정복의 보수적인 성향을 확인할 수 있다. 그러나 기축년1769 58세 때 윤동규에게 보낸 편지에서부터 견해가 달라진다.

리기논변은 실용에 도움이 되지 않는다
答邵南尹丈書

대저 리기설理氣說이 있은 뒤로 이에 관한 학설이 한우충동汗牛充棟으로 많아 오늘날 학자들이 가장 중요시하는 저술의 자료가 되어 하나의 폐단을 이루는 실정입니다. 가만히 생각해 보면 사람이 학문한다는 것은 악을 버리고 선을 따르는데 불과합니다. 리기理氣가 비록 성명性命의 근원이라고 하지만 실용에는 별 관계가 없는 듯한데, 공연히 주고받으며 한갓 종이 위의 한가로운 말만 늘어놓다가 점점 과격해져서 끝없이 각축을 벌이는 것은 또한 무슨 작태입니까.

지금 세상에서 이자李子 이황를 신봉하는 쪽은 고봉과 율곡을 배격하고 율곡을 신봉하는 쪽은 이자를 배척하는데, 점점 물들어 간 나머지 율곡의 말로 빠져 들어가서 이르기를 "이자가 큰 근원에 있어서는 아무래도 견해가 좀 부족한 것 같다."라고 합니다. 이런 말을 하는 이들 중에는 뛰어난 선비가 많은데도 모두 이와 같으니 그 형세로 보아 수가 많은 쪽이 이길 수밖에 없을 것입니다. 이는 각기 소견이 달라서 그런 것이니 억지로 서로 맞추려고 할 것이 없고 각자 자기 소신을 존중하면 그만일 것입니다. 어찌하겠습니까. 접때 들으니 이연일李延日 경문景文*이 사응士凝 한정운韓鼎運에게 보낸 편지에 이러한 주장을 했는데 존장께서 그 편지에 대신 답했다고 합니다. 과연 사실입니까?

우리 쪽의 벗들도 믿지 못하는 사람이 많은데, 다른 사람에게야 무엇을 바라겠습니까. 제가 평소 의심하고 있는 것은 고봉이 마지막으로 「사단칠정총론」을 지은 이후에는 퇴계가 더 이상 변설辨說한 바가 없었고, 「심학도心學圖」와 이평숙에게 보낸 서한도 다 고봉의 「사단칠정총론」이 나온 뒤에 쓴 것인데, 고봉의 설과 부합하는 곳이 많다는 사실입니다. 퇴계가 만년에는 혹시 고봉이 마지막으로 한 말을 따랐던 것은 아닌가 생각됩니다. 다시 가르침을 주시기 바랍니다.

기축년1769 58세 때 윤동규에게 보낸 편지이다. 실용에 꼭 필요치 않은 리기설이 가장 중요한 학설이 되어 걸핏하면 지나친 논쟁을 야기하는 폐단을 지적하는 한편, 퇴계가 만년에는 고봉의 설을 따랐을 것으로 생각된다고 하며 성인의 공정한 희로, 즉 공희로가 리발이

* 이 연일李延日 경문景文 : 조선 후기 퇴계학파의 대표적인 학자인 이상정을 가리킨다. 그가 연일 현감延日縣監을 역임했으므로 이렇게 부르는 것이다. 본관은 한산韓山, 자는 경문, 호는 대산大山이다. 저서에 『대산집大山集』, 『퇴계서절요退溪書節要』 등이 있다.

라는 주장을 수용한다. 그리고 경인년1770 59세 때 이병휴에게 보낸 편지에서 "사단칠정의 공희로, 즉 공정한 희로에 관한 설은, 지난날에는 기가 리를 따라서 발한다는 퇴계의 설만 굳게 지키고 있었기 때문에 형이 전후로 저의 어리석음을 깨우쳐 주신 것이 한두 번이 아니었는데도 끝내 후련히 이해하지 못했습니다. 일전에 『퇴계집』을 다시 살펴보았더니 기고봉奇高峯의 「사단칠정후설」이 있은 후에 선생이 답하기를 '내가 한 말이 과연 온당하지 못한 데가 있는 것 같다.'라고 하였고 그 후로 다시 그에 관한 말을 하지 않으셨으니 선생의 뜻을 알 만했습니다."라고 하여 종전에 윤동규의 설을 지지했던 태도를 바꾸어 신후담, 이익, 이병휴의 주장에 동조한다.

불필요한 리기논쟁을 중단하자
答邵南尹丈書

공정한 희로喜怒는 리발理發이라고 한 설을 가지고 존장尊丈과 경협이병휴이 20년도 넘게 논쟁해 왔는데도 끝내 서로 견해가 합치하지 않았으니, 이는 합치하지 못한 채 끝나고 말 것입니다. 이제는 그만둠 직한데 또 논쟁을 그치지 않고 있으니, 이는 갑甲은 "을乙은 마음의 평정을 찾기 바란다."라고 하고 을은 "갑은 마음의 평정을 찾기 바란다."라고 하면서 끝내 둘 다 마음의 평정을 찾을 기약이 없는 것*과 무엇이 다르겠습니까. 성호 선생님의 설에는 이런 말씀이 없었는데 경협이 자기 말을 합리화하기 위해서 이런 설을 주장했다면 그의 마음에 매우 해로울 것입니다만, 경협의 식견과 학문으로 어찌 이런 짓을 했겠습니까. 그렇지 않다면 선생님께서 만년에 학생들을 가르칠 때 그가 혹시 들은 것이 따로 있어 그렇게 말한 것인

* 갑甲은……것 : 주희가 상산象山 육구연陸九淵에게 보낸 편지에서 "또 기억하건대 지난해 마음의 평정을 찾자는 말이 있었습니다. 그런데 전자에 보내온 편지에서 말하기를 '갑과 을이 논변하면서 각자 자기 설을 옳다고 여겨 갑은 을에게 마음의 평정을 찾으라고 하고 을도 갑에게 마음의 평정을 찾으라고 하니, 마음의 평정을 찾으라는 말이 명백하기 어렵습니다. 사실에 의거하여 이치를 논하는 것만 못합니다.'라고 하였습니다."라고 한 데서 온 말로, 『주자대전』 권36 「답육자정答陸子靜」에 보인다.

지도 모르겠습니다.

존장께서 그의 주장이 선생님 설에 위배될까 염려하여 힘써 배척해 마지않으셨으니 그는 틀림없이 놀라고 두려워 몸 둘 바를 모르고 있을 것입니다. 지금 이 지경에 이르러 양쪽의 의견이 각기 다르고 보면 결코 합치될 리가 없을 것입니다. 존장께서 글 한 편을 따로 써서 옳지 않은 점 및 선생님의 설과 어긋나는 곳을 변증하여 함께 사귀며 어울리는 후학들에게 보여 주시는 것이 좋을 듯합니다. 또다시 붓을 휘둘러 계속해 논쟁을 벌이다가 두 분의 사이가 나빠져서는 안 될 것입니다.

신묘년1771 60세 때 윤동규에게 보낸 편지이다. 안정복은 공희로 리발 문제를 놓고 윤동규와 이병휴 사이에 벌어지고 있는 논쟁을 중단할 것을 촉구하였다. 여기서 안정복은 공희로, 즉 공정한 희로가 리발이라는 설에 이익이 동조했다고 이병휴가 말했는데, 이병휴의 식견과 학문으로 보아 그가 거짓말을 했을 리는 없다고 하면서 은근히 이병휴의 주장에 동조하였다. 이로써 공희로 리발 문제를 놓고 벌어진 이익 문하의 논쟁은 종지부를 찍었다고 할 수 있다.

제4장

천주학 비판

서학西學이 중국에 처음 들어온 것은 17세기 초엽이다. 이후 100여 년이 지난 18세기 초엽에 이르러서 조선에 전래하였고, 이익을 비롯한 성호학파 안에서는 일찍부터 천주학을 포함한 서학에 관심을 보였다. 그러나 이익의 제자 중 신후담과 안정복은 천주학을 극력 배척하였다. 안정복은 서학 중 역법, 화포 등 과학 기술은 정교한 점이 있다고 인정하면서도 성인의 학문聖學이 아니라고 폄하해 버린다. 그는 천주학이 이단이라는 강한 소신이 있었고, 권철신을 비롯한 동문의 젊은 학자들이 천주학에 빠지다가 장래 큰 화를 당할 것을 우려하였다.

천주학은 불학佛學이다

答權旣明書

지난번 영남 유생의 말을 들으니, 또 사흥이 와서 『칠극七克』* 을 빌려 갔다고 하기에 마음속으로 의아하게 여겨 "『칠극』은 사물四勿*에 대한 주석이니, 비록 뼈를 찌르는 듯한 절실한 내용이 더러 있기는 하지만 이 책에서 얻을 것이 뭐 있겠는가." 라고 했네. 그 뒤에 전해 듣기로 "서양의 학문洋學이 크게 번지는데 아무 아무개가 주동자이고, 아무 아무개는 그다음이고, 그 밖에 그들에게 동화된 사람들이 얼마나 되는지 모른다."라고 하기에, 너무나 놀랐네. 이미 남들에게 소문이 낭자하게 퍼졌으니, 서로 친분이 있는 사이에 굳이 사실을 은폐할 필요가 없을 것이네.

노장老莊, 불교佛敎, 양주楊朱, 묵적墨翟은 그 길이 우리

* 칠극七克 : 스페인 출신의 예수회 선교사 디에고 데 판토하龐迪我 Diego de Pantoja 1571~1618가 지은 책이다. 그의 중국 이름은 방적아龐迪我이고 자는 순양順陽이다. 1600년 마테오 리치利瑪竇 Matteo Ricci를 따라 북경에 가서 선교 활동을 하였다. 이 책은 7권으로 되어 있는데 천주교의 일곱 가지 금기禁忌에 대해 논하였다.
* 사물四勿 : 안연顔淵이 인仁을 실천하는 조목을 묻자 공자가 "예가 아니면 보지 말며, 예가 아니면 듣지 말며, 예가 아니면 말하지 말며, 예가 아니면 움직이지 말라. 非禮勿視 非禮勿聽 非禮勿言 非禮勿動"라고 한 데서 온 말이다. 『논어』「안연」에 보인다.

유학과 다르기 때문에 그 폐단이 결국 허무虛無, 적멸寂滅, 무부無父, 무군無君으로 돌아가고 말았으니, 이것이 이단이 된 까닭이네. 오늘날 이른바 '천주학天主學'이라는 것은 바로 불교가 이름만 바꾼 것일 뿐이네. 나 역시 그 대의를 대략 보았는데, 천당과 지옥이 같고, 마귀가 같고, 재계齋戒하는 것이 같고, 군신, 부자, 부부의 인륜이 없는 것이 같으며, 천주학의 십계十誡는 불교의 칠계七戒와 다르지 않고, 천주학의 사행四行은 불교의 사대四大*와 같네. 그 나머지는 이루 다 열거할 수 없는데, 대저 세상을 구원한다고 주장하더군.

구마라습鳩摩羅什과 달마존자達摩尊者는 모두 세상을 구원한다는 목적으로 바다를 건너 중국까지 와서 자기들의 교화를 폈는데, 마테오 리치利瑪竇 Matteo Ricci 등도 이와 같은 데 불과할 뿐이네. 어떤 옛사람은 불교도들이 자기 자신만을 위하는 마음으로 생사生死에 초탈하려고 수행하는 것이라 지적했는데, 지금 천주학을 하는 자들도 밤낮으로 기도하면서 지옥에 떨어지는 것을 면하게 해 달라며 빌고 있으니, 이는 모두 불교의 학문이네.

제군들이 평소에 그렇게도 불교를 배척했으면서 지금 이 천주학에는 손을 묶어 둔 채 좌시하고 있으니, 천주학에 틀림

* 사대四大 : 우주를 구성하는 네 가지 요소인 지地, 수水, 화火, 풍風을 가리킨다.

없이 사람을 감동시킬 만한 특별한 글이 있어 그러한 것일 테지. 그러므로 지난번 편지에서 청했던 것은 까닭이 있었던 것이라네. 이제 듣건대 덕조德操*가 다소의 서책을 가지고 갔다고 하니 지금쯤 이곳을 지났을 터이네. 그런데 나를 찾아오지 않았으니, 그 까닭을 알지 못하겠네. 아마도 공부의 길이 달라 서로 얘기할 것이 없기 때문이 아니겠는가. 남을 선善으로 인도한다는 천주의 뜻은 필시 이와 같지 않을 것이네.

그러나 명덕明德을 천하에 밝히려는 성인은 그 세상을 구제하려는 뜻이 어떠하겠는가. 어찌하여 굳이 우리 명교名敎 인륜을 밝히는 유교의 즐거운 땅을 버리고 천당에 태어나기를 바란단 말인가. 이른바 '중국의 법도로 오랑캐를 변화시킨다는 말은 들었어도 오랑캐에 의해 변화된다는 말은 듣지 못했다.'는 것이 바로 이를 두고 한 말이라네. 내 뜻을 이해하고 다시 의견을 주기 바라네.

갑진년1784 73세 때 권철신에게 보낸 편지이다. 안정복은 이기양

* 덕조德操 : 이벽李檗 1754~1786의 자로, 본관은 경주慶州, 호는 광암曠菴, 세례명은 세자요한이다. 경기도 광주에 기반한 무반으로 이름 높은 가문의 후손으로, 아버지는 이부만李溥萬이다. 정약용의 맏형인 정약현丁若鉉의 처남이다. 스승은 이익으로, 이가환, 정약용, 이승훈, 권철신, 권일신 등과 깊은 교우 관계를 맺었다. 무반으로 출세하기를 원하는 아버지의 소원을 뿌리쳤으며, 문신으로도 진출하지 않은 채 포의서생布衣書生으로 생애를 마쳤다.

이 권철신에게 천주교 교리서인 『칠극』을 빌려 갔다는 소문을 듣고, 동문들이 너도나도 천주학에 빠지는 현실을 우려하는 마음에서 이 편지를 보냈다.

“오늘날 이른바 ‘천주학’이라는 것은 바로 불교가 이름만 바꾼 것일 뿐”이라 하면서 불교는 강력하게 배척해 놓고 천주학은 왜 믿는지 반성할 것을 촉구한다.

천주는 우리의 상제이다

與權旣明書

그대는 젊어서부터 학문을 하여 지금까지 이미 많은 세월이 지났으니, 그야말로 나이가 많고 덕이 높다고 할 수 있네. 그러나 끝내 우리 학문에 확고한 주견主見이 없어 새로운 뜻을 주장하는 데만 힘쓰고, 선유를 믿고 따르는 뜻이 적으며, 다른 뜻만 찾으려 할 뿐 깊이 침잠하여 면밀히 연구하는 공부는 없네. 그리하여 심성心性을 함양涵養하는 실제 공부에는 힘을 쓰지 않아 본원本源인 마음이 견고하지 못하며, 이미 정해져 있는 성현의 말씀을 그대로 따르지 않아 자기 생각이 마음대로 드러나네. 이런 까닭에 마음이 만나는 상황에 따라 변하고 사물을 보면 이끌려 가서, 남이 주경主敬 공부가 옳지 않다 하면 그대도 덩달아 옳지 않다 하고, 남이 미발未發의 해석이 옳지 않다고 하면 그대도 덩달아 옳지 않다고 하며, 남이 인심人心, 도심道心이라는 말은 순 임금의 말이 아니라고 하면 그대도 덩달아 그렇다고 한다네. 그리하여 색다른 것을 좋아하는 남의 말을 듣고는 깊이 연구하고 몸소 고찰해 보지도 않고 덩달아 맞장구를 치니, 그대의 문제는 전적으로 주경

主敬, 미발未發을 옳지 않다고 하면서 본원인 마음을 수양하는 공부에 힘쓰지 않은 데 원인이 있네.

지금 또 듣자 하니, 그대가 서양의 학문에 있어 경박한 젊은이들을 앞장서 이끄는 자가 되었다고 하더군. 지금 세상에 사문斯文이 기대하고, 친구들이 의지하고, 세인들이 촉망하고, 젊은이들이 종주宗主로 떠받드는 이가 그대 말고 누가 있겠는가. 그런데 이렇게 갑자기 이단의 학문에 빠지고 말았으니, 과연 어찌해서 그러한 것인가. 내가 보기에는 서양 사람들의 말은 비록 장황하고 박식하지만 모두 불교의 찌꺼기를 주워 모은 것으로, 선가禪家 불교의 정미한 이론에 반도 미치지 못하네. 차라리 식심識心이니, 견성見性이니 하는 달마達摩, 혜능慧能의 말을 따를지언정 밤낮 기도나 하는 무당과 다를 바 없는 서양 사람들의 짓거리를 어찌 따를 수 있단 말인가. 이런 짓을 해서 과연 지옥에 가는 것을 면한다 해도 뜻 있는 사람이면 하지 않을 터인데, 하물며 우리 유학을 하는 사람들이야 말할 나위 있겠는가. 이는 성문聖門의 도깨비요, 유림儒林의 해충이니, 속히 내쫓아야 할 것이네.

지금 듣건대 아무 아무개가 서로 약속해서 신학新學을 공부하고 있다는 소문이 오가는 사람들 입에 자자하니, 이들은 모두 그대의 절친한 벗 아니면 그대의 문도들이네. 그대가 만약 억제했으면 이렇게까지 날뛸 리가 있겠는가. 그대가 그들을 억제하지 못했을 뿐 아니라, 또 덩달아 파란을 더 조장하는 것은 무슨 까닭인가? 접때 국손菊孫*이 이곳에 들러 이러한 문제를 대략 얘기하기에, 나는 그렇지 않을 것이라 했는데도 그가 계속 강변하여 마지않았네. 나는 그것이 이미 집안에서 듣고서 그렇게 말하는 것임을 알고 있었네.

도가가 노자를 존신하는 것이나, 불교도들이 부처를 존신하는 것이나, 서양 사람들이 예수耶蘇를 존신하는 것이 그 이치는 같은 것이라네. 이 삼가三家의 학문은 모두 그쪽 사람이 해야 할 것이지 우리 유가에서 배울 것은 아니네. 서양 학문이 뒤에 나왔으면서도 도교, 불교보다 더 높은 자리를 점거하고 싶어서 그야말로 더할 수 없이 높은 천주天主를 내세워 마치 천자를 끼고 제후들을 호령하듯이 다른 학문들이 반박하지 못하게 만드니, 그 계략이 또한 교묘하네.

그러나 내가 대략 그들의 서책을 보았더니, 온갖 허점이 보였으며 그 주장이 허황되어 성현을 헐뜯은 곳이 한두 군데가 아니었네. 그러면서 모두 참된 도가 어디에 있는지를 알지 못한다고 하니, 이는 거리낌 없이 방자한 것이네. 우리 유자들이 이를 분명히 분별하여 통렬하게 배척하지 못하고 도리어 옷깃을 여민 채 손을 묶고 앉아 있으니, 저들의 서책에 확실하고

* 국손菊孫 : 안정복의 사위 권일신의 아들 중에 한 사람이 권철신에게 입후入後하였는데 그의 아명일 듯하다. 안정복의 외손이 되므로 이렇게 부를 수 있는 것이다.

분명히 알고 있는 이치가 무엇이 있기에 이러한 것인가.

대저 서양 사람 중에 실로 특이한 사람이 많아 그 총명과 재변, 기예技藝와 법술法術은 중국 사람이 미칠 수 없기 때문에 사람들이 많이 여기에 굴복되어 그들의 학문까지 믿게 되었다고 하는데 어찌 그렇겠는가. 그들의 학문이 황당무계하고 괴상망측하기가 실로 저 도교나 불교 두 학문과 다를 바가 없는데, 지금의 유자들이 저 두 학문은 이단으로 배척하면서 도리어 이 천주학은 참된 학문이라고 하니, 사람들이 미혹에 빠지는 것이 이 정도로까지 심하다네. 이것이 바로 세도世道의 부침浮沈과 학문의 사정邪正이 나뉘는 큰 분기점이라네.

아, 천하가 생긴 지 오랜 세월이 지났네. 우주의 기운이 운행함에 따라 순수한 기운이 흐려지고 질박質朴한 기운이 흩어져 태평한 날은 적어지고 혼란한 날이 많아지며, 군자의 도는 위축되고 소인의 도는 신장되며, 바른 학문은 사라지고 부정한 학설이 힘을 떨쳐 시대가 내려갈수록 세상의 수준이 점점 낮아지고 있으니, 어찌 근심할 일이 아니겠는가.

'예수'라는 서양 사람의 이름은 바로 세상을 구제한다는 뜻을 가지고 있고, 그들이 높이 떠받드는 이는 천주라네. 그리고 권선징악勸善懲惡하면서 천당, 지옥의 설을 만들어 놓은 것은 저 도교, 불교와 같은데, 그들이 늘 칭송하며 사람들을 유도하는 것은 천주이며 천당이며 지옥이니, 대의는 단지 이것일 뿐이라네.

내가 그들의 말에 따라 설명해 보겠네.

그들이 천주가 있다고 하는데 우리도 천주가 있다고 할 수 있으니, 천주는 바로 상제上帝이네. 『시경』, 『서경』에서 상제를 말하고, 성인이 하늘을 말한 것은 분명한 기록이 있으니, 이것이 어찌 실체가 없는 것을 꾸며 내어 말한 것이겠는가. 그들이 천당이 있다고 하는데 우리도 천당이 있다고 할 수 있으니, 『시경』에 "문왕文王이 오르내리며 상제 곁에 계신다."라고 하였고, 또 "삼후三后*가 하늘에 계신다."라고 하였으며, 『서경』에 "선대의 현명한 왕들이 하늘에 많이 계신다."라고 하였네. 상제가 있는 이상 어찌 상제가 살고 있는 곳이 없겠는가. 저들은 지옥이 있다고 하는데 우리는 지옥의 형벌은 성왕聖王이 형벌을 제정한 이치와 다르니 매우 의심스럽다라고 하네. 성왕의 형벌은 잘못을 저지르기 전에 방지하려고 만든 것이니, 얼마나 인자한가. 지옥의 형벌은 살았을 때는 무슨 짓을 하든지 내버려 두었다가 죽은 뒤에야 그 영혼에게 죄를 소급하여 묻는 것이니, 백성을 그물질하여 잡아들이는 것에 가깝지 않겠는가. 지금 그들의 책을 보면, 이른바 지옥의 형벌이라는 것이 거의 인간 세상의 형벌과는 비교할 수조차 없이 혹독

* 삼후三后 : 태왕太王, 왕계王季, 문왕을 가리킨다는 설과 우禹, 탕湯, 문왕을 가리킨다는 설이 있다.

하니, 지극히 인자해야 할 상제의 마음이 어쩌면 그렇게도 잔인하고 모질단 말인가.

그들은 또 "사람의 영혼이 영원히 흩어지지 않고, 선행이나 악행에 대한 응보를 받는다."라고 하는데, 이러한 영혼의 이치는 확실히 알 수 없어 무어라 단정할 수 없네. "사람이 죽은 뒤 혼백이 빨리 흩어지기도 하고 늦게 흩어지기도 한다."라는 선유의 설이 옳을 듯하네.

만약 그들의 주장대로라면 아득한 옛날에 인류가 세상에 나온 이후로 그 숫자가 지극히 많으니, 지옥과 천당이 제아무리 넓다 해도 그 영혼들을 어디에다 다 수용하겠는가. 사람의 이치로 미루어 보면, 옛날부터 지금까지 사람들이 모두 장생불사長生不死한다면 사람의 수가 지극히 많을 터이니, 어떻게 이 세상에 다 수용할 수 있겠는가. 예전에 불교의 서적을 보았더니, "바리때 하나에 60만 보살菩薩이 들어갔다."라고 하니, 정말로 이러하겠는가. 이것이 그 설의 허황한 점이라네. 그러나 우선 그 설을 따르고 배척하지 않고서 말해 본다면, "선한 자에게 상을 내리는 천당이 있으면 악한 자에게 벌을 내리는 지옥도 있다."라고 하는 것은 혹 그럴 법도 하네. 그러나 그 천당과 지옥을 누가 보았단 말인가. 그것이 전해지는 기록에 남아 있는 것이나 민간에 전해 오는 얘기로 말하자면 결국 황당무계한 말이니 무시해도 될 것이네.

『진서晉書』를 보면 왕탄지王坦之는 승려 축법사竺法師와 명리名理를 토론하는 벗이었는데 늘 천당과 지옥에 대한 의심이 있어 먼저 죽은 자가 와서 알려 주기로 서로 약속하였네. 하루는 축법사가 와서 말하기를 "내가 이미 죽었는데, 지옥이 있다는 설은 사실이 아니니, 그저 도덕을 부지런히 수양하여 하늘로 올라가야 할 뿐이다."라고 했으니, 이는 지옥이 없다는 말이네. 그러나 이는 말할 만한 게 못 되니 지옥이 있는지 없는지는 굳이 많은 말을 할 필요가 없네. 다만 성인聖人 공자은 괴력난신怪力亂神을 말하지 않았으니,* 괴怪란 드물게 있는 일이고 신神은 형체가 없는 것이네. 드물게 있고 형체가 없는 것을 가리켜 끝없이 말한다면 그 폐해가 어디까지 이르겠는가. 이런 까닭에 성인이 말씀하지 않았던 것이라네.

우리 유가에서 상제를 섬기는 도리에 대해 말해 보겠네. 상제가 내려 주신 성품, 천명의 성품은 그 모두가 다 하늘에서 받아 본래부터 가지고 있는 것이네. 『시경』에 "상제가 네 곁에 계시니 네 마음에 의심을 두지 말지어다." 하였고, "상제를 대한 듯이 하라." 하였고, "천명을 두려워하라." 하였네.-이는 천지天地의 형체로 말하는 하늘이 아니고 바로 천주의 하늘을 말한 것

* 성인聖人은……않았으니 : 『논어』「술이述而」에 "공자는 괴이한 것과 용력勇力에 관한 것과 패란悖亂한 것과 귀신에 관한 것을 말하지 않았다.子不語怪力亂神"라고 한 데서 온 말이다.

이다.－이 모두가 우리 유자들의 조심하고 두려워하며 홀로 있을 때 삼가고戒懼謹獨 경을 위주로 하고 마음을 수양하는主敬涵養 공부라네. 상제를 높이 섬기는 도리가 어찌 이보다 더 나은 것이 있겠는가. 서양 사람들의 말을 굳이 빌리지 않아도 더욱 분명하다네.

통탄할 노릇은 서양 사람들이 상제를 자기들만의 주主라 생각하여 중국 사람들은 상제를 모른다고 말한다는 것이라네. 그들은 꼭 하루에 다섯 번 하늘에 예배하고 7일에 한 번 재계齋戒하고 지은 죄를 용서해 달라고 밤낮으로 기도해야만 비로소 진정으로 하늘을 섬기는 것이라고 하니, 이것이 어찌 불가의 참회와 다르겠는가. 우리 유가의 학문은 높고 넓은 천지, 밝게 비치는 일월과 같이 광명정대해서 은미하고 모호하여 알기 어려운 이치가 조금도 없거늘, 어찌하여 이것을 하지 않고 도리어 저들의 가르침에 참된 도가 있다고 한단 말인가.

저들의 학문에 이르기를 "이 세상은 현세現世인데 현세의 화복禍福은 잠시이니, 만세를 두고 고락苦樂을 받는 후세의 천당, 지옥의 화복에 비하면 아무것도 아니다."라고 한다네. 나는 이에 대해 다음과 같이 말하겠네.

"천주 상제가 이 세상에 상, 중, 하 삼계三界를 만들어 상계上界에는 상계의 일이 있고, 중계中界, 하계下界도 각각 저마다의 일이 있다. 이른바 상계와 하계의 일이라는 것은 인간이 헤아려 알 수 있는 것이 아니다. 중계에 있는 사람의 일에 대해 말하자면, 사람이 되는 도리가 수기修己, 치인治人에 불과한데, 수기, 치인에 관해서는 모두 책에 갖추어져 있으니, 그대로 따라 실천하면 절로 실천할 수 있는 도리가 있다. 이른바 세상을 구제한다는 서학인들 어찌 이보다 낫겠는가. 그들이 명색은 비록 세상을 구제한다고 하지만, 사실은 오로지 개인의 사욕을 위한 것으로 도교나 불교와 다를 것이 없다. 그들이 말하는 '세상의 구제'를 성인의 명덕明德, 신민新民의 공부와 비교해 보면 공公과 사私, 대大와 소小의 차이가 어떠하겠는가. 그 폐해는 필시 없는 것을 있다고 하고 허황한 것을 사실이라고 하여, 온 세상을 환망幻妄한 데로 몰아넣고 말 것이네. 이에 인심이 선동되어 후세에 이른바 연사蓮社, 미륵彌勒* 같은 무리가 꼬리를 물고 일어나 요망한 도적의 효시가 되어 난리가 그칠 날이 없을 터이니, 그때 가면 분명 그 못된 짓을 처음 시작한 벌을 받게 될 사람이 있을 것이다. 우리가 이 현세에 태어난 이상 당연히 현세의 일을 하고 경전의 가르침을 따라 실행하면 그만이니, 천당과 지옥이 나에게 무슨 상관이 있겠는가."

* 연사蓮社, 미륵彌勒 : 연사는 동진東晉의 고승 혜원惠遠이 여산廬山의 동림사東林寺에서 결성한 염불 결사念佛結社로, 그 사찰의 연못에 백련白蓮이 있기 때문에 백련사白蓮社라고 일컬었다. 극락왕생을 기도하는 단체이다. 미륵은 석가모니 다음으로 세상에 올 미래불未來佛이다. 여기서는 미륵을 모시는 신앙을 뜻한다.

일전에 우사于四*가 와서 묵었는데, 이야기가 천주학에 미치자 그가 말하였다.

"서양에서도 이 천주학을 금지하려고 죽인 사람이 천 명, 만 명이 넘었으나 끝내 금지하지를 못하였고, 일본에서도 이 천주학을 금하려고 수만 명을 죽였다고 하는데, 우리나라라고 그런 일이 없으리라는 보장이 어디 있겠습니까. 더구나 지금 당론이 분열되어 피차 틈만 노리면서 상대편의 좋은 점은 가리고 나쁜 점만 들추어내는 판국에 가령 누가 이를 빌미로 상대편을 일망타진하려는 계책이라도 세우는 날에는 몸을 망치고 이름을 더럽히는 욕을 당하고 말 것입니다. 이런 때에 이르러서 천주가 구제해 줄 수 있겠습니까. 천당의 즐거움을 미처 누리기도 전에 현세의 앙화殃禍가 닥칠 염려가 있으니 삼가지 않을 수 있겠으며 두려워하지 않을 수 있겠습니까."

그대들은 이미 천주학에 빠졌으니, 마음을 씻고 발길을 돌려 그 폐습을 털어 버리지 않고 도리어 나를 가리키며 "지옥은 바로 아무개를 위해서 만들어진 것이다."라고 한다면, 나는 이 말을 달게 받아들이고 차마 더 이상 이런 말을 하지 않겠네.

* 우사于四 : 권진權瑱의 자로, 후일에 원관元觀으로 고쳤다. 지조와 문행이 있었는데 29세에 죽자, 안정복이 「권군묘지명權君墓誌銘」을 지어 애도하였다. 『순암집』 권23에 보인다.

지난번에 유옥경柳玉卿이 전목재錢牧齋 전겸익錢謙益가 쓴 『경교고景教考』 한 대목을 적어 보냈는데, 그중에,

"대진大秦은 지금 서양 오랑캐 신부로서 문자깨나 안다는 자인데, 입술에 기름칠을 하고 혀를 놀려 함부로 말을 한다. 비록 취할 만한 기묘한 견해가 있다 하더라도 그들이 행하는 교리는 서양 오랑캐들이 하는 일에 불과하니, 분명히 불교의 한 지류 중에서도 가장 수준이 낮은 것이다."

하였는데, 그의 말이 바로 내 주장과 합치하네. 전목재는 그 당시 사람이니 어찌 본 바가 없이 이렇게 말했겠는가. 이로써 말하면 중국의 선비들은 필시 이 천주학을 믿고 따르지 않았을 것임을 알 수 있으며, 믿고 따르는 자들은 시정市井과 여항의 어리석은 백성들에 불과했던 것이라네. 그런데 그대들은 중국 선비들의 학문은 따르지 않고 도리어 어리석은 백성들과 같은 짓을 하고 있으니, 어찌 부끄럽지 않겠는가.

이 문제야말로 큰 시비是非, 큰 이해利害가 걸려 있는 문제이기 때문에 번거로움을 마다 않고 길게 말을 늘어놓아 그대의 가르침을 청하니, 속히 훌륭한 의견을 주어 나의 우매한 견해를 깨뜨려 주면 매우 고맙겠네.

내가 지은 「천학설문天學設問」을 베껴 보내고자 했으나 베껴 쓰기가 매우 어려워 보내지 못하네. 우사가 베껴 갔으니, 어쩌면 볼 수도 있을 것이네. 그러나 모두가 망발이니, 어떻게 그

대들이 이미 확정해 놓은 학문천주학을 움직일 수 있겠는가.

갑진년1784 73세 때 권철신에게 보낸 편지이다. 천주학은 불교보다 이론이 허술한 학문으로, 복이나 비는 무당과 다를 바 없으며 유가의 상제가 진정한 천주라고 주장하였다.

「천학설문」은 1785년에 저술한 「천학문답天學問答」의 초고일 것으로 추정된다. 국립중앙도서관 소장 필사본 『부부고覆瓿稿』를 탈초한 국사편찬위원회 간행 『순암부부고順菴覆瓿稿』 하下 61~64면에 「천학설문」이 있는데, 내용은 「천학문답」과 흡사하지만 체재가 다르고, 분량이 지극히 적다. 신체인申體仁의 『회병집晦屛集』에도 순암 안공의 「천학설문」이라는 기록이 보인다.

편지에서 안정복이 하고자 하는 말은 다음 두 가지로 요약될 수 있다.

"우리가 이 현세에 태어난 이상 당연히 현세의 일을 하고 경전의 가르침을 따라 실행하면 그만이니, 천당과 지옥이 나에게 무슨 상관이 있겠는가."

"더구나 지금 당론이 분열되어 피차 틈만 노리면서 상대편의 좋은 점은 가리고 나쁜 점만 들추어내는 판국에 가령 누가 이를 빌미로 상대편을 일망타진하려는 계책이라도 세우는 날에는 몸을 망치고 이름을 더럽히는 욕을 당하고 말 것입니다."

현세에 사는 이상 현세에 충실한 삶을 사는 것이 타당하니, 현세에 좋은 삶을 살았다면 설사 내세가 있다 하더라도 나쁜 과보를 받을까 미리 걱정할 필요가 없다. 이것이 다른 종교와 다른 유가의 정신이다. 게다가 당시 권력을 잡고 있는 노론이 기회를 노리고 있는 터에 사학邪學을 한다는 빌미를 그들에게 준다면 큰 앙화殃禍를 입을 수 있다고 경계한 것이다.

천주학 문답
天學問答

혹자가 물었다.

"근래의 천주학이라는 것이 옛날에도 있었는가?"

대답하였다.

"있었다. 『서경』에 '위대한 상제께서 지상의 사람들에게 참된 본성을 내리셨으니, 그 변함없는 본성을 따라서 그 올바른 도리를 실천한다.' 하였으며, 『시경』에 '문왕께서는 삼가고 조심하여 상제를 잘 섬긴다.' 하였고, 또 이르기를 '하늘의 위엄을 경외하니 이로 인해 그것을 보전하리.' 하였으며, 공자는 '천명을 두려워한다.' 하였으며, 자사子思는 '하늘이 명한 것을 성性이라고 한다.' 하였으며, 맹자는 '마음을 보존하여 본성을 배양하는 것이 하늘을 섬기는 일이다.' 하였다. 우리 유자의 학문 또한 하늘을 섬기는 것에서 벗어나지 않으니, 동중서董仲舒가 말한 '도의 큰 근원은 하늘에서 나온다.'라는 것이 이것이다."

혹자가 말하였다.

"우리 유자의 학문이 과연 하늘을 섬기는 것을 벗어나지 않는다면 그대가 서양 사람의 학문을 배척하는 것은 무엇 때문인가?"

대답하였다.

"이른바 하늘을 섬기는 것은 같지만 이쪽은 바르고 저쪽은 부정하니, 이것이 내가 배척하는 까닭이다."

혹자가 말하였다.

"저 서양 사람이 동정童貞의 몸으로 수행하는 것은 중국의 행실이 독실한 자들도 능히 미칠 수 있는 바가 아니다. 게다가 지식과 이해가 뛰어나서 하늘의 도수度數를 관측하고 역법을 계산하며 기계와 기구를 만들기까지 하였는데, 아홉 겹의 하늘을 환히 꿰뚫어 보는 기구와 80리까지 날아가는 화포火炮 같은 것은 어찌 신비스럽고 놀랍지 않겠는가.-우리나라 인조仁祖 때 사신 정두원鄭斗元이 장계狀啓를 올려 보고하기를 "서양 사람 주앙 로드리게스陸若漢João Rodrigues가 80리 떨어진 곳까지 날아가는 화포를 만들었다."라고 하였다. 로드리게스는 마테오 리치의 친구이다.- 그 나라 사람들은 또 온 세계를 두루 다니는데, 어느 나라에 들어가면 얼마 안 되어서 그 나라의 언어와 문자를 통달할 수 있고, 하늘의 도수를 측량하면 일일이 실제와 부합하니, 이는 실로 신성한 사람이다. 이미 신성하다면 어찌 믿을 수 없단 말인가?"

대답하였다.

"이는 과연 그렇다. 그러나 천지의 대세大勢를 가지고 말한다면, 서역은 곤륜산崑崙山 아래에 터를 잡고 있어서 천하의 중앙이 된다. 그래서 풍기風氣가 돈후하고 인물의 체격이 크며 진기한 보물들이 생산된다. 이것은 사람의 배 안 오장육부에 혈맥血脈이 모여 있고 음식이 모여서 사람을 살게 하는 근본이 되는 것과 같다. 그런데 중국으로 말하면, 천하의 동남쪽에 위치하여 양명陽明함이 모여드는 곳이다. 그러므로 이 기운을 받고 태어난 자야말로 신성한 사람이니, 요堯, 순, 우, 탕湯, 문文, 무武, 주공周公, 공자 같은 분들이 이들이다. 이는 사람의 심장이 가슴속에 있으면서 신명神明의 집이 되어 온갖 조화가 거기서 나오는 것과 같다. 이를 근거로 말해 보자면 중국의 성학聖學은 올바른 것이며, 서양의 천주학은 그들이 말하는 참된 진리요 성인의 가르침일지는 몰라도 우리가 말하는 성학은 아니다."

혹자가 물었다.

"무슨 말인가?"

대답하였다.

"오직 이 하나의 마음은 천성에 근본한다. 만약 이 마음을 잡아 보존하여 그 본성을 잘 지켜 우리 상제께서 부여한 천명을 잊지 않는다면, 하늘을 섬기는 도리가 이보다 나은 것이 없다. 어찌하여 굳이 서양 사람들처럼 밤낮으로 기도하고 간구懇求하여 지난 잘못을 용서해 주고 지옥에 떨어지지 않게 해 달라고 마치 무당처럼 기도하면서 하루에 다섯 번 하늘에 예배하고 일주일에 하루를 재계해야만 하늘을 섬기는 도리를 다할 수 있단 말인가." 중략

혹자가 말하였다.

"서양 사람 이외에는 천天을 말한 사람이 더 없는가?"

대답하였다.

"『묵자墨子』의 「천지편天志篇」에서 말하기를 '하늘의 뜻을 따르는 자는 모두 서로 사랑하고 서로 이득을 주어서 반드시 상을 받게 되고, 하늘의 뜻을 거스르는 자는 각자 서로를 미워하고 서로 해를 끼쳐서 반드시 벌을 받게 된다. 삼대三代의 성왕聖王인 우, 탕, 문, 무는 하늘의 뜻에 순종하여 상을 받은 자이며, 걸桀, 주紂, 유幽, 려厲는 하늘의 뜻을 거슬러 벌을 받은 자들이다. 그 일은 위로는 하늘을 높이고 중간으로는 귀신을 섬기며 아래로는 사람을 사랑하는 것이다. 하늘이 사랑하는 것을 다 같이 사랑하고, 하늘이 이롭게 하고자 하는 것을 다 같이 이롭게 한다.'라고 하였으니, 이것이 묵자가 하늘을 말한 것으로서, 다 같이 사랑하고 다 같이 이롭게 한다는 것이 그 대의大義이다. 서양 사람의 '원한을 잊고 원수를 사랑하라.'라는 말은 다 같이 사랑하라는 묵자의 '겸애兼愛'와 다름이 없으며, 자신을 단속하여 고된 수행을 하는

것은 검소한 생활을 추구하라는 묵자의 '상검尙儉'과 서로 같다. 다만 서로 다른 것은, 묵자는 현세現世의 하늘을 말하였고 서양 사람은 후세後世의 하늘을 말하였으니, 묵자에다 비교한다면 한층 더 허황하다. 대개 서학에서 후세를 말한 것은 전적으로 불씨佛氏의 주장과 같은 것이며, 사랑과 검소를 말한 것은 묵자에서 흘러나온 것이다. 이것이 어찌 주공과 공자를 배운 자가 익힐 만한 것이겠는가. 오늘날의 유자라는 자들은 일찍이 도교와 불교의 천당, 지옥에 관한 설과 묵자의 겸애론兼愛論을 비판하였으면서, 유독 서양 사람의 말에 대해서만은 옳고 그름을 가리지도 않고서 곧장 말하기를 '이것은 천주를 모시는 가르침이다. 중국의 성인이 비록 존귀하지만 어찌 천주를 능가할 수 있겠는가.'라고 하니, 미치광이처럼 거리낌없이 함부로 말하는 것이 이런 지경에까지 이르렀다."

혹자가 말하였다.

"예수는 세상을 구제하는 사람의 이름이니, 성인이 도를 행한 뜻과 다른 점이 없을 듯하다."

대답하였다.

"이 무슨 말인가? 예수가 세상을 구원하는 것은 오로지 후세에 있어 천당과 지옥의 설로 이를 권면하고 징계하며, 성인이 도를 행하는 것은 오로지 현세에 있어 명덕明德과 신민新民으로 교화하니, 그 공사公私의 차이가 자연히 같지 않다.

설사 저들이 말하는 것처럼 실제로 천당과 지옥이 있다고 하더라도 사람이 현세에 살면서 선을 행하고 악을 제거하여 행실이 온전하고 덕을 갖춘다면 틀림없이 천당으로 갈 것이며, 선을 버리고 악을 행하여 행실이 옳지 못하고 덕이 없다면 틀림없이 지옥으로 갈 것이다. 그러니 사람이 현세에 사는 동안에 부지런히 선을 실천하여 하늘이 내려 준 나의 참된 천성을 저버리지 않는다면 그뿐이지, 어찌 털끝만큼이라도 후세의 복을 바라는 마음을 가질 필요가 있겠는가. 정자가 말하기를 '불교에서 생사生死를 초탈하려는 것은 오로지 자기 일신만을 위하는 행위이다.'라고 하였는데, 천주학이 지옥에 가지 않기를 기원하는 것이 자기 일신만을 위하는 행위가 아니라고 할 수 있겠는가?" 중략

혹자가 말하였다.

"현세와 후세에 대한 설명을 들을 수 있겠는가?"

대답하였다.

"현세란 바로 지금 우리가 살고 있는 현재의 세상이며, 후세란 죽은 뒤에 영혼이 없어지지 않아서 착한 일을 한 자는 천당에 가서 영원한 쾌락을 누리고 악한 일을 한 자는 지옥에 가서 영원히 모진 형벌을 받는다고 하는 것이 그것이다." 중략

혹자가 말하였다.

"저들이 말하기를 '서양의 구약성서에, 천주가 천지를 개벽

하고 즉시 남자 하나를 낳아 이름을 아담亞黨이라 하였고, 여자 하나를 낳아 이름을 이브阨襪라 하였다고 하니, 이것이 세상 사람의 시조이다.' 하는데, 실제로 그러한가?"

대답하였다.

"이치로 미루어 보면 이는 그렇지 않다. 천주의 신묘한 권능神權으로 무엇인들 하지 못하겠는가. 그러나 천지가 개벽할 때 음陰과 양陽 두 기운이 올라가고 내려가서 서로가 결합하여 만물을 빚어내는 맑고 바른 기운을 얻은 것은 사람이 되고 탁하고 치우친 기운을 얻은 것은 금수와 초목이 되었다. 지금 목전의 일을 가지고 말해 보자. 이蝨가 생겨나는 것은 사람에서인가, 옷에서인가. 몸을 깨끗이 씻어서 한 점의 때도 없게 한 다음에 새로 만든 옷을 갈아입더라도 입은 지 며칠 안 되어서 반드시 저고리에도 몇 마리의 이가 생기고 바지에도 몇 마리의 이가 생기니, 이 이는 어디에서 나오는 것일까. 필시 사람과 옷의 기운이 서로 엉겨서 생겨나는 것이니, 이것이 천지의 기운이 변화하여 생겨나는 것이 아니겠는가. 또 한 삼태기의 흙을 풀뿌리 하나, 나무 열매 하나 없고 벌레나 개미 한 마리 없는 상태로 빈 시렁 위에 얹어 두더라도, 바람이 불고 비가 적시어서 습기가 모이면 역시 얼마 안 되어 틀림없이 초목이나 벌레가 그 속에서 생겨나니, 또한 천지의 기운이 변화하여 그렇게 되는 것이 아니겠는가. 천지의 기운이 변화한 뒤에는 이어서 형체가 생겨 그 종류가 자꾸만 번성하는 것이다. 사람이 태어난 것이 어찌 이와 다르겠는가. 이 대지 위에 사는 사람들이 모두 아담 한 사람의 자손이라고 한다면 과연 말이 되겠는가? 만일 그 설대로라면 금수나 초목도 처음에는 단지 하나만 있다가 이렇게 번성했다는 말이 된다. 이런 설은 굳이 깊이 탐구할 것도 없고 믿을 것도 못 된다." 중략

혹자가 다시 재조再祖*에 관해 묻기에, 대답하였다.

"그 설이 지극히 많아서 말하기가 어려우니, 우선 그 대략적인 것을 말해 보겠다. 『천주실의』에 '아담이 스스로 온갖 재앙을 불러들이자 자손들이 서로 물들어 더러운 짓을 하여 순박하던 습속은 점점 각박해졌고, 성현이 세상을 떠남에 욕망을 따르는 자는 많아지고 이치를 따르는 자는 드물어졌다. 이에 천주가 크게 자비심을 일으켜 친히 내려와서 세상을 구원하였다. 한漢나라 애제哀帝 원수元壽 2년기원전 121에 동정녀를 택하여 어머니로 삼고, 남녀 사이의 교합交合 없이 그 태반을 빌려 탄생하니, 이름이 예수이다. 예수란 바로 세상을 구원하는 사람이라는 뜻이다. 서양에서 33년간 널리 교화를 펼치다가 다시 올라가 하늘로 돌아갔다.'라고 하였다. 친히 내려와서 탄생하였다는 이 설에 의거하여 말한다면, 이때 천

* 재조再祖 : 예수를 가리킨다. 원조原祖는 아담을 가리킨다.

상에는 상제가 없었던 것인가? 또 『진도자증眞道自證』에서는 '『성경聖經』에 천주께서 원조原祖의 자손 중에서 한 사람을 다시 세워서 인류의 재조再祖로 삼았다고 하였고, 또 천주의 성자聖子로서 진짜 천주와 다르지 않다고 하였다.'라고 하여 친히 내려와 탄생하였다는 말과 다르니, 그 학문을 믿을 수 없는 것이 이와 같다. 또 『진도자증』에 '예수는 모든 사람의 죄를 자신의 책임으로 여겨 자신의 소중한 생명을 버리고 십자가에 못 박혀서 죽었다.'라고 하였다. 이미 상제가 친히 내려와 탄생하였다고 하고 또 진짜 천주와 다름이 없다고 했으면서, 감히 '십자가에 못 박혀 죽어 천수天壽를 다 누리지 못했다.'라고 한단 말인가. 그 우매하고 무지한 자들이 존엄한 천주를 업신여기는 것이 심하다 하겠다. 이런 말들을 십분 온당하다고 여겨 믿고 따를 수 있겠는가." 중략

혹자가 말하였다.

"그들은 오로지 가르침을 베푸는 것만을 중시하여 8, 9만 리 되는 바다를 건너왔는데, 사람을 잡아먹고 사람을 죽이는 나라들을 지나면서도 두려워할 줄을 모르고, 상어와 악어, 범과 이리를 만나도 피할 줄을 모르니, 소견所見이 확실하고 역량이 뛰어난 자가 아니고서야 이럴 수 있겠는가?"

대답하였다.

"역사를 상고해 보면, 요진姚秦의 구마라습鳩摩羅什과 소

량蕭梁의 달마達摩가 모두 대서국大西國에서 바다를 건너왔는데, 이들도 역시 중국에 그들의 가르침을 베풀고자 하여 온 것이니 저들과 무엇이 다르겠는가. 그러나 이들 두 중이 전한 것은 지금 유행되는 불서佛書에 불과하였다. 그러니 서양의 학문을 중국에 유행시키고 싶다고 하더라도 이 또한 그런 종류에 불과하니 지금의 불서가 유행하는 정도에 그칠 것이다. 그런데 어찌 우리 유자들이 주공과 공자의 도를 버리고 그들을 따르도록 할 수 있겠는가." 중략

혹자가 말하였다.

"서양 사람은 상제가 이 천지와 만물을 만들었다는 사실을 중국인들이 알지 못한다고 비판한다. 그런데 주자周子 주돈이의 『태극도설』에서 '리理가 만물의 근원이다.'라고 하였고, 또 주자朱子가 말한 '천天이 곧 리이다.'라고 한 말은 어떠한가?"

대답하였다.

"상제는 주재자主宰者를 일컫는 것으로 만물을 총괄하는 주인이니, 주재자라는 것은 우리 유자가 이미 말하였다. 사람들이 말하는 하늘은 두 가지이다. 그 하나는 천지 만물을 주재하는 하늘로, '하늘이 명한 성性'이라고 하거나 '천명을 두려워한다.'라고 할 때의 하늘이니, 이때의 하늘은 곧 리이다. 하나는 형기形氣의 하늘이니, 이 하늘은 곧 물物이다. 주자

周子의 「태극도太極圖」는 '태극太極이 양의兩儀를 낳는다.'라는 공자의 말*에 근본한 것으로, 주재한다는 관점에서 말하면 상제라고 하겠지만, 무성무취無聲無臭*의 측면에서 말하면 태극이며 리이니, 상제와 태극의 리를 둘로 나누어 말할 수 있겠는가. 그들이 말하기를 '옛날의 군자가 천지의 상제를 공경했다는 말은 들었지만 태극을 받들어 모셨다는 말은 듣지 못하였다.' 하고, 또 말하기를 '리는 사물에 의지하여 있는 것이니, 사물이 있으면 그 사물의 이치가 있고 사물이 없으면 그 사물의 이치도 없으며, 임금이 있으면 신하가 있고 임금이 없으면 신하도 없다. 이와 같이 공허한 리를 가지고 사물의 근원이라고 한다면 이것은 불교나 도교와 다를 것이 없다.'라고 하는데, 이와 같은 말들이 과연 말이 되는 것인가? 상제가 리의 근원이 되어 이 천지 만물을 만들었다. 천지 만물은 저절로 생겨날 수 없으니, 반드시 천지 만물의 이치가 있기 때문에 이 천지 만물이 생겨난 것이다. 어찌 그 이치가 없는데도 저절로 생겨날 리가 있겠는가. 이는 바로 후대의 유자들이 주장하

* 태극太極이……말 : 공자가 지었다고 하는 『주역』「계사전 상繫辭傳上」 제11장에 "역에 태극이 있으니 이것이 양의를 낳고 양의가 사상을 낳고 사상이 팔괘를 낳는다. 易有太極 是生兩儀 兩儀生四象 四象生八卦"라고 하였다. 태극은 천지가 나누어지기 이전을 가리킨다.

* 무성무취無聲無臭 : 형이상形而上의 도를 비유한다. 『시경』「대아大雅 문왕文王」에 "하늘의 일은 소리도 없고 냄새도 없다.上天之載 無聲無臭"라고 하였다.

는 '기氣가 리에 앞선다.'라는 설이니 따질 것도 못 된다. 공자는 '태극이 양의를 낳는다.'라고 하였으며, 또 말하기를 '한 번 음陰이 되고 한 번 양陽이 되는 것을 도라고 한다.'라고 하였으니, 도는 곧 리이다. 만약 서양 사람이 말하는 대로라면 공자까지도 아울러 배척하는 것이 된다. 그러므로 우리 유자는 응당 눈을 밝게 뜨고 용기를 내어 저들을 배척하는 데 여념이 없어야 할 것이다."

혹자가 말하였다.

"천주天主라는 칭호가 중국의 글에도 더러 보이는가?"

대답하였다.

"경전에는 보이지 않는다. 다만 『사기史記』「봉선서封禪書」를 보면, 여덟 신八神에 제사 지낸 기사가 나오는데, '첫째는 천주이니, 천제天齊에 제사했다.'라고 하고, 『한서』의 「곽거병전霍去病傳」에 '원수元狩 원년기원전 122에 휴도왕休屠王이 하늘에 제사할 때 쓰는 금인金人을 얻었다.'라고 하였으며, 「김일제전金日磾傳」에 '휴도왕이 금인을 만들어 천주에게 제사 지냈다.'라고 하였으니, 천주라는 명칭이 여기에서 보인다. 이에 대해 여순如淳의 주에서 '하늘에 제사할 때 금인을 신주로 삼은 것이다.'라고 하였고, 안사고顔師古의 주에 '금인을 만들어 천신天神의 상像으로 삼아서 제사 지낸 것인데, 지금의 불상佛像이 후대에 이를 본뜬 것이다.'라고 하였다. 『한무 고사漢武故事』에 '곤야왕昆耶王이 휴도왕을 죽이고 와서 항복하였다. 그에게서 금인의 신상神像을 얻었는데, 상上이 이를 감천궁甘泉宮에 두었다. 금인은 모두 길이가 1장丈이 넘는다. 그들은 제사 때 소나 양 등을 쓰지 않고 단지 향을 피우고 예배만 하였는데, 상이 그들 나라의 풍속에 따라서 제사 지내게 하였다.'라고 하였다. 이런 여러 설을 근거해 보건대, 안사고의 주에서는 천주가 지금의 부처를 말한다고 했지만, '천신天神'이라는 두 글자로 미루어 보면 부처와는 다른 것이다. 아마도 오늘날 천주학을 하는 자들이 천주의 화상을 그려 놓고 예배를 드리듯이 금으로 천주를 만들어서 제사를 지낸 듯하니, 이것이 옛날로부터 지금까지 변천해 온 역사이다. 흉노의 우현왕右賢王이 서쪽으로 서역과 교통하였으니 아마도 그 종교를 받아들여 제사한 듯하다. 또 그들의 책 『진도자증』에 '예수가 태어나자 성모聖母가 안고 성전聖殿으로 가서 천주대天主臺 앞에 바쳤다.'라고 하였으니, 천주라는 명칭은 예수가 태어난 한漢나라 애제哀帝 이전부터 이미 있었으며, 예수가 천주가 아니라는 것을 알 수 있다."

혹자가 말하였다.

"『열자列子』를 보면, 상 태재商太宰가 공자에게 성인에 대해 묻기를 '그대는 성인이십니까?' 하니, 대답하기를 '내 어찌 감히 성인이라고 하겠는가.'라고 하였다. 또 삼황三皇, 오제

五帝, 삼왕三王에 대하여 묻자, 모두에 대하여 '성인인지 나는 모르겠다.'라고 하였다. 상 태재가 말하기를 '그렇다면 누가 성인입니까?'라고 묻자, 대답하기를 '서방西方에 성자聖者가 있는데, 다스리지 않아도 어지럽지 않고, 말을 하지 않아도 사람들이 절로 믿으며, 교화하지 않아도 절로 교화가 되니, 너무나 위대하여 사람들이 무어라고 이름을 붙여 형용하지 못한다.'라고 하였다. 부처를 믿는 자들은 이것이 부처를 가리켜 한 말이라고 한다. 그러나 지금 와서 보니 천주를 가리켜 한 말인 듯하다."

대답하였다.

"『열자』는 황당한 글이니 어찌 믿을 게 있겠는가. 공자가 요 임금을 칭송하기를 '너무나 위대하여 사람들이 무어라고 이름을 붙여 형용하지 못한다.'라고 하였으니, 서방의 성인에게 한 말과 똑같다. 그런데 오제가 성인이 아니라고 하였으니, 어찌 그렇겠는가." 중략

혹자가 말하였다.

"마테오 리치가 말하기를 '영혼에는 세 가지가 있으니, 생혼生魂, 각혼覺魂, 영혼靈魂이다. 초목은 생혼만 있고 각혼과 영혼은 없으며, 금수는 생혼과 각혼은 있으나 영혼은 없으며, 사람에게는 생혼, 각혼, 영혼이 다 있다. 생혼과 각혼은 형질形質에서 나오는 것이므로 의존하던 형질이 없어지면 생혼

과 각혼이 함께 없어지지만, 영혼은 형질에서 나오는 것이 아니기 때문에 사람이 죽더라도 없어지지 않고 그대로 남아 있다.'라고 하는데, 이 설을 어떻게 생각하는가?"

대답하였다.

"우리 중국에도 그런 설이 있다. 『순자荀子』에 '물이나 불은 기운은 있지만 생명은 없고, 초목은 생명은 있지만 지각은 없으며, 금수는 지각은 있지만 의리는 없는데, 사람은 기운, 생명, 지각, 의리를 모두 가지고 있으므로 세상에서 가장 귀한 존재이다.'라고 하였다. 이 말을 진서산眞西山*이 인용한 것이 『성리대전』에 나와 있다. 서양 사람의 말은 이것과 대체로 같지만, 영혼이 죽지 않는다는 말은 불교와 다름이 없으니, 우리 유가에서는 말하지 않는 것이다." 중략

혹자가 말하였다.

"도교, 불교 및 서양 사람이 마귀라는 말을 많이 하는데, 마귀는 과연 어떤 신이기에 천주도 막지 못하여 악을 행하도록 내버려 두는 것인가?"

대답하였다.

"그들은 이렇게 주장한다. 처음에 천주가 명하여 순신純神을 만드니 그 품성이 지극히 아름다웠다. 이를 아홉 등급으로

* 진서산眞西山 : 남송南宋의 성리학자 진덕수眞德秀 1178~1235로, 서산은 그의 호이다. 자는 경원景元 또는 희원希元이다.

나누어 천주의 명령을 받들도록 했기 때문에 이름을 천신天神이라 하였다. 또 거대한 신이 있었는데, 오만하고 방자하여 스스로 천주에게 버림을 받고 악신惡神의 괴수가 되었으므로 천주가 지옥에다 떨어뜨리고 이름을 마귀라 하였다. 그런데 천주가 그를 잠시 놓아주어서 선인의 공력을 단련시키고 악인의 죄를 응징하도록 하였다. 선인의 공력을 단련시킨다는 것은 천주가 마귀를 시켜서 선인을 유인하여 악한 일을 하라고 시켜 보아서 선인의 공부가 어떤가를 시험하는 것이다."

혹자가 말하였다.

"지금 그대의 말을 들어 보니 천주학이 이단인 것은 의심할 나위가 없다. 우리 유학의 명덕明德과 신민新民의 공부는 모두 현세를 가지고 말한 것인데, 서양 사람의 선을 실천하고 악을 버리는 일은 모두 후세를 위해서 말한 것이다. 사람이 이 세상에 태어났고 보면 응당 현세의 일에 힘을 다하여 그 최선을 추구할 따름이지, 어찌 털끝만큼이라도 내세의 복을 기대하는 마음을 가져서야 되겠는가. 그들의 학문으로 들어가는 문로門路는 우리 유학과 크게 달라서 그 뜻이 오로지 한 개인의 사심에서 나온 것이니, 우리 유자의 공정한 학문이 어찌 이와 같겠는가. 이제부터는 응당 그대의 말로써 정도正道를 삼겠다."

내가 이 말을 듣고 웃었다. 혹자가 물러간 후에 그와 문답한 것을 써서 이 글을 지었으니, 혹시라도 세교世教에 보탬이 될 수도 있을 것이다.

을사년1785 섣달 모일에 우이자虞夷子는 쓰노라.

안정복은 1785년 74세 때 「천학고天學考」, 「천학문답」을 저술하여 천주학이 이단임을 밝히려 노력하였다. 이 글은 「천학문답」에 수록된 31개의 문답 가운데 16개를 발췌한 것이다. 말미에 쓴 우이자虞夷子는 안정복의 별호로 이적夷狄인 서양의 학문이 세상에 퍼지는 것을 우려하는 사람이란 뜻이 담겨 있다.

「천학고」는 『한서』, 『열자列子』, 『통전通典』, 『명사明史』 및 명청明清 시대 학자들의 저술인 정효鄭曉의 『오학편吾學編』, 전겸익錢謙益의 『경교고景教考』, 고염무顧炎武의 『일지록日知錄』과 조선 학자의 저술인 이수광의 『지봉유설芝峯類說』, 이익의 「천주실의발天主實義跋」 등의 문헌을 인용하여 천주학이 중국과 조선으로 전래한 경위를 밝힌 글이다.

「천학문답」은 문답 형식을 빌려 천주학이 이단임을 밝힌 글이다.

유교의 상제를 천주와 동일하다고 보고 태극은 숭배의 대상이 아니라고 한 마테오 리치의 주장과 달리 상제를 태극, 리와 동일한 것으로 인식하고 상제가 만물을 창조했다고 주장하였다. 주자학의 벽이단闢異端의 논리를 벗어나지 않지만 당시로서는 천주학을 매우 깊이 연구한 논문이라 할 수 있다.

성호는 천주학을 수용하였는가
天學問答 附錄

혹자가 물러갔다가 다시 와서 물었다.

"지금 이 천주학을 하는 사람들이 우리 성호 선생도 천주학을 한 적이 있다는 말을 많이 하는데 그것이 사실인가?"

대답하였다.

"내가 병인년1746에 처음으로 선생을 찾아뵙고, 선생과 함께 경사經史의 여러 설을 남김없이 담론했다고 할 만한데, 끝에 가서 서양학西洋學에 대해 선생이 말씀하기를 '서양 사람들 중에는 대체로 이인異人이 많으니 예로부터 천문의 관측, 기기器機의 제조, 산수算數 등의 기술은 중국이 따라갈 수 없었다. 그래서 중국인들이 이런 일들은 모두 호승胡僧 서양 수도사 들이 잘한다고 인정하였으니, 주자의 설을 보더라도 이를 알 수 있다. 지금의 시헌역법時憲曆法*은 백 대가 지나더라도 폐단이 없을 것이라 말할 수 있는데, 세월이 오래 지나면서 역

* 시헌역법時憲曆法 : 명나라 의종毅宗 때 독일 선교사 아담 샬湯若望Adam Schall이 만든 역법으로 태음력太陰曆에 태양력太陽曆의 원리를 적용시켜 24절기節氣의 시각과 하루의 시각을 정밀히 계산하여 만든 것이다. 우리나라에서는 인조仁祖 22년1644 김육金堉이 가져와 10년간 연구한 끝에 효종孝宗 4년1653부터 시행하였다.

가曆家의 역수曆數에 차이가 생기는 것은 전적으로 세차법歲差法*에 대한 요지를 제대로 알지 못해 그러한 것이다. 나는 늘 서양의 역법은 요 임금 때의 역법보다 훨씬 낫다고 생각해 왔다. 이 때문에 헐뜯는 자들이 나를 보고 서양학을 한다고 말하기도 하니, 어찌 가소롭지 않은가.'라고 하셨다. 내가 이어서 묻기를 '서양학 가운데 학술로써 말할 만한 것이 있습니까?' 하니, 선생이 '있다.'라고 하시고, 이어서 삼혼三魂의 설 및 영혼이 죽지 않는다는 설, 천당과 지옥의 설에 대하여 말씀하시고는, '이것은 분명 이단이니, 모두 불교의 별종別種이다.' 하셨다. 당시에 들은 것이 이와 같다. 그 뒤에 내가 다시 물었더니, 대답하시기를 '천주의 설을 나는 믿지 않는다. 귀신도 세상에서 빨리 사라지느냐 오래 머무느냐의 차이가 있으므로 낱낱이 다 같지는 않다.' 하였으며, 또 말씀하시기를 '『칠극』이라는 책은 바로 사물四勿의 각주脚註와 같은 것이다. 그중에는 매우 절실한 말이 많지만, 이는 단지 문인文人의 재담才談이나 아이들의 경어警語에 불과하다. 그러나 그 황당무계한 말들을 제거하고 경어만을 요약한다면 우리 유자의 극기克己 공부에 조금이나마 보탬이 없지는 않을 것이다. 이단의 글이라 하더라도 그 말이 옳으면 취할 뿐이다. 군자가 남이

* 세차법歲差法 : 춘분春分과 추분秋分이 되는 때가 해마다 조금씩 달라지는 것을 말한다.

선을 하도록 도와주는 뜻이 어찌 피차의 차이를 두겠는가. 요컨대 그 단서를 알아서 취해야 할 것이다.' 하였다. 선생은 또 『천학실의天學實義』의 발문을 지었다. 이제 선생이 나와 더불어 문답한 말과 이 발문을 가지고 본다면 과연 선생이 천주학을 존신하였다고 할 수 있겠는가. 이것은 무식한 젊은이들이 자신들이 빠져 들어갔다고 스승까지 끌어다가 이를 합리화하려는 것이니, 거리낌이 없는 소인들이라 할 수 있겠다. 다행히 내가 지금 살아 있어서 그 시비를 가릴 수 있었기에 망정이지, 나마저 죽었더라면 후생들이 틀림없이 그 말을 믿었을 것이다. 그랬더라면 어찌 사문斯文의 큰 수치가 아니었겠는가."

혹자가 또 물었다.

"성호 선생이 일찍이 마테오 리치는 성인이라고 말한 적이 있고, 이들 중에 이를 빙자하여 말하는 자가 많다고 하는데 그것이 사실인가?"

내가 듣고 나도 모르게 실소失笑하면서 대답하였다.

"성인에도 여러 유형이 있어 공자와 같은 성인도 있고 삼성三聖*과 같은 성인도 있으니, 한마디로 뭉뚱그려 말할 수가 없다. 옛사람이 성聖 자를 풀이하기를 '통명通明함을 성이라 한다.' 하였으니, 맹자가 말한 대인이면서 저절로 화한大而化之

* 삼성三聖 : 복희伏羲, 문왕, 공자 또는 요, 순, 우 또는 우왕, 주공, 공자를 가리킨다.

성인과는 다르다. 선생이 그런 말씀을 하셨는지 나는 모르겠으니, 혹시 그런 말씀을 하셨는데 내가 잊어버린 것인가? 가령 이런 말을 했다 하더라도 서사西士 서양 선교사 의 재주와 식견이 통명한 점을 말씀하신 것에 불과할 것이다. 이 어찌 요순, 주공, 공자와 같은 성인이라고 인정하신 것이겠는가. 요즘에 사람들이 아무개가 성인이라고 흔히 말하는데, 그 아무개는 나도 본 사람이다. 선생이 설사 이런 말씀을 하셨다고 하더라도 이는 이 아무개와 같은 경우에 불과한 것이다. 어찌 진짜 성인이겠는가. 아아, 우리의 도가 밝혀지지 않아 사람들은 각자 자기의 좁은 소견을 가지고 스스로 옳다고 여기면서도 깨닫지 못한다. 그리하여 후생後生 을 그르치기까지 하면서도 이를 알지 못하니, 참으로 안타까운 노릇이다. 달리 무슨 말을 더 하겠는가."

같은 날에 또 썼다.

「천학문답」의 부록으로 안정복이 스승 성호가 천주학을 수용하지 않았음을 밝힌 것이다.

성호 이익은 서학에도 관심이 많아 자신의 저술에서 천문, 역법, 수학, 측량법, 수리水利 등에 관한 서양 과학서 13종, 지리서地理書와 지도 4종, 서양 윤리서 2종, 천주학 교리서 2종 등 모두 21종의 서양 서적과 서양 문물 다섯 가지를 언급하였으며, 서양 과학을 높이 평가하여 지구설地球說을 인정하기도 했다. 천주학에 대해서는 『천주실의』 등 교리서에서 유교와 맞는 부분은 수용하고 유교와 어긋난 부분은 단호히 비판하였다. 성호의 이러한 두 가지 성향 때문에 성호의 사후에 성호학파 안에서 성호가 천주학을 수용했느냐 여부는 큰 쟁점이 되었다.

제5장

조선의 학문을 반성하다

처음 대면한 자리에서 성호 이익이 "학문은 자득을 매우 중시하고 새로운 이치를 밝혀 정주와 다른 학설을 얼마든지 주장할 수 있다."라고 말하자, 안정복은 오직 옛 성현의 말씀을 그대로 따라 성실히 실천에 옮기겠다고 겸손하게 대답하였다. 그러나 이후 안정복은, 성호의 영향을 받아 조선의 학자들이 주자를 매우 믿고 따르면서도 주자를 잘못 배웠다고 생각했던 듯하다. 그리하여 이미 형해화形骸化된 주자학의 이론에만 매달리는 조선의 학문 풍토를 개탄하고 진리를 탐구하여 실용에 쓰일 수 있는 학문을 추구하였다.

꿈에 짓다
夢作

을묘년1735에 병으로 처갓집에 머물러 지내면서 『주서절요』를 보고 있었다. 6월 29일 꿈에 주자를 뵈었는데, 나아가 인사드리고 이어 『자치통감강목』의 미심쩍은 곳과 사실을 알 수 없는 곳을 논하였다. 주자가 운자韻字를 불러 주면서 시를 짓게 하시기에 곧바로 그 운자에 따라 시를 읊고 꿈을 깨니 기이하다는 생각이 들었다. 평소에 주자를 몹시 그리워하고 사모했기 때문에 이런 일이 있는 것이 아니겠는가! 『주례』에서 말한 상몽想夢*일 것이다.

그때 마침 윤창희尹昌喜 기보起甫가 나와 함께 자고 있었는데 내가 그 꿈 얘기를 하고 이어서 "'전田' 자 운韻은 말이 안 될 듯하다."라고 하자, 기보가 말하기를 "한퇴지韓退之의 시에 '경전의 말씀을 공부하는 것은 묵정밭을 일구는 것과 같

* 상몽想夢 : 생각하던 것이 꿈으로 나타나는 것을 의미한다. 원래 『열자』「주목왕周穆王」에 나오는 말이다. 『주례』의 주석에 왕소우王昭禹가 "몸이 접하면 일이 되고 정신이 만나면 꿈이 된다. 정신이 견고하게 응집된 사람은 상몽이 절로 사라지니, 꿈이란 정신이 움직이는 것이기 때문이다.形接爲事 神遇爲夢 神凝者想夢自消 夢者精神之運也"라고 하였다. 『주례정의周禮正義』 권42에 보인다.

네.'*라고 하였으니, '전田' 자나 '치여菑畬' 자나 무엇이 다르겠는가."라고 하였다.

이단은 나의 도가 아니니　　異端非我道
경전 말씀이 바로 나의 밭일세　　經訓卽余田
격물치지 공부가 이뤄져야　　格致工成後
비로소 성현을 말할 수 있으리　　方能語聖賢

을묘년1735 24세 때 지은 시이다. 꿈속에서 주자를 뵙고 주자의 저술인 『자치통감강목』의 의심스러운 점을 질문했다는 대목에서 안정복이 일찍부터 주자를 매우 흠모하였고 역사서에 관심을 두었다는 사실을 알 수 있다.

* 경전의……같네 : 당나라 한유韓愈의 「부독서성남符讀書城南」에 "문장이 어찌 귀하지 않으리오. 경전의 말씀을 공부하는 것은 묵정밭을 일구는 것과 같네. 文章豈不貴 經訓乃菑畬" 하였다.

성현의 경서를 함부로 해석해서야

與邵南尹丈書

선배들의 영향은 점점 멀어지고 후학들의 행보는 점점 어긋나니, 속학하는 무리는 말할 것도 없고 스스로 이 학문에 뜻을 두었다는 이들도 역시 지나치거나 모자라는 잘못이 없지 않습니다. 재주가 남다른 자는 옛사람들 말을 다 믿을 필요가 없다고 여겨 다른 학문의 길을 찾아 들어가고, 기운이 약한 자는 옛사람들 말이면 의심할 것이 없다 하여 글 뜻에 얽매여 빠져나오지 못하니, 이 두 경우 모두 옳지 않습니다.

제 생각에는 성현의 글을 평온한 마음으로 익숙히 읽고 그 문자 그대로 뜻을 풀이해서 글 뜻을 평이하고 명백하게 보는 데 힘써, 사견私見을 주장하지도 말며 다른 견해를 세우지도 말아야 합니다. 글을 많이 읽다 보면 의심이 점차 생기겠지만 자기가 의심하는 것을 가지고 옛 현인이 말하지 못했던 것이라 생각하지 말고 옛사람의 말과 맞는지를 찾아보아야 할 것이니, 아무리 찾아봐도 맞지 않으면 그때 가서 혹 스승이나 벗에게 물어서 옳고 그름을 바로잡아야 할 것입니다. 그들이 의심을 품어 옛 현인들이 아직 밝혀내지 못한 뜻을 찾아냈다고 생각하는 대목이 정주가 일고의 가치도 없다고 여겨 이미 버린 것이 아닌지 어찌 알겠습니까.

후학은 응당 옛 현인들이 해석해 놓은 뜻을 분명히 알고 마치 조정의 명령을 감히 어기지 못하는 것처럼 그대로 따라야 합니다. 그래야 비로소 해석이 하나로 통일되어 학자들의 행보가 혼란스러워지지 않을 것입니다. 그렇지 않다면 사람마다 몽둥이 하나씩 들고 집집마다 문호를 하나씩 열고 있는 꼴이 되어 그 혼란스러움을 이루 감당할 수 없을 것입니다. 이러한 생각을 늘 하면서도 물을 곳이 없다가 이번에 감히 번거롭게 여쭈어 어떻게 생각하시는지 가르침을 받고자 합니다. 말이 많다는 꾸짖음이 있을까 두렵습니다. 굽어 헤아려 주시기 바랍니다. 이만 줄입니다.

계유년1753 42세 때 윤동규에게 보낸 편지이다. 안정복은 당시 일부 학자들 사이에서 정주의 학설을 고쳐 새로운 학설을 주장하는 풍조가 생기는 것을 개탄하였다. 당시에 이미 성호 이익의 제자인 권철신, 이기양 등이 새로운 학설을 주장했던 것으로 추측된다.

옛사람들 말을 함부로 고치는 자나 옛사람들 말에 얽매어 속박되는 자나 모두 양극단兩極端이니, 자기 사견을 주장하지도 말고 다른 견해를 세우지도 말고 성현의 글을 평정한 마음으로 익숙해질 때까지 반복해서 읽어야 한다고 하였다. 그리고 "옛 현인들이 아직 밝혀내지 못한 뜻을 찾아냈다고 생각하는 대목이 정주가 일고의 가치도 없다고 여겨 이미 버린 것이 아닌지 어찌 알겠습니까."라고 일갈하였다. 이렇게 양극단을 모두 경계하는 신중한 학문 자세를 안정복은 일생 동안 유지하였다.

도연명과 제갈량을 흠모하며

上星湖先生書

저의 「자서문自敍文」에 "평생에 두 사람을 흠모한다."라고 한 것은 삼대三代 이후 송나라 이전까지 만약 이 두 사람이 없었더라면 천여 년 동안 거의 인물이 없어 쓸쓸했을 것이라는 뜻이지, 그들이 제일등第一等의 사람이고 우리 학문이 필경 이분들의 수준에 그친다는 뜻은 아닙니다. 갑술년1754 겨울에 병으로 거의 목숨이 다하게 되어 죽기 전에 선친의 가장家狀이라도 수습하고 싶었고, 또 저 자신의 마음에도 남겨 두고 싶은 뜻이 있기에 입으로 불러 주고 사람을 시켜 받아 적게 해서 그저 장난삼아 한 일일 뿐입니다. 그 내용에 유가의 말을 일절 하지 않았던 것은 다음과 같은 이유에서입니다. 세상 사람들이 염락濂洛의 저서 10여 권만 읽으면 거만하게 스스로 높이 표방하여 정주로 자처하지만 평소의 행실을 살펴보면 전혀 말과 부합하지 않습니다. 그래서 이 점이 신경 쓰여 그러한 구태에서 벗어나고자 했던 것일 뿐이지 우리 유가의 큰 문정門庭에 전전긍긍하여, 깊은 못가를 가는 듯, 얇은 얼음을 밟는 듯하는* 진정한 도리가 있음을 몰랐던 것은 아닙니다. 뒤에 스스로 생각해 보니 이 역시 제 마음에 차지 않기에 『희안록希顔錄』을 이어서 편집하면서 염계濂溪, 명도明道 두 선생을 첨부하고, 감히 다음과 같은 절구 한 수를 읊었습니다.

도연명은 방광했으니 아무래도 정도가 아니요 淵明放曠終非道
제갈량은 공명을 이루느라 정신만 피곤했지 諸葛功名謾瘁神
안연은 누항에 칩거하며 아무런 일도 없었나니 陋巷閉門無箇事
정자의 꽃도 주염계의 풀도 다 같은 봄기운일세 程花周草一般春

그러나 이 시구 중에 은연중에 다소의 순수하지 못한 마음이 글귀 사이에 절로 드러나서 선생님의 의구심을 초래했으니, 더욱 부끄럽고 유감스럽습니다. 후략

무인년1758 47세 때 이익에게 보낸 편지이다. 「영장산객전」에 따르면, 안정복은 촉한의 승상 제갈량과 동진의 은사 도연명을 몹시 사모하여 역사 기록을 채집하여 제갈량과 도연명의 전傳을 지어 늘 읽

* 깊은……듯하는 : 매사에 매우 조심하는 것을 뜻하는 말로, 『시경』「소아小雅 소민小旻」에 "두려워하고 조심하여, 깊은 못가를 가는 듯, 얇은 얼음을 밟는 듯하라. 戰戰兢兢 如臨深淵 如履薄氷"라고 한 데서 온 말이다.

었으며, 제갈량과 도연명처럼 뽕나무 8백 그루와 버드나무 다섯 그루를 집의 좌우에 심어 두었다. 그런데 세상 사람들이 성리서를 조금 읽었다 하면 자신을 높이 표방하여 정주로 자처하지만 평소의 행실을 살펴보면 전혀 말과 부합하지 않는 작태가 싫어서, 자신이 지은 제갈량과 도연명의 전 서문에 "평생에 이 두 사람을 흠모한다."라고 하고 유가의 말은 일절 쓰지 않았다. 그런데 성호가 그 서문을 보고 의아하게 생각하여 지적하자 편지로 해명한 것이다.

『희안록』은 안회顔回에 관한 기록을 모아서 엮은 글로, 희안希顔은 공자의 제자 안회를 흠모하여 닮고자 한다는 뜻을 담고 있다. 인용한 절구에 나오는 정자의 꽃은, 북송北宋의 성리학자 정호가 호현鄠縣의 주부主簿로 있을 때 「춘일우성春日偶成」이라는 시를 지었는데, 그 시에 "구름 맑고 바람 가벼운 한낮 가까운 때에, 꽃 끼고 버들 따라 앞 시내를 건너네. 사람들은 이내 마음 즐거움을 모르고서, 틈만 나면 소년처럼 나다닌다 말하리. 雲淡風輕近午天 傍花隨柳過前川 時人不識予心樂 將謂偸閒學少年"라고 한 데서 온 말이다. 이 시를 두고 상채上蔡 사양좌謝良佐는 『논어』「선진先進」에 나오는 증점曾點의 기상과 같다고 평가하였다. 주염계周濂溪의 풀은, 주돈이가 살던 곳의 창 앞에 풀이 무성히 자라도 베지 않기에 정호가 그 까닭을 물었더니, "나의 의사와 같다.與自家意思一般"라고 한 데서 온 말이다. 즉 풀의 '살려는 뜻生意'이 자신의 살려는 뜻과 같기 때문에 베지 않는다는 뜻을 담고 있는 바, 주돈이는 풀을 통해서 천지가 생생生生하는 뜻을 보았던 것이다.

장식이 벗 주자에게 준 충고
上星湖先生書

요즘 세상에서 선비들이 서로 주고받는 편지에서 상대를 추어올리는 말만 많이 쓰지 상대의 나쁜 점을 지적하는 일이 없습니다. 세도世道가 점차 낮아져서 남의 잘못을 지적하다가 서로 다투게 될까 염려하여 오직 상대방이 듣기 좋은 말만 하는 것입니다.

근래 『남헌집南軒集』을 읽어 보니, 주자에게 보낸 편지에 "여기 온 사람들이 많이들 '모여서 술자리를 벌일 때 술에 취하면 기세를 떨치며 비분강개한 노래를 부른다.'라고 하였으니, 이러한 모습은 아마도 평소 혈기를 부리는 습성을 다 없애지 못했기 때문일 것이다."라고 한 말이 있는데, 술에 취해 기세를 떨치며 비분강개한 노래를 부른다고 했지만, 주자가 어찌 이런 지경에까지 이르렀겠습니까. 다만 조금은 절도를 넘는 행동이 없지 않았기 때문에 남헌이 언급한 것입니다.-노천老泉 소순蘇洵의 시에서 "호방한 마음은 언제나 술 속에서 오더라. 壯心還向酒中來"라는 한 구절을 주자가 비판해 놓고 정작 자신이 지은 「남악시南岳詩」에는 "탁주 석 잔에 호방한 흥이 발동하여, 낭랑하게 시 읊으며 축융봉을 날듯이 내려오네. 濁酒三盃豪興發 朗吟飛下祝融峯"라는 구절이 있으니, 주자가 호기가 많아 그렇게 되었을 듯합니다. - 옛사람들은 몸가짐과 마음 씀이 이와 같이 신중했으니, 이 글을 읽고는 놀라고 두려워 망연자실하였습니다.

무인년1758 47세 때 이익에게 올린 편지이다. 『남헌집』은 주자의 절친한 벗인 남헌南軒 장식張栻의 문집이다. 주자가 술에 취해 호기를 부렸다는 말을 들은 장식이 주자의 객기를 지적하는 편지를 보냈는데, 안정복이 그 편지를 읽고 벗의 잘못을 지적해 주던 예전과 달리 서로 추어올리는 말만 하는 요즘 선비들의 작태를 개탄한 것이다.

주자의 주석도 오류가 있다
上星湖先生書

주자는 일찍이 『참동계參同契』를 주해하고 편차篇次도 바로 잡았습니다. 그 후 석함石函에서 고본古本이 발견되었는데, 거기에는 경문經文과 주註가 따로따로 분명한 반면, 주자가 편차한 것은 뒤섞어 하나로 만들어 변정辨正할 수 없었습니다. 그 글이 『백가유찬百家類纂』 속에 있습니다. 주자가 『효경孝經』에 대해서는 『간오刊誤』가 있고, 『대학』은 장구章句를 정하여 후세에 손대어 고칠 수 없는 책으로 인정받고 있는데, 『참동계』의 오류는 이에 이르렀습니다. 이러한 일로 말하자면 독서할 때는 반드시 고본을 의거해야 한다고 한 후세 사람의 말이 참으로 옳지 않겠습니까.

처음 들어온 신참 관원을 골탕 먹이는 장난은 어느 때 생긴 것입니까? 율곡은 선배들이 시키는 대로 하지 않고 퇴계는 시키는 대로 했던 것은 저마다 이치에 맞지만, 율곡이 한 일이 더 옳아 후세의 모범이 될 수 있다고 하신 것은 참으로 옳은 말씀이십니다.

기묘년1759 48세 때 성호에게 올린 편지이다. 주자와 같은 대학자도 고본을 보지 않고 『참동계』를 주해하다가 경문과 주를 구분하지 못하는 오류를 범하고 말았다. 학문 연구에서 고본의 중요성을 환기한 것이다.

옛날에 관직에 임명된 뒤 처음 관청에 나오도록 허락하는 것을 허참許參이라고 하고, 10여 일이 지난 뒤에야 더불어 한자리에 앉도록 허락하는 것을 면신免新이라고 한다. 면신례免新禮를 치를 때는 선배들에게 음식을 푸짐하게 대접해야 하는데 물고기를 용龍이라 하고 닭을 봉鳳이라 하며, 술은 청주淸酒를 성聖이라 하고 탁주濁酒를 현賢이라 했다. 이뿐만 아니라 술자리에서 기생을 상대로 온갖 굴욕스러운 짓을 하도록 하고 귀신 복장을 하고 온갖 장난 짓거리들을 하게 했다. 이 풍속은 고려 때 문벌로 과거에 급제하는 나이 어린 권문세가의 자제들을 억누르기 위해 만들어진 것이라 한다. 『용재총화慵齋叢話』와 『석담일기石潭日記』에 보인다. 퇴계는 이 면신례를 순순히 하였고 율곡은 거부하였다고 한다. 안정복은 그러한 율곡이 후세의 모범이 될 수 있다고 한 성호의 말에 동의하고 있다.

주자의 『시집전』은 잘못된 해석이다
答邵南尹丈書

『시경』은 주자朱子 이후 『구서舊序』는 다 버리고 오로지 의리義理로만 단정하였는데, 의리가 물론 좋기는 하지만 시인의 뜻이 과연 그랬던 것인지는 알 수 없습니다. 그러나 이와 같다고 해서 점점 의심을 내어 다른 설을 주장하다 보면 갈등만 많아지고 근본 뜻은 더 애매해질 것입니다. 이런 까닭에 제 생각은 다른 설을 다시 주장해서 시를 지은 사람의 본래 뜻을 밝혀낼 수 없을 바에는 차라리 기존의 설을 그대로 두고 지당한 이치를 찾아보는 편만 못할 것이라는 뜻이지, 『시경』 자체가 전혀 의심할 것이 없다는 뜻은 아닙니다.

가장 의심스러운 것은 공자께서 "정성鄭聲은 추방해야 한다."라고 하셨으니 음란한 시라면 당연히 버려야 하는데, 그러한 시가를 관현管絃으로 연주하여 사람들이 춤추며 노래하게 해 놓고서는 "이 시는 음란한 시이니 응당 이 시를 보고 안일한 뜻을 바로잡아야 한다."라고 하면, 음악이 사람을 감동시키는 것이 매우 깊으니 그 안일한 뜻을 미처 고치기도 전에 방탕한 마음이 먼저 자리 잡게 될까 염려됩니다. 그렇게 되면

'사무사思無邪'*라는 뜻이 퇴색되고 말 것입니다.

우리 효종孝宗께서 잠저潛邸 시절에 『당음唐音』 절구絶句를 읽고 계셨는데, 윤고산尹孤山 윤선도尹善道이 사부師傅로 있으면서 '이날에 늘 혼몽하게 술을 마신다.此日長昏飮'와 '서쪽 방 아래서 달을 기다린다.待月西廂下'로 시작되는 두 작품을 빼 버리라고 하면서 "이렇게 주색에나 빠져 있는 음란한 말을 보셔서는 안 됩니다."라고 했으니, 이 말이 참으로 옳습니다. 공자가 악한 사람의 시에 무슨 취할 게 있다고 후세에 전했겠습니까. 게다가 『춘추』에 두 나라 제후가 회동會同할 때 "치마 걷고 유수를 건넌다.褰裳涉洧"라는 일에 대해 읊으며 구원을 요청했으니, 어찌 향리의 음란한 가사를 남 앞에서 함부로 부를 수 있었겠습니까. 이를 통해서 「소서小序」를 버려서는 안 된다는 것을 더욱 확신할 수 있고, 진서산이 주자를 사숙私淑했으면서도 『대학연의大學衍義』를 저술하면서 인용한 시를 모두 『구서』에 따라 풀이했던 것도 왜 그랬는지 그 뜻을 알 만합니다.

* 사무사思無邪 : 마음에 바르지 않은 생각이 없다는 뜻으로, 공자가 "『시경』 삼백 편을 한마디의 말로 논평할 수 있으니, '생각에 사특함이 없다.'라는 것이다.詩三百 一言以蔽之 曰思無邪"라고 한 데서 온 말이다. 『논어』「위정爲政」에 보인다.

정축년1757 46세 때 윤동규에게 보낸 편지이다. 『구서』는 시경의 주석서인 『모시서毛詩序』를 가리킨다. 그 작자는 공자의 제자 자하子夏로 알려져 있으나 실제로는 한漢나라 위굉衛宏이 지었다고 한다. 주자 이전에는 『모시서』에 따라 『시경』을 해석했는데 주자가 이를 버리고 뜻과 이치에 따라 새롭게 시를 해석하였다. 안정복은 윗글에서 주자의 해석을 잘못되었다고 주장하였는데, 이는 당시 조선의 학문 풍토에서 퍽 이례적인 일이었다.

송나라 소동파는 글 짓는 방법을 가르쳐 주기를,

"담주儋州에는 수백 집이 모여 있어서 고을 사람들이 필요로 하는 것은 저잣거리에서 구하면 된다. 그러나 거저 얻을 수는 없고 반드시 어떤 물건을 가지고 있어야 자기가 쓸 수 있으니, '어떤 물건'이란 바로 돈이다. 글 짓는 것도 그와 같다. 천하의 일이 경經, 전傳, 자子, 사史 속에 산재해 있으나 거저 얻을 수는 없고, 반드시 어떤 물건을 가지고 있어야 자기가 쓸 수 있으니, 이른바 '어떤 물건'이란 바로 뜻이다. 돈을 얻지 못하면 물건을 가질 수 없고 뜻을 얻지 못하면 천하에 포부를 펼 수 없으니, 이것이 바로 글 짓는 요령이다."

라고 하였다. 안정복은 이를 인용하고 말하기를

"나는 '성인이 되는 도는 책 속에 펼쳐져 있으나 거저 얻을 수는 없고, 반드시 어떤 물건을 얻은 뒤에야 자기가 쓸 수 있으니, 어떤 물건이란 바로 마음이다.'라고 하노라."

하였다. 학문에서 마음으로 터득하는 심득心得을 중시한 것이다. 그래서 성현의 경서를 함부로 해석해서는 안 된다는 신중한 자세를 지키는 한편 자신의 마음으로 터득하여 옳다고 믿으면 자신의 견해를 과감히 주장했던 것이다.

동방의 학자는 규모가 작고 기상이 좁다
與李景協書

『시경』은 전일 윤장尹丈이 "주자의 『집전集傳』은 막혀 뜻을 알기 어려운 곳이 많다." 하시기에 제가 늙은 서생이 늘 하는 말로 이렇게 답하였습니다.

"주자 이후로 『구서』를 버리고 오로지 의리義理로만 단정했는데, 의리가 물론 좋기는 하지만 『시경』의 시를 지은 사람의 뜻도 과연 이와 같은 것이겠습니까? 그러나 이와 같다고 해서 점점 의심을 내어 다른 설을 주장하다 보면 갈등만 많아지고 근본 뜻은 더 애매해질 터이니, 다른 설을 다시 주장해서 시를 지은 사람의 본래 뜻을 밝혀낼 수 없을 바에는 차라리 기존의 설을 그대로 두고 지당한 이치를 찾아보는 편만 못할 것입니다."

그 후 윤장께서 가타부타 말씀이 없기에 저도 감히 더 말씀해 달라고 청하지 못했습니다. 지금 노형이 편지에서 주장하신 설을 보자 문득 제가 윤장께 했던 말이 생각나서 말씀드리는 것일 뿐이지, 『시경』의 시들이 모두 의심할 게 없다는 뜻은 아닙니다.

「주남周南」, 「소남召南」의 '주周', '소召' 두 글자에 대하여는 저의 소견도 노형과 같지만 제 주장을 세우지 않았을 뿐입니다. '남南' 자에 대해 정대창程大昌이 '악곡樂曲의 명칭이다.'라고 말한 것이 매우 좋습니다. 『시경』 내의 "아로 하고 남으로 한다.以雅以南"라고 한 것으로 증명해 보건대, 만약 남쪽이라는 뜻으로 해석할 경우에는 이 당시 문왕이 이미 천하의 3분의 2를 차지하여 성인의 교화가 천하에 가득 넘쳤으니, 그 교화가 미치는 범위가 어찌 남쪽 지방뿐이었겠습니까.

그리고 열국列國의 시를 풍風이라 하는데 여기에는 풍자諷刺의 뜻이 많으니, 『구서』의 설이 상당히 일리가 있습니다. 그런데 주자는 전부 삭제해 버렸으니, 참으로 알 수 없는 일입니다. 이런 까닭에 진서산은 주자를 사숙한 학자인데도 『대학연의』를 저술하면서 인용한 『시경』의 시들을 모두 『구서』의 견해에 따라 해석했으니, 분명 뜻한 바가 있었을 것입니다. 중략

우리 동방은 중국과는 규모가 다르고 기상이 좁아서 강론을 할 때면 기존의 학설을 그대로 따르기만 할 뿐입니다. 그리하여 만약 구설舊說과 위배되는 주장을 하는 자가 있으면 옳고 그름을 따지지 않고 너도나도 들고 일어나 공격을 퍼부어 궁지에 몰아넣고 마니, 이것이 매우 두려운 일입니다.

후생들이 독서하다가 선현들이 하신 말씀에 의심나는 부분이 있으면 기록해 두는 것은, 지하에 계신 선현이 다시 살

아나 문하에 나아가 배울 수 없기 때문에 자기 혼자 기록해 놓은 것에 불과합니다. 따라서 이는 곧 선현이 생존해 계실 때 문하의 제자들이 문목問目을 지었던 것과 같으니, 어찌 심하게 나무라겠습니까. 다만 우리 동방의 풍토가 이와 같으니, 노형은 혹 이 점을 생각해 보셨는지요?

게다가 형의 지금 처지는 다른 사람과 다르니, 무릇 독서를 하거나 강의를 할 때 오직 구설을 그대로 따르고 신의新義를 내세우지 마십시오. 말이 잘못 전해지면 남의 구설을 초래할까 두렵습니다. 후략

무인년1758 47세 때 이병휴에게 보낸 편지이다. "강론을 할 때면 기존의 학설을 그대로 따르기만 할 뿐입니다. 그리하여 만약 구설과 위배되는 주장을 하는 자가 있으면 옳고 그름을 따지지 않고 너도나도 들고 일어나 공격을 퍼부어 궁지에 몰아넣고 맙니다."라고 한 말은 조선의 고루한 학문 풍토를 지적한 것이다.

구한말 중국으로 망명한 창강滄江 김택영金澤榮은 "중국에 와서 보니, 주자학을 하는 이가 양명학을 하는 이를 비난하지 않고, 양명학을 하는 이가 주자학을 하는 이를 비난하지 않는데, 우리나라는 우암尤庵 송시열宋時烈이 백호白湖 윤휴尹鑴를 가리켜 사문난적斯文亂賊이라고 한 말이 모든 선비의 입에 재갈을 물렸다."라고 개탄하였다.

정주 이후 학자는 한, 당의 선비만 못하다
答邵南尹丈書

학문에 대해 말씀하신 대목은 바로 지금 사람들에게 정문일침頂門一鍼이 되기에 합당합니다. 누군들 독서하지 않겠는가마는 '진실체당眞實體當 진실하게 이치를 앎' 이 네 글자는 또 어두운 밤길의 해요, 별이라 하겠습니다. 『대학』에서 "지선至善 최고의 선에 그치라."라고 하고, 이어서 "그칠 곳을 알아야만 정定함이 있다."라고 했는데, 이는 그칠 곳이 지선임을 안 뒤에야 뜻에 정해진 방향이 잡힌다는 말입니다. 그 아래에서 또 "무엇을 먼저하고 무엇을 뒤에 할지 알면 도에 가까우리라."라고 했으며, 『맹자』에서는 "요순의 지혜로도 만물을 두루 살피지 못했던 것은 먼저 해야 할 일을 하느라 급했기 때문이다."라고 했습니다. 『대학』과 『맹자』의 두 '먼저先'라는 글자를 서로 대조하여 배우는 자가 이를 알면 생각이 먼 곳으로만 달려가는 습성이 어찌 생기겠습니까.

그러나 정주 이후로 학자들이 한 말들이 매우 많으나 그들의 독실한 행실로 말하자면 한漢, 당唐 때 군자들보다 도리어 손색이 있습니다. 오늘날에 이르러서는 더욱 심해져서 왕왕 작은 이해관계로 인해 떳떳한 도리를 잃어버렸으니, 이것이 양 문공楊文公, 소 장공蘇長公의 말이 주자에게 비웃음을 당했던 까닭입니다.

우리 왕조에서 예전에 『자경편自警編』은 이학理學이고, 『고문진보古文眞寶』는 문장文章이라는 말을 한 선배가 있으니, 그 학문의 지향志向은 높지 못했으나 그래도 수립하고 성취한 바는 후인들이 미칠 수 없습니다. 이를 보면 우리 학문의 도를 밝힌다는 것이 얼마나 어려운 일인가를 더욱 잘 알 수 있으니, 장구章句와 사물의 이치에만 생각이 오가고 심신心身과 일상의 문제는 도리어 소홀히 여기기 때문에 자기도 모르는 사이 절도를 넘는 문제가 있게 되는 것입니다. 그리하여 집사가 말씀하신 이른바 '진실체당'에는 힘이 미칠 겨를이 없으니 그 얼마나 통탄할 일입니까. 저도 늘 이렇게 스스로를 깨우치면서도 병에 시달려 죽음이 눈앞에 다가오는 터라 스스로 떨치고 일어설 수 없는 형편입니다. 그런데 지금 제 마음에 있는 말을 먼저 해 주시니 얼마나 다행인지 모르겠습니다.

을해년1755 44세 때 윤동규에게 보낸 편지이다. 정주 이후의 학자들은 저술은 많지만 독실한 행실은 한, 당의 선비만 못하듯이 조선시대에 와서도 성리학이 발전한 후기의 학자들은 행실이 독실했던 전기의 선비들만 못하다는 내용이다.

『자경편』은 송나라의 종실 조선료趙善瞭가 송대宋代의 명신名臣, 대유大儒의 훌륭한 언행을 기록한 책이다. 조선조 세종이 이 책에 매우 감명을 받아 『치평요람治平要覽』을 편찬하게 하였고, 성종 때에는 양성지梁誠之의 상소로 이 책을 간행하였다. 『자경편』은 이학理學이라고 한 말은 실행이 결여되면 학문이 아니라는 말과 같다.

양 문공은 송나라 양억楊億을 가리킨다. 그의 자는 대년大年이고 시호가 문공文公이다. 그는 천재로 문장에 뛰어났고 참선을 하여 도를 깨달았다는 평판을 받았다. 그러나 주자는 "양억은 아름답고 공교한 문장을 잘 지었으니, 이는 도를 아는 사람이 할 게 아니다. 그러나 자품이 맑고 곧아서 조정에서 벼슬할 때 올린 간언諫言과 건의는 다소 볼만한 것이 있다. 불교를 믿는 사람들이 그를 도를 아는 사람이라 한 것은 '팔각마반八角磨盤'이라는 구절을 읊었기 때문이다. 하지만 정위丁謂가 내공萊公을 축출할 때 다른 일로 양억을 불렀는데 양억이 중서성中書省에 이르러 그만 두려운 나머지 똥오줌을 다 싸고 얼굴은 사색이 되었다. 불교의 도를 알았다면 삶과 죽음이 나뉠 즈음에 남보다 뛰어난 점이 있어야 할 터인데 이러한 때 팔각마반이 과연 어디에 있단 말인가?"라고 하였다. 팔각마반은 원래 고대 인도의 전설에 나오는 원반圓盤 모양의 무시무시한 무기로 이 무기가 공중을 선회하면 부딪치는 것마다 파괴된다고 한다. 팔각마반은 양억의 「오도송悟道頌」에 나오는 말로, 깨달음의 경지를 표현한 것이다.

소 장공은 동파東坡 소식을 지칭하는 말이다. 그가 형제 중 맏이이기 때문에 이렇게 부른다. 소식 역시 뛰어난 천재로 그 문장이 당대에 으뜸이었다. 그러나 주자는 "동파가 호주湖州에서 체포될 때에 얼굴은 사색이 되고 두 다리가 모두 풀려 거의 걷지 못할 지경이었는데 집에 들어가 가족과 작별 인사를 하게 해 달라고 요청했으나 압송하는 사자使者가 들어주지 않았다."라고 하였다. 모두 언변이 좋고 문장이 뛰어났으나 조행操行이 없는 사람이라고 주자는 평가한 것이다.

제6장

동사東史를 편찬하며

안정복의 저술 중 가장 잘 알려진 것은 『동사강목東史綱目』이다. 이 책은 단군 조선부터 고려 말엽까지를 다룬 통사通史로 실학 시대의 대표적인 역사서로 꼽힌다. 이 장에서는 『동사강목』의 편찬 또는 우리 역사와 강토에 대한 안정복의 관심과 사랑을 보여 주는 글들을 모았다.

우리나라 사람이 우리 역사를 몰라서야
上星湖先生書

너무 오래 벗들과 떨어져 있다 보니 방만한 습성이 들고 오만한 마음만 날로 자라고 있는데 그 병의 근원을 따져 보면 아마도 사서를 편찬하는 일 때문인 것 같습니다. 이것이 윤장尹丈 윤동규 께서 전후로 그 일을 하지 말라고 충고하셨던 까닭인데, 그 충고는 단지 사서를 편찬하는 일이 마음을 수고롭게 하고 병에 해롭기 때문만은 아니었습니다. 사우師友의 충고를 어찌 소홀히 할 수 있겠습니까.

사서를 편찬하는 일은 요즘 중지하였는데, 몸이 다시 건강해지고 식견이 조금 나아지기를 기다려 이 일을 아주 잊어버리지도, 너무 서두르지도 않으면서 해 나갈 예정입니다. 선생님께서 전후로 보내 주신 서찰들에서 우리나라 역사에 대해 말씀하신 것은 비록 말 한마디 글자 한 자라도 반드시 한 책자에 별도로 기록해 두어 훗날에 쓸 자료로 삼으려 하고 있습니다.

대저 후세에 와서 저술들이 매우 많아졌는데 개중에는 겉만 바꿔 놓거나 아예 군더더기에 불과한 것들이 실로 많습니다. 이런 까닭에 독실한 선비들이 늘 비판하니, 참으로 그렇습니다. 그러나 『질서疾書』와 같은 저술은 선생님의 밝은 지혜를 통하여 정밀한 이치가 절로 드러났으니, 만약 그것을 침묵으로 일관하고 기록으로 남겨 두지 않는다면 후인들이 무엇을 보고 배우겠습니까?

우리나라 역사로 말하자면, 실로 통일된 저술이 없고 한 사람도 의심되는 사실들을 변별하는 이가 없어, 이 나라 몇천 리 안의 수천 년 사적을 캄캄한 어둠 속에 던져 버리고 돌아볼 줄 모릅니다. 그러니 참으로 우리 역사를 편찬할 만한 분이 있다면 저술을 목적으로 삼는다는 비방을 받을까 꺼려서 그만두어서는 안 될 것입니다. 저는 역사를 기술할 재주가 부족하고 배우면서 하나도 얻은 것이 없으니, 어찌 저술을 운운할 수 있겠습니까. 그러나 이 마음만은 언제나 우리 역사에 대해 한스러워하여 마지않습니다. 윤장은 저술하는 것이 옳지 않다고만 생각하시니, 이는 비록 안으로 자기 내면을 향하여 근실해지는 공부에는 긴절하겠지만 이치를 밝혀 사람들을 깨우칠 뜻은 부족한 듯합니다.

옛사람의 저술은 부득이한 것이었습니다만 후인들의 저술은 그만두어도 되는데 그만두지 않은 것들이 많으니, 이러한 뜻은 참으로 알지 못해서는 안 됩니다. 어떻게 생각하시는지요? 중략

중국 사람들은 사론史論 역사 논평 을 세우는 것을 위주로 하

기 때문에 역대의 사론이 무수히 많습니다. 그러나 우리나라 사람들은 이에 뜻을 두지 않았고, 혹 있다 하더라도 대부분이 마음에 차지 않은 것들이라 정론을 찾아낼 수 없으니 한탄스럽습니다. 우리나라 사람들은 언제나 우리의 역사를 소홀히 여깁니다. 모르겠습니다만, 그 사람이 이룩한 바가 아무리 크더라도 필경 우리나라 사람이고 보면, 그 자신이 이 땅에 살면서 이 땅의 일을 알지 못하는 것은 참으로 우려스럽고 개탄스러운 일입니다. 후략

무인년1758 47세 때 스승 성호 이익에게 보낸 편지이다. 안정복은 「동사문답東史問答」 서두에서 "해동의 사서는 모두 마음에 들지 않습니다. 『삼국사三國史』는 허황하고 조잡하여 말할 게 없고, 『고려사高麗史』는 다소 간명하고 충실하지만 「천문지天文志」, 「백관지百官志」 등의 지志에 기록된 내용으로 말하면 모두 상세하지 못합니다. 이것은 아마도 우리나라 사람의 학문이 거칠고 문헌文獻을 숭상하지 않아서 한 시대의 전장典章이 대부분 명확하고 자세하게 전해지지 않았기 때문이지, 역사를 편찬한 이의 잘못은 아닙니다."라고 하였다. 안정복은 이러한 문제의식을 가지고 우리 역사를 새로 정리한 것이다.
그러나 동문인 소남 윤동규와 같은 학자조차도 안정복에게 역사를 저술하는 일을 그만두라고 권한다. 안정복이 저술에 심혈을 기울인 나

머지 건강을 잃었기 때문이기도 하지만 선유들이 이미 정설을 밝혀 놓았으니 후세의 학자로서 이에 따라 자신의 심성을 수양하고 인격을 도야하는 위기지학爲己之學에 힘쓸 일이지 굳이 저술에 힘쓸 필요는 없다고 생각했던 것이다. 이익의 제자인 윤동규가 이러한 생각을 가졌으니, 당시 학자들의 생각이 어떠했으리라는 것은 굳이 말하지 않아도 쉽게 짐작할 수 있다. 이러한 당시 학계의 정황에서 안정복이 우리 역사를 저술한 것은 참으로 순정한 학자로서의 열정이 아니고서는 불가능했으리라.

동사문답
東史問答

역사를 서술하면서 먼저 강역疆域을 고증해야 한다

역사를 쓰는 사람은 반드시 먼저 강역을 정확하게 비정比定해야 하는데, 우리나라 역사서의 지지地誌에는 전혀 근거할 만한 내용이 없습니다. 개마대산蓋馬大山은 분명히 지금의 평안도와 함경도 두 지역 사이에 있는 큰 산인데, 『동국여지승람東國輿地勝覽』에서는 평양에 소속시켜 놓았습니다. 『동국여지승람』의 '고적조古蹟條'에서는 비류수沸流水는 고구려의 첫 도읍지이니, 의당 요하遼河의 동북쪽 변방 바깥쪽에 있어야 할 터인데, 지금의 성천成川이라 하였습니다. 이와 같은 곳들이 너무 많아서 낱낱이 열거할 수가 없습니다. 그중 대방帶方은 어느 땅에 있는지 정확하게 알 수 없고, 단단대령불내單單大嶺不耐는 바로 철령鐵嶺의 동쪽인 것 같은데 역시 정확히 알 수 없으니 탄식할 일입니다. 지금 「동국지리의변東國地理疑辨」을 짓고 있는 터라 질정하고자 합니다. 후일을 기다려 삼가 여쭙겠습니다.

-을해년 1755, 44세-

우리나라 국호의 유래

조선이라는 명칭은 『사기』와 『한서』의 주석에서 언급하고 있지만 모두 정확하지 못합니다. 언젠가 잡서雜書를 본 적이 있는데 "땅이 동쪽 끝에 가까워서 아침 해가 선명朝日鮮明하므로 '조선'이라 칭했다."라고 하였습니다. 이 말이 그럴듯하지만 전기傳記에 보이지 않고, 또 그 말의 의미가 교묘하여 상고의 순박한 기상이 없으니 그대로 믿기 어렵습니다. 지금 보내 주신 편지를 보니 "선비鮮卑의 '선鮮'과 같다."라고 하셨는데, 선비는 동북쪽의 오랑캐이고 선비산鮮卑山이 동쪽으로 요동의 심양瀋陽을 지나와서 우리나라 동북쪽의 경계를 이루고 있으니 과연 말씀하신 것과 같습니다. 다만 제가 생각하기로는, 조선이라는 명칭은 삼대三代 때 생겼고 선비라는 명칭은 후한後漢 때 생겨 선후가 다르니, 선비를 가지고 조선이라는 명칭의 근거로 삼을 수는 없을 듯합니다. 변방 오랑캐의 땅은 본디 중국이 버린 땅이라, 그 호칭이 오래전부터 있었지만 중국과 교류가 없었기 때문에 기록되지 않아서 그런 것인지요?

중략

『통전』에서는 "삼한三韓은 옛 진국辰國이다."라고 하였고, 『한서』에서도 "진국이 글을 올리려고 하였으나, 우거右渠가 길을 막아 통행하지 못하였다."라고 하였습니다. 우거 때는 삼한이 이미 존재하였으니, 진국이라는 명칭은 혹 그 지방의 옛 이름을 그대로 따른 것일 듯합니다. 해동 한 지역이 한수 漢水 북쪽에 있는 것은 조선이고 한수 남쪽에 있는 것은 진국인데, 혹 중국의 한韓나라가 망하자 유민들이 동쪽으로 달아나 저마다 부락을 세워 한韓으로 호칭하였고 진秦나라 사람이 뒤에 오자 역시 진한秦韓이라 함으로써 기존의 한韓과 구별하였으며 진국도 따라서 한이라는 호칭을 쓴 것이 아닐는지요? 만일 편지에서 말씀하신 대로 한韓이라는 칭호가 한종韓終*에게서 기인했다고 한다면, 한종은 유민으로서 나라를 세우고 국호를 정하여 문득 진국을 차지했으니 필시 큰 영웅이었을 터입니다. 그렇다면 그 나라의 규모와 시설이 의당 엉성하지 않았을 것입니다. 그런데 어찌하여 겨우 20여 년 만에 망명해 온 기준箕準에 의해 패망하고 말았단 말입니까. 후략

-병자년 1756, 45세-

승려들의 기록

『고기古記』 한 책을 본 적이 있는데, 신라의 민간에서 전해진 얘기를 고려 때 책으로 엮은 것입니다. 이 책의 내용은 대

* 한종韓終 : 진秦나라 때 서복徐福과 함께 동남동녀童男童女를 데리고 바다에 들어가서 신선을 찾고 선약仙藥을 캐 오라고 진 시황이 명한 사람이다. 이들은 가서 돌아오지 않았다 한다. 『한서』 권25 「교사지郊祀志」에 보인다.

부분 신령하고 괴이한 얘기들인데, 불가의 말이 과반이나 됩니다. 『삼국유사三國遺事』도 역시 고려의 승려 일연一然이 지은 것으로 그 책은 대개 불가의 글을 엮은 것인데, 국사國事도 언급하였기 때문에 더러 채택할 만한 것이 있지만 역시 허황된 말이 많습니다. 아, 우리나라는 어떻게 예로부터 옛일을 기록한 저술을 남긴 선비 하나가 없어서 정도正道에 맞지 않는 중들이 지은 책만 후세에 전하는 것입니까. 제 생각에는, 강역이 나누어져 난리를 겪는 통에 국가와 개인의 기록들은 거의 다 없어졌으나 불가에서 전하는 것은 명산 깊은 골짜기 속에 잘 간수하여 보존될 수 있었을 것입니다. 후략

-병자년 1756, 45세-

역사 기록의 윤색은 신중해야 한다

우리나라 사서史書 중에서 삼국 이후의 글은 범용凡庸하고 비속하여 읽어 본 이들이 대개 윤색해야 한다고 말합니다. 그러나 제 생각으로는, 글이 비록 좋지 못하더라도 윤색하게 되면 그 문투와 억양을 고치는 가운데 혹 사실을 왜곡할 염려가 없지 않거니와 또 신중해야 하는 후학의 태도가 아닐 듯도 합니다. 어떻게 생각하시는지요? 후략

-기묘년 1759, 48세-

우리나라는 사면에서 외침을 받는 땅

한가한 날에 지도 한 폭을 그려서 서북쪽에는 요심遼瀋, 오라烏喇, 영고寧古를 적어 넣고, 동북쪽 바다 건너편으로부터 전라도 앞바다의 동쪽에 이르기까지 일본을 적어 넣고 또 그 밖에 만이국蠻夷國들을 차례로 적었습니다. 그리고 또 요해遼海로부터 전라도의 서쪽 바다에 이르기까지 중국의 산동성山東省, 강남성江南省, 절강성浙江省 등 바다에 연하여 속해 있는 주군州郡을 적어 넣고 살펴보았습니다.

우리나라가 바다 밖 한쪽 구석에 치우쳐 있는 나라라 하지만 실은 사면으로 외적의 침입을 받는 땅이니 대륙과 잇닿은 서북 방면만 두려워할 만한 곳이 아닙니다. 그런데 근래에는 해상 방어가 소홀하고 도서 지방을 관리하지 않고 있으니, 참으로 애석합니다. 예로부터 중국에서 분란이 생겼을 때 등주登州, 내주萊州, 회남淮南, 절강浙江에서 배를 타고 동쪽으로 바다를 건너면 4, 5일이 못 되어서 우리 땅에 닿습니다. 또 신라의 청해진靑海鎭은 지금의 강진康津에 속한 완도莞島입니다. 중국 사람이 늘 이 지역의 신라 사람을 약탈했는데, 장보고張保皐가 와서 진압한 뒤로는 그 환란이 일어나지 않았습니다. 그렇다면 중국 사람이 옛날에 우리의 서남해西南海를 침범하였던 것이니, 왜인만 걱정할 것이 아닙니다. 왜인은 어디든 배를 타고 쳐들어와 노략질을 하였으니 고려 말에 동북 지방이 늘 그 피해를 받았습니다. 지금 들으니, 동해의 수심이 점점 낮아져 고기잡이하는 왜인들이 대개 우리 동해로 나와서 울릉도 등의 섬까지 무시로 출몰한다고 합니다. 근년에 대마도 왜인이 인삼을 매매하는 시장을 열어 달라고 청할 때에도 "만일 허락해 주지 않으면 당신네 동해를 건너가 강원도와 함경도에서 삼을 캐겠다."라고 하였다 하니, 이 일 또한 염려됩니다.

여진女眞은 동해와 인접해 있으므로 사람들이 물에 익숙합니다. 예로부터 바닷길을 이용하여 우리나라를 침범하였으니, 『고려사』를 보면 알 수 있습니다. 우리 조선에서는 지난날에 해랑도海浪島*의 해적을 걱정하였는데, 해랑도뿐만 아니라 서쪽이나 북쪽 먼 바다의 섬들도 불순한 무리가 없다는 보장이 어디 있겠습니까. 이 일은 한번 조사하고 수색하는 것도 불가할 것이 없습니다.

지금 중국은 운세가 쇠퇴하고, 몽고는 매우 융성하여 책을 읽고 글을 공부하여 그 뜻이 작지 않다고 들었습니다. 그런데 우리 사신은 해마다 왕래하면서도 어떤 이민족이 융성하고

* 해랑도海浪島 : 조선의 국경과 청淸나라 사이 금주위金州衛의 동남쪽 바다에 있던 섬이다. 조선 사람이 이곳으로 도망하여 거주하는 일이 생기자, 성종은 국경을 넘어가서 이곳에 거주하는 자를 교형絞刑에 처하도록 하고, 연산군은 초무사招撫使 전림田霖을 파견하여 도망가 살고 있던 자 101명을 찾아온 적이 있는 등, 유랑하는 무리들이 모여들어 해적질을 하던 곳으로 보인다.

어떤 추장이 강한지 몰라서 후일 변란을 제압할 방법을 전혀 모르고 있으니, 어찌 탄식할 노릇이 아니겠습니까.

지금만 그런 것이 아닙니다. 선조宣祖 때는 서애 유성룡 등과 같은 명신들이 조정에 가득하였는데도 평의지平義智*가 대마도주對馬島主 종의조宗義調의 아들임을 몰랐고, 또 풍신수길豐臣秀吉이 어떤 사람인지도 모르면서 변란에 대응하려고 하였으니, 이는 참으로 우리나라 사람들의 허술한 점입니다.

후략

-기묘년 1759, 48세-

「동사문답」은 『순암집』 권10에 실려 있는 저술로, 『동사강목』을 저술할 때 우리나라 역대 사서들의 문제점, 역사 사실의 의문점을 스승인 성호 이익, 소남 윤동규 등과 질의 문답한 편지들을 모아 놓은 것이다. 안정복은 역사 서술에는 무엇보다 강역을 정확히 고증하는 것이 가장 중요하고, 그다음으로 역사의 정통正統을 바로 세우는 것이 중요하다고 보았다.

『동사강목』의 강목은 주자의 『자치통감강목』의 체제를 본뜬 것이다. 『동사강목』 이전에도 홍여하洪汝河의 『동국통감제강東國通鑑提綱』,

* 평의지平義智 : 대마도주이며, 임진왜란 때 우리나라에 쳐들어온 왜장이다.

홍만종洪萬宗의 『동국역대총목東國歷代總目』, 임상덕林象德의 『동사회강東史會綱』 등이 강목의 체제로 우리 역사를 서술하였지만, 안정복은 이 사서들은 강목 체제를 제대로 구현하지 못했고, 특히 가장 중요한 역사의 정통을 바로 세우지 못했다고 보았다. 원래 주자의 『자치통감강목』은 사마광의 『자치통감資治通鑑』을 바탕으로 삼고 중국 역대의 역사에서 큰 줄기는 강綱으로 잡고 그 아래에 역사 사실을 목目으로 잡아 쌍행雙行, 즉 두 줄의 주注로 서술한 편년체 사서로, 공자의 『춘추』를 본떠서 역사의 정통과 대의명분을 바로 세우는 데 그 목적이 있었다. 이를테면 삼국 시대를 서술할 때 사마광의 『자치통감』에서는 위魏나라를 정통으로 세웠는데 주자의 『자치통감강목』에서는 촉한을 정통으로 세운 것이 대표적인 예이다.

안정복은 주자의 『자치통감강목』의 체제를 본떠서 우리 역사를 서술하였으나, 중국을 대국으로 섬기는 사대주의 사관史觀을 극복하고 우리 역사 안에서 체계를 잡아 가려는 민족 주체적인 사관을 보인다. 이 글에서는 「동사문답」 중에서 이러한 특징을 잘 보이는 곳만 발췌해 소개하였다.

나무를 심어 방책을 만드는 법
邊防種樹說

벽에다 평안도와 함경도 두 지역의 지도를 걸어 놓고 바라보니 결국 저 야인들에게 삼켜지게 될 것이 분명하다. 가령 국가에서 인재를 뽑아 군사를 훈련시키며 안으로 나라를 굳건히 다스리고 밖으로 적을 방비하는 것이 잘 되었다 하더라도, 변경을 견고하게 하여 침략에 대비하는 계책이 없어서는 안 된다. 그러나 요새를 설치하고 돈대墩臺와 보루를 쌓는다면 백성들을 수고스럽게 할 뿐만 아니라 저 야인들이 반드시 항의할 것이다. 송나라, 명나라 시기에는 변경의 방비를 위하여 마갱馬坑 구덩이로 만든 함정을 파고 느릅나무와 버드나무를 심어 적이 돌진해 오는 것을 막았다. 그러나 결국 나무를 심어 목책木柵을 만든 것보다 좋지 못하였다. 나무를 심으려면 또 힘이 들게 마련이니 산악 지방에서 상수리나 떡갈나무 열매를 주워 와 심게 한다. 단 서쪽의 의주義州로부터 동쪽의 경원慶源에 이르기까지 천여 리에 각 진보鎭堡의 변장邊將이 줄줄이 포진되어 있으니, 마땅히 이들로 하여금 변경의 적당한 지역을 살펴서 수백 보의 너비에 각기 일정한 길이만큼 분담하는 표지를 세워 해당 지역의 병사들과 함께 심게 한다. 부지런하고 게으른 데 따라 상과 벌을 주어 오직 빽빽이 심는 데만 주력하게 하면 1, 2년의 공력만 들여도 모두 심을 수 있을 것이다. 4, 5년이 지나면 부드러운 가지가 무성하게 자라나 두어 장丈이 될 것이니, 이것을 좌우로 서로 엇물리게 하여 중중첩첩으로 울타리 모양이 되게 한 다음에, 그 뒤로는 저절로 자라게 내버려 두면 울창하게 자라 하나의 성채처럼 될 것이다.

또 그 안에 흙을 나무뿌리 위로 1장丈 남짓 쌓아 올려 토성을 만든다. 이렇게 하여 수십 년이 지나면 모든 나무가 무성하고 빽빽하게 엉겨 붙어 발을 붙일 곳이 없을 것이다. 나무가 자라기 전에 중간에다 작은 길을 트되 굽이굽이 돌게 하여 우리나라 사람만 통행하고 외인들은 길을 모르게 해야 한다. 그리고 수백 보 사이에 보堡를 설치하여 지키게 하면, 비록 적이 들어올지라도 반드시 마구 돌진해 들어오지는 못할 것이니 도끼로 찍으려 해도 안 되고 불로 태우려 해도 안 되어 들어오려 해도 들어오지 못할 것이다.

당 선종唐宣宗 때에 왕식王式이 운남雲南을 지키면서 늑목竻木으로 목책을 만들었는데 남조南詔*가 여러 해에 걸쳐 공

* 남조南詔 : 성당盛唐 때에 오만烏蠻이 주체가 되어 백만白蠻 등의 소수민족을 포함해서 건립한 정권으로, 운남, 사천四川, 귀주貴州 일대에 있었다. 당나라의 책봉을 받아 모두 13대에 걸쳐 250여 년 동안 지속되다가 당나라 말기에 멸망하였다.

격하였으나 함락시키지 못하였다고 한다. 그 늑목이라는 것이 상수리나무의 일종이니, 나무를 심어 적을 막을 수 있다는 것은 이미 증명된 사실이다. 『성경지盛京志』에 "영고탑寧古塔은 호아합하虎兒哈河 가에 있는데, 소나무를 심어 성을 만들고 속에 흙을 채웠다." 하였으니, 이것과 매우 일치한다. 이 일은 실로 쉽게 할 수 있는 일이고 또 적이 알아차리지 못할 터이니 의당 한번 시험해 보아야 함이 분명하다.

계유년1753 42세 때 쓴 「변방 방어를 위해 나무를 심는 것에 대한 설邊防種樹說」이라는 제목의 글이다. 이해에 안정복은 광주 유수廣州留守 이기진李箕鎭 1687~1755에게 답한 편지에서 검단산黔丹山 남한산의 서남쪽 줄기에 있는 산 정상에 남격대南格臺, 즉 신남성新南城을 쌓아 본성本城인 남한산성의 부속 방어 시설로 삼는 문제를 말하면서, 상수리나무를 심어 목책으로 삼는 방법을 설명하였다. "상수리 열매를 일정한 간격으로 심어 두면 몇 해 안 가서 울창하게 숲이 될 터이니, 한 길 남짓 자라면 마치 울타리 모양으로 서로 얽혀 자라도록 내버려 둔다. 나무가 지나치게 자라면 위로 솟아오른 가지만 쳐 주면, 세월이 오래 지난 뒤에는 나무들의 몸통이 커지고 단단해져서 적군이 와도 어찌할 수 없다."

우리나라 지리지는 오류가 많다

與李廷藻家煥書

편집하고 있는 책의 범례凡例는 이미 대략 정했을 것으로 생각되는데, 지금 어디까지 이르렀는가? 대저 어명을 받아 편찬하는 책은 대부분 바쁜 중에 만들기 때문에 착오가 매우 많으니, 『문헌비고文獻備考』를 보면 알 수 있네. 어찌 안타까운 일이 아니겠는가.

우리나라의 지리지 서적은 실로 오류가 많으니, 이러한 곳은 다른 서적들을 함께 참고해 보면 오류가 절로 드러날 것일세. 그리고 의심스러운 점이 있으면 해당 고을에 관문關文을 보내 물어보면 알 수 있을 것일세. 다만 이런 사정을 잘 아는 수령을 얻기 어려우니, 그 지방 백성에게 맡겨 두고 있을 뿐이네. 그러나 이런 사정을 잘 아는 백성도 얻기 어려우니, 이것이 걱정일세.

사마광이 『자치통감』을 편찬한 지 19년 만에 완성하여 만세토록 세상에 반드시 읽힐 수 있는 책이 되었는데도 식자識者들은 오히려 거칠고 엉성하다고 탄식하였지. 더구나 수천 년 동안 어지러웠던 지역의 지리를 어찌 한 달쯤 되는 기간에 정리할 수 있었겠는가.

지리지는 대개 나라를 경영하는 방책이 들어 있는데, 『동국여지승람』 같은 서적은 시문詩文이 반을 넘더군. 시문이 과연 나라를 경영하는 데 무슨 도움이 된단 말인가? 인물을 기록하는 것이 가장 어려운데 당론黨論이 일어난 뒤로 의견이 같지 않으니 필시 분쟁의 단서가 많을 것일세. 사람의 성명 아래에 자字와 관향貫鄕을 쓰고, 문장을 잘하였으면 "문장으로 이름났다."라고만 쓰고, 경술經術이 있으면 "경술로 이름났다."라고만 써서, 모두 두서너 글자로만 단정해야 하네. 비록 훌륭한 언행言行이 있더라도 생략해야 할 것이니, 이 또한 나라를 경영하는 방도와 무관하기 때문일세. 이 뜻을 어떻게 생각하는가?

우리나라 강역 안의 지리는 응당 탐색하여 확인해야 할 것이거니와, 변방의 경계에 대해서도 반드시 상세히 기록해야 할 것일세.

고려 때에 서희徐熙와 박의중朴宜中이 외교를 잘하지 못했으면 북쪽 땅을 모두 잃었을 것일세. 상고上古 때로 말하자면, 기자의 강토는 지금 요동의 전 지역 및 요서의 의주, 광녕廣寧 동쪽이 모두 조선의 강토에 속하였으니, 중국의 사서를 보면 알 수 있을 것이고, 또한 내가 편찬한 『동사지리고東史地理考』에도 상세히 기록되어 있네. 바다의 섬으로 말하자면 숙종 계유년1693에 안용복安龍福이 없었다면 울릉도가 필시 왜인들에게 점거되었을 것일세. 서해에 해랑도가 있다는 것은 이 또한 분명한 사실이니, 상세히 기록해야 할 것일세. 그 밖에 큰 섬이나 무인도도 많다고 하니, 자세히 찾아서 기록하는 것이 어떻겠는가?

인조仁祖 계유년1633에 통제사 황익黃瀷이 조정에 올린 장계狀啓에 "표류한 선박이 와서 정박하였습니다. 그 사람이 말하기를 '신라 말엽에 왕자王子와 함께 영동嶺東에서 난리를 피하였는데 지역이 좁아 수십만 명을 수용할 수 없었다. 그래서 배를 타고 바다로 가서 나라를 세우고 남방국南方國이라고 스스로 일컬었다.' 하였습니다."라고 하였는데, 이 역시 들어 보지 못한 기이한 이야기일세. 공은 혹시 들어서 알고 있는가? 예전부터 해적들의 공초供招에서 흔히 해상海上을 말했으니, 불량한 무리가 모여 작당하는 것도 이상한 일이 아닐세. 나라를 경영하는 사람은 또한 알아 두어야 할 것이네.

숙종 병자년1696에 동래東萊의 무과 출신 이 아무개李某가 표류하다가 하이국蝦夷國에 도착하였는데, 그 지역이 일본의 동북쪽에 있어 우리의 육진六鎭* 및 원춘原春 강원도 등의

* 육진六鎭 : 동북 방면 여진족의 침략에 대비하기 위해 조선 세종 때 두만강 하류 남안에 설치한 국방상의 요충지로, 종성鍾城, 온성穩城, 회령會寧, 경원慶源, 경흥慶興, 부령富寧의 여섯 군데에 설치하였다.

지역과 바다를 사이에 두고 있으니, 그 또한 상세히 기록해야 할 것일세.

한스러운 것은, 숙종 임진년1712에 목극등穆克登이 와서 조선과 청국 두 나라의 국경선을 정할 때 백두산 꼭대기에 비석을 세워 기록하되 분계강分界江을 경계로 삼았으니, 분계라 이름하였다면 정말로 이것이 두 나라의 경계가 된 것으로 그 강이 두만강豆滿江의 북쪽 3백여 리에 있는데도, 그 당시 일을 맡은 사람이 사려가 깊지 못하여 공공연하게 그 땅을 버려서 지금 야인들이 사냥하는 곳이 되고 만 것이네. 어찌 애석하지 않겠는가.

산천山川으로 말하자면 반드시 지명이 생긴 전말을 상세히 기록하여 내력을 드러내야 할 것일세. 권양촌權陽村 권근權近의 『응제시주應製詩註』*를 참고할 만하네. 『문헌비고』 중 「지리고地理考」는 고인이 된 벗 승지 신순민申舜民 신경준申景濬이 편찬한 것인데, 그는 매우 역량이 있는 사람이었네. 상세히 살펴보고 수록하는 것도 좋겠네. 우리나라 변경의 지명 및 각 고을 방坊, 면面의 호칭은 저속하여 볼 것이 없으니, 모름지기 전하께 여쭈어 우리말과 비슷한 음과 뜻을 가진 아름다운

* 응제시주應製詩註 : 전체 1권으로, 권근이 태조 5년1396에 명나라에 사신으로 갔다가 명나라 태조의 명으로 지은 응제시 24수首를 모아 권람權擥1416~1465이 주를 붙여 세조 8년1462에 목판본으로 간행한 것이다.

이름으로 고쳐 정한다면 훌륭한 정치의 일부가 될 것일세.

근래에 또 듣건대, 옛것을 좋아하는 어떤 선비가 말하기를 "이인역利仁驛에 소속된 용전역龍田驛에 책암冊巖이라고 불리는 곳이 있는데, 예로부터 전해 오기를 그곳에 백제의 역사서가 보관되어 있었다고 한다."라고 하였으니, 이 일은 박 검서朴檢書 박제가朴齊家에게 물어보면 알 수 있을 것일세. 또 듣건대 철원鐵原의 보개산寶蓋山 안양사安養寺 앞에 입석立石이 있는데 큰 돌로 덮어 놓았다고 하더군. 이 역시 전해 오는 말에 궁예국弓裔國의 역사서가 보관되었던 곳이라고 한다네. 그 말을 믿을 수는 없으나, 옛사람들은 일을 생각하는 것이 매우 깊었으니 병란兵亂 때 깊이 감추어 두었을 수도 있을 것일세. 만약 발굴하여 믿을 만한 실적實蹟을 얻는다면 어찌 큰 다행이 아니겠는가. 회의에서 이 생각을 놓고 상의하여 발굴해 확인해 보는 것이 어떻겠는가.

청나라 사람이 편찬한 『성경통지盛京通志』는 모두 20권인데 아마도 각중閣中에 있으리라 생각되네. 이 책의 체제도 좋으니, 한번 열람해 보는 것이 어떻겠는가.

물산物産도 국토를 소유한 이가 상세히 알아야 하는 것인데, 『여지승람』에는 시속에서 부르는 이름만 기록한 데다 누락된 것도 많네. 좋은 물고기로는 도미度美보다 더 좋은 것이 없는데–왜인은 도미를 조어鯛魚라고 부르고 또 대구大口를 설어鱈

魚라고 하는데, 모두 일정한 글자가 있다. -『여지승람』에는 기록되어 있지 않으며, 목어目魚, 명태明太, 멸치蔑魚 -『성경통지』에는 해청어海青魚로 되어 있다. - 등도 모두 빠진 것은 무엇 때문인가? 『성경통지』에는 새, 짐승, 벌레, 물고기, 곡식, 채소, 꽃, 과일, 풀, 나무와 같은 것들을 모두 생김새와 나는 시기를 주석으로 달아 놓아 한번 보면 무엇인지 알 수 있게 했으니, 이 어찌 좋지 않겠는가.

우리나라 삼척三陟의 삼촌심三寸椹, 갑산甲山의 들쭉豆乙粥, 삼수三水의 지분자地粉子, -바로 뱀딸기蛇莓인데 맛이 매우 좋다. - 북도北道의 용편龍鞭, 남해南海의 황칠黃漆은 모두 진귀한 산물이니, 기록해도 무방하지 않겠는가? 옛날에 있던 산물이 지금은 없고 지금 있는 산물이 옛날에는 없던 것이 많으니, 이 또한 구분해야 하고 책판冊板에도 누락시켜서는 안 될 것일세. 『국조보감國朝寶鑑』을 보면 성종조成宗朝에 구빈국久賓國이 와서 조공을 바쳤다고 하였는데, 그 나라는 어느 지방에 있는가?

이상에서 말한 것들은 모두 이 고루한 선비의 쓸데없는 이야기로 잠꼬대와 다름이 없으니, 다른 사람의 눈에 띄지 않도록 해 주기 바라네.

기유년[*] 1789 78세 때 금대錦帶 이가환李家煥 1742~1801에게 보낸 편지이다. 이가환은 성호 이익의 종손이며 안정복의 벗 이용휴李用休의 아들이다. 이가환은 정조의 어명으로 규장각에서 『해동여지통재海東輿志通載』를 편찬하는 일에 교정 책임을 맡았다. 『해동여지통재』는 『동국여지승람』을 수정 보완하는 작업이었다. 1788년에 정조는 규장각을 통해 전국 각 군현에 공문을 보내 읍지邑誌를 올려보내게 하여 『해동여지통재』를 편찬하는 일을 시작하였으나, 갑작스런 서거로 편찬을 완성하지 못하였고 현전하는 실물이 없다.

이 글에서 안정복은 지리지는 나라를 경영하는 데 필요한 책인데 우리나라의 『동국여지승람』 같은 서적은 시문이 반을 넘으니, 시문이 과연 나라를 경영하는 데 무슨 도움이 되느냐고 개탄한다. 그리고 우리나라 강역 안쪽만이 아니라 변방 및 인근의 도서島嶼들도 자세히 기록해야 한다고 역설한다. 특히 숙종 계유년1693에 안용복이 울릉도를 지킨 일과 숙종 임진년1712에 청나라와 국경선을 잘못 그은 일을 지적한 것은 지금도 되새겨 보며 통탄할 만하다. 그리고 우리나라 각 지방의 물산을 상세히 열거하여 수록할 것을 권하였다.

* 기유년 : 편지 제목에는 을유년1765에 쓴 것으로 주석이 달려 있으나, 그때에는 정조가 아직 즉위하지 않았고 규장각도 만들어지지 않았으며 『해동여지통재』를 만드는 작업도 이루어지지 않았다. 1765년에 만들어진 것은 영조의 명으로 편찬된 『여지도서』이다. 그런데 편지 내용 중에 신경준1712~1781이 고인이 되었다고 하고 '박검서박제가'라는 말과 '각중閣中'이라는 말이 있는 것으로 볼 때, 규장각을 설치하고 검서관을 임용한 이후의 편지로 보아야 하므로 기유년의 잘못으로 보인다. 아마도 문집을 간행한 사람들이 『여지도서』에 대한 내용이라고 착각해서 『여지도서』가 완성된 을유년의 편지라고 주석을 단 듯하다.

우리나라는 지리상 국방이 매우 중요하다
東國地界說

우리나라는 삼면이 바다로 둘러싸여 있고 서북쪽은 산악으로 막혀 있으니 실제로는 사면에서 적의 침략을 받는 나라이다. 바닷길로 말하자면 왜와 서로 접하여 있는데 동남의 연해가 가장 가깝다. 저들의 대마도對馬島, 일기도一岐島, 옥람도玉藍島, 평호도平戶島 등의 섬 및 서해에 있는 구국九國의 땅은 모두 돛을 달고 바람을 타면 한나절이나 하루 내지 2, 3일이면 갈 수 있는 노정이요, 은기隱岐, 백기伯耆 등의 주州들은 강원도의 동해에서 역시 3, 4일이면 갈 수 있는 노정에 불과하다. 따라서 만약 그들과 화친이 깨지면 삼면의 연해가 모두 그 피해를 입게 된다.

서해 한 방면은 왜구의 침입뿐만 아니라 예로부터 늘 해랑도의 해적들이 걱정거리가 되어 왔고, 또 중국과 틈이 생기면 바다와 육지로 한꺼번에 적이 이르러 등주登州, 내주萊州, 회양淮陽, 절강浙江에서 돛을 올리고 오니, 한漢, 위魏, 수隋, 당唐의 일을 보아도 알 수가 있다. 그래도 동쪽, 서쪽, 남쪽은 각기 바다를 경계로 삼아 국경을 다투는 일이 없지만, 서북쪽은 육지로 이어지고 산융山戎과 접해 있으며 게다가 중국과 이어져 있어서 국경선이 일정하지 않았다. 근본을 따져서 말하면, 요동의 절반인 오라烏喇 이남은 모두가 우리 땅이다. 그런데 수隋, 당唐, 송宋의 즈음에 발해渤海, 거란契丹, 완안完顏 여진 등 온갖 종족들이 번갈아 일어나면서 우리 국경이 점차 줄어들었다. 애석하게도 신라 문무왕 이후로 모두 원대한 뜻이 없어 백제를 병합하고 고구려를 평정하는 것으로 뜻이 이미 만족하여, 다시는 고구려의 옛 강토를 회복하려 하지 않음으로써 발해가 가만히 앉아서 커지게 하였다. 뒤에 고려 태조가 요遼와 국교를 끊은 것은 깊은 의도가 있었으나 불행하게도 훙서薨逝하였고, 그 뒤의 왕들은 비록 그 뜻을 이어받기는 했지만 서쪽으로는 압록강을 경계로 삼고 북쪽으로는 두만강을 경계로 삼는 데 그쳐 요동 지역은 한 치의 땅도 넘보지 못하였다.

우리 조선이 개국함에 이르러 명나라에 국호國號를 정해 달라고 청하면서 화령和寧으로 하고자 했으니, 화령이란 영흥永興의 별호다. 우리 태조대왕이 처음에 화령백和寧伯에 봉해졌는데, 국호를 화령으로 하고자 한 것은 비단 봉작으로 받은 칭호였기 때문만이 아니고, 이 땅이 태조대왕이 탄생한 곳이므로 태조대왕은 그 땅을 병탄하고자 하는 뜻에서, 이를 국호로 정해 달라고 청하였던 것이다. 그러나 오랑캐가 점점 강성해지자 선춘先春*의 옛 강토도 보전하지 못하고 덕릉德陵 목조穆祖의 능, 안릉安陵 목조의 비인 효공왕후孝恭王后의 능 두 능도 이역異域으로 들어가 두만강과 압록강이 단단히 고정된 하나의 큰 경계가 되어 버렸으니, 이것이 바로 뜻있는 선비가 탄식해 마지않는 까닭이다.

지금의 군사력으로는 기자의 강토와 고구려의 토지를 회복한다거나 목조, 익조翼祖의 옛 고장을 회복하는 것은 말할 것도 없이 불가능하니, 마땅히 옛일을 많이 알아 우리의 국경을 분명히 밝혀 스스로 강해질 길을 찾아야 할 뿐이다. 예전에 다음과 같은 말을 들었다.

"숙종 임진년1712에 목극등이 와서 강계를 정하던 때에 마땅히 분계강分界江으로 국경을 삼았어야 한다. 분계는 두만강의 북쪽에 있으니, 그 이름을 분계라고 한 것은 대개 이곳이 피차의 경계가 되기 때문인데도, 자세히 살피지 못하고 공공연하게 수백 리의 땅을 버려 지금까지도 북방 사람들 대다수가 이를 한스럽게 여기고 있다. 그 당시 일을 맡은 사람은 책임을 면할 수 없을 것이다."

* 선춘先春 : 선춘령先春嶺으로, 두만강 북쪽 7백 리에 있다. 고려 때 윤관尹瓘이 토지를 확장하여 여기까지 와서 공험진公嶮鎭에 성을 쌓고 드디어 비석을 영嶺 위에 세우고, '고려의 국경'이라고 새겼다. 비석의 사면에 모두 글씨가 있었는데 오랑캐들이 모두 지워 버렸다.

그러나 왕자王者의 다스림은 덕을 쌓는 데 힘쓰고, 땅을 넓히는 데 힘쓰지 않으니 이는 작은 일에 해당된다. 참으로 크게 우려되는 점은, 만약 중국에 변란이 생겨 완안完顔이 남쪽 중국 땅으로 옮겨 가는 일이 생긴다면 주인이 없어진 요동 일대에 또 자립하여 세력을 확장해 나갈 자가 있을 것이니, 예를 들자면 공손公孫, 모용慕容, 대씨大氏, 동진東眞 같은 부류이다. 고구려는 당시에 강성했기 때문에 이씨二氏 공손과 모용의 환난을 당하지 않았고, 신라는 멀리 있었으며 발해를 세운 대씨는 한창 국내를 경영하고 있었기 때문에 단지 패수 이북의 땅만을 잃었다. 고려는 몽고의 지원을 받았기 때문에 동진이 우리에게 큰 상해를 주지 못했던 것이다. 원元의 순제順帝가 북방의 자기 소굴로 달아나자 주인이 없어진 흥경興京, 오라烏喇 동쪽의 수천 리 땅에서도 스스로 왕 노릇할 수 있었는데, 국경이 접해 있어 우리가 옛 예에 따라 조공을 바치게 되자, 그 이해관계가 더욱 커지게 되었다. 이로부터 국경의 분쟁이 일어나고 반란의 틈이 생겨났으니, 소손녕蕭遜寧이 와서 고구려의 옛 지역을 요구하고 명 태조明太祖가 철령위鐵嶺衛를 세우려고 하던 때에 만약 서희와 박의중의 적절한 외교가 없었다면 거의 나라를 보전하지 못할 뻔했고, 조휘趙暉가 쌍성雙城에서 반란을 일으키고 한순韓恂이 의주義州에서 반란을 일으켰을 때에 만약 우리가 대국大國에 의탁하여 중국 내지의 지역과 같은 의리를 갖추지 않았다면 결국은 그 땅들을 잃고 말았을 것이다.

게다가 천하중국에 일이 많아 도적이 횡행하게 되면서 해동海東 한 지역은 항시 망명하는 곳이 되어 왔다. 전국 말기에 한韓나라 사람들이 바다를 건너와 삼한三韓에 나라를 세웠고, 연燕나라에 난리가 일어나자 위만衛滿이 동쪽으로 오면서 기씨箕氏가 망했고, 발해의 대씨가 멸망함에 남은 무리 수만 명이 모두 우리나라로 들어왔으나 저들은 약하고 우리는 강했기 때문에 위만처럼 나라를 빼앗는 짓을 답습하지는 못했다. 거란이 망했을 때에는 김시金始, 김산金山 등이 또한 우리나라로 와서는 옛날에 신하로서 섬기던 예를 요구하고 크게 노략질을 해 갔으니, 그 형세가 발해의 경우와는 달랐다. 다만 몽고와 동진이 가까운 지역에서 일어났기 때문에 몽고의 힘을 빌려서 평정을 했다. 내안乃顔이 원元나라를 배반했다가 사로잡히자 그 잔당인 합단哈丹이 또다시 동으로 달아나 노략질을 하였는데 역시 원나라의 힘을 빌려 평정했다. 원나라가 망하자 나하추納哈出가 큰 세력으로 이 지역에 쳐들어가자 홍건적紅巾賊이 그 난리를 피하여 우리나라로 쳐들어오니, 이때에는 대국의 지원도 없어 형세가 매우 위급했다. 그러나 다행히 우리 태조太祖의 신묘한 무력과 세 원수元帥 정세운鄭世雲, 이방실李芳實, 김득배金得培의 능력에 힘입어 마침내 홍건적을 평정할 수가 있었다. 명나라가 망했을 때도 우리가 먼저 침략을 받았으니 예로부터 천하의 전쟁이 항상 동북쪽에서 있었고, 우리나라가 화를 받은 연유를 이전의 역사를 통해 환히 알 수 있다. 이를 보면 나라를 위해 계획을 세우는 선비는 바다를 방비하고 변경을 방어하는 대책에 대해 더욱 유의해야 할 것이다.

무인년1758 47세 때 쓴 「우리나라 강역의 경계에 대한 설東國地界說」이다. 우리나라는 사방에서 적의 침략을 받을 수 있는 지형임을 지적하고 특히 북방의 강역이 줄어든 이유를 역사 사실을 들어서 설명하면서 국방의 중요성을 역설하였다. 안정복이 『동사강목』을 저술하는 등 우리 역사에 관심을 쏟았던 이유가 무엇보다 우리 강역을 지키는 데 있었음을 알 수 있다.

우리나라 자음이 바른 음이다
上星湖先生書

성운학聲韻學은 평소 전혀 알지 못하던 분야였습니다만, 가르침을 받고 보니 의심이 더욱 심해집니다. 사성四聲이 강동江左에서 시작된 것이라고 한다면 심약沈約 이전, 삼대三代 이후에 나온 수많은 시구들에 모두 운어韻語를 써 왔는데, 그 운어가 지금의 사성과 다르지 않은 것은 무슨 까닭입니까? 칠음七音이 서역西域에서 생긴 것이라면 중국 성운에는 순脣, 설舌, 아牙, 치齒, 후喉의 구별이 원래 없었던 것입니까? 칠음으로 36개 자모字母를 만들었으니, 이른바 그 36자모란 어떤 글자를 가리킨 것입니까?

『동문선東文選』에 실려 있는 신 문충공申文忠公 신숙주申叔舟이 쓴 『홍무정운洪武正韻』의 서문에 "유독 입성入聲에 있어서만은 세상 사람들이 거의 종성終聲을 쓰지 않으니, 매우 어처구니없는 일이다."라고 했는데, 이른바 종성이란 바로 지금 우리말의 'ㄱ, ㄹ, ㅅ, ㅂ' 따위입니다. 그런즉 신공의 말은 입성에는 종성이 있어야 된다고 했는데, 중국의 글자 음에서 종성을 쓰지 않은 것은 어째서입니까? 우리나라 자음字音 글자의 소리에서 찾아보면 '열다'라는 뜻의 개開 자, 벽闢 자를 말하면 입이 벌어져서 닫히지 않고, '닫다', '합하다'라는 뜻의 합闔 자, 흡翕 자를 말하면 입이 닫혀서 벌어지지 않습니다. 궁宮 자는 후음喉音이니 궁 자를 말하면 그 소리가 목구멍에서 나오고, 치徵 자는 치성齒聲이니 치 자를 말하면 그 소리가 치아에서 나옵니다. 그 나머지 상商 자, 각角 자, 우羽 자의 소리도 모두 혀, 어금니, 입술에서 나와 자연스러운 성음에 어긋나지 않은 듯한데, 중국 음으로는 합闔 자, 흡翕 자를 말해도 입이 닫히지 않는 것은 어째서입니까? 이렇게 말하면 임본요林本堯*가 "동방의 방음方音이 바로 기자箕子의 정음正音이다."라고 한 말이 사실이 아니겠습니까.

침侵 자 이하 네 운韻과 진眞 자 이하 여섯 운韻은 중국 음이 다르지 않는데도 옛날에 통운通韻하지 않았던 것*은, 혹시 음향의 청탁이 달라서 그랬던 것입니까? 명明나라 사람 이지李贄 1527~1602*가 "원元나라 주덕청周德淸*이 스스로 음

* 임본요林本堯 : 자는 익장益長으로, 청나라 초기의 명明나라 유민遺民이다. 성음학聲音學에 밝았으며, 저서에 『성위聲位』, 『요재전집遼載前集』이 있다.

* 침侵 자……것 : 침 자 이하 네 운韻은 침, 담覃, 염鹽, 함咸을 가리키고. 진眞 자 이하 여섯 운韻은 진, 문文, 원元, 한寒, 산刪, 선先을 가리킨다. 통운通韻은 다른 운통韻統의 글자를 서로 통용하는 것이다.

* 이지李贄 : 자는 굉보宏甫, 호는 탁오卓吾이다. 26세 때 거인擧人에 합격하여 줄곧 하급 관료 생활을 하다가, 40대에 양명 왕수인의 저작을 처음 접한 뒤로 심학에 몰두하였으나, 다시 불교에 심취해 62세에 정식으로 출가하고 사찰에서 기거하였다. 주희의 이학과 왕수인의 심학을 모두 비판하고 스스로 이단을 자처하며 유가의 말

운音韻을 안다고 하여 『중원음운中原音韻』*을 만들었는데, 지금 『홍무정운』이 이 책을 많이 따랐다. 내게 비파琵琶를 잘 뜯는 시녀가 있는데, 태화정음太和正音을 연주해 보게 했더니 거기에는 평성, 상성, 거성만 있고 입성이 없어 주덕청의 음운과 은연중 맞았다. 주덕청은 북방 사람이라서 그가 지은 책의 음운도 모두 북방 소리이기 때문에 육六을 유溜로, 국國을 귀鬼로 발음하고 있는데, 그것을 중국의 음운이라고 말할 수 있겠는가. 그리고 사성四聲에서 입성을 뺀다는 것은 더더욱 잘못된 것이다. 소리에 평상거입平上去入이 있는 것은 하늘에 원형이정元亨利貞이 있고, 땅에 동서남북이 있는 것과 마찬가지인데, 거기에서 하나를 빼서야 되겠는가."라고 하였다. 이지의 이 말을 보면 우리나라 음운은 사성이 분명하니 정운이라고 해도 될 것입니다. 다시 가르침을 주시기를 삼가 바랍니다.

후략

기적 폐단을 공격하면서 만인평등萬人平等, 동심설童心說 등을 주장하였다. 저서에 『분서焚書』 등이 있다.

* 주덕청周德清 : 원나라 고안高安 사람으로, 호는 정재挺齋이다. 북송의 사인詞人 주방언周邦彦의 후손으로, 악부樂府에 능했고, 음률에 정통하여 산곡散曲 작가로 이름을 날렸다. 저서에 『중원음원』 1권이 있다.

* 중원음운中原音韻 : 주덕청이 북곡北曲의 용운用韻을 위해 찬한 책으로, 전통적인 운서 체계를 타파하고 당시 실지로 통용되던 운韻을 19부部로 분류하여 이를 평음平陰, 평양平陽, 상성上聲, 거성去聲으로 구별하되, 상성, 거성의 측자仄字는 모두 평성 아래에 붙이고, 입성에 속한 글자는 평성, 상성, 거성에다 나누어 붙였다.

기묘년1759 48세 때 스승 이익에게 보낸 편지이다. 우리나라 자음字音에는 입성인 종성이 있으니, 이것이 기자 때부터 내려온 정운이라는 것이다. 안정복은 50세 때 이병휴에게 보낸 답서에서,

"자음으로 말하자면 우리나라 사람들이 늘 중국의 자음이 바른 음音이고 우리의 자음은 틀린 것이라고 하는데, 저는 납득할 수 없습니다. 우리의 자음은 모든 소리가 다 갖추어져 있고 한 글자가 각각 한 음이라 매우 질서 정연합니다. 중국의 음은 여러 소리가 잘 통하지 않으니, 가령 침운侵韻에 속한 소리는 진眞과 같고, 담운覃韻에 속한 소리는 한寒과 같고, 이而와 아兒 두 글자는 우리 음으로 하면 을乙* 자가 되고, 또 글자 하나가 두 음을 가지고 있는 것도 많아 매우 질서 정연하지 못합니다.

이를 율려律呂에 맞춰서 가사로 노래하면 글자 수에 따라 소리의 장단長短이 들쭉날쭉할 우려가 어찌 없겠습니까. 진晉나라 이후로 지금까지 오랑캐들이 계속 중국을 어지럽혀 왔으며, 중국 사람들은 문자가 곧 언어이기 때문에 언어가 바뀌면 글자 음도 따라서 바뀌게 되는 것이 예컨대 방언方言이 세월이 오래 가면 자연히 변하는 것과 같으니, 그 형세가 그럴 수밖에 없습니다.

그렇지만 우리나라는 기자太師 이후로 중국 서적을 받아 읽었습니다. 그래서 그 글자 음이 스승과 제자 사이에 줄곧 전수되어 왔기 때문에

* 을乙 : 중국음 '얼er'을 이렇게 표기한 듯하다.

필시 바뀐 것이 없을 터이고, 게다가 우리말이 문자와 서로 다르니 문자의 음이 혼동되거나 와전될 염려가 없었을 것입니다. 따라서 나는 우리 음이 정음에 가깝다고 생각하는데, 이런 주장은 아마도 남에게 비웃음을 살 것입니다. 지난번 선생님성호 이익의 서찰을 받아 보니 바로 제 생각과 같았고, 그 후 『약천집藥泉集』을 보았더니 그의 말도 평소 제가 의심했던 바와 같았습니다. 그런 뒤에야 저의 주장이 맹랑하지는 않다고 비로소 자신하였습니다."

라고 하여 자신의 견해를 확신하였다. 지금 중국어에도 'ㄱ, ㄹ, ㅂ'이 종성에 오는 입성이 없다. 그래서 우리가 쓰고 있는 한자음이 당나라 때의 자음字音에 가깝다고 한다. 안정복의 주장대로 중국은 여러 지역의 발음이 서로 섞여 자음이 많이 변천했는데 우리나라는 중국에서 전해 온 자음을 큰 변화 없이 잘 지켜 온 것으로 추정할 수 있을 듯하다.

우리나라 역사를 보다가 느낌이 있어 악부체를 본떠서 읊다
觀東史有感 效樂府體五章

우리나라에는 악부체樂府體의 옛 노래가 몇 종류 있는데 그중에 휴옹休翁 심광세沈光世[*] 1577~1624가 지은 것을 으뜸으로 치고 있다. 그러다가 우리 성호 선생의 악부가 나오면서 비로소 집대성하여 숨겨진 사적史蹟들을 밝힘으로써 역사가들이 누락한 것들을 많이 보충할 수 있었다. 그러나 성기成己 이하 몇 가지가 누락되었기에 감히 선생의 작품을 흉내 내어 지으니, 문장은 비록 거칠고 서툴지만 수록한 사적은 빠뜨릴 수 없는 것이다. 이 작품들을 선생께 보여 드렸더니 잘못 지었다고 물리치지는 않으셨다. 그래서 이 작품들을 기록하여 후일의 참고에 대비한다.

성호 이익의 「해동악부海東樂府」에는 모두 120수의 악부시가 수록되어 있다. 안정복은 성호의 「해동악부」에서 누락된 역사 사실 다

* 심광세沈光世 : 본관은 청송青松, 자는 덕현德顯, 호는 휴옹休翁이다. 저서에 『휴옹집休翁集』, 『해동악부』가 있다.

섯 가지를 악부시로 읊었다. 뒤에 이어지는 「성기가成己歌」, 「옹산성장가甕山城將歌」, 「천성행泉城行」, 「노사행弩士行」, 「백마총행白馬塚行」이 그것이다. 악부는 민요를 한시로 옮기기도 하고 역사 사실을 한시로 읊기도 하는 한시의, 한 갈래이다.

성기가

成己歌

『한서』에서 "무제武帝가 조선을 멸망시켜 조선이 항복을 하였으나 왕검성王儉城은 아직 함락되지 않았다. 우거右渠의 신하 성기成己가 다시 모반을 일으켜 관리를 공격했다. 이에 순체荀彘가 백성들을 시켜 성기를 죽였다. 이런 까닭에 마침내 조선을 평정할 수 있었다."라고 했는데, 『동국통감東國通鑑』*에 이 내용을 그대로 기록하였다.

한 무제가 전쟁 좋아해 먼 나라 치려 하니	漢皇黷武思遠畧
기자의 동방은 살기로 온통 하늘이 캄캄했지	箕東殺氣彌天黑
누선은 돛을 달고 요동 바다를 내려오고	樓船掛帆下遼海
좌장군*은 말을 몰아 갈석*을 지났어라	左將躍馬由碣石

* 동국통감東國通鑑 : 신라 초기부터 고려 말기까지의 역사를 기록한 것으로, 조선 전기에 서거정徐居正, 정효항鄭孝恒 등이 왕명을 받아 편찬하였다.
* 좌장군 : 한 무제가 위만 조선을 정벌할 때 좌장군을 맡은 순체를 가리킨다.
* 갈석碣石 : 하북성河北省 창려현昌黎縣 북쪽에 있는 산으로, 바닷물 속에 잠겨서 일부만 모습을 드러내고 있다고 한다. 역대 제왕이 순행巡行할 때 거쳤던 경로의 동쪽 끝 지점이다.

고을들이 다 찢기고 도성이 무너지니　諸縣幅裂王都傾
보이느니 나라 팔아먹은 역적들뿐이거늘　但見紛紛賣國賊
그래도 국가의 안위 짊어진 대신이 있어　安危却有大臣在
피눈물을 흘리면서 외로운 성 지켰지　沫血飮泣守孤城
외로운 성 형세가 끊어질 듯 위태했으니　孤城勢急危如髮
이 지경에 이르러 한목숨 가볍게 버렸네　到此一死鴻毛輕
대동강 물은 질펀히 흐르고　浿水流洋洋
왕검성은 높이 우뚝 서 있으니　王儉高嶔嶔
성기의 큰 명성 지금까지 남았거늘　成己大名留至今
모반했다 주벌되었다 이 무슨 당찮은 말인고　書反書誅是何義
역사를 쓰는 사신이 필법을 몰랐구나　史臣秉筆迷書法

기원전 109년 한 무제의 대군이 위만 조선을 침입하였다. 위만 조선은 이에 항전하여 1년 동안 잘 싸웠으나 마침내 수도인 왕검성이 포위되고 말았다. 이때 위만 조선의 조정은 양쪽으로 나뉘어 재상 노인路人과 한음韓陰, 이계상尼谿相 삼參, 장군將軍 왕겹王唊 등은 주화론主和論을 주장하여 우거왕右渠王에게 항복할 것을 건의하였다. 우거왕이 이를 거부하자 노인, 한음, 왕겹은 기원전 108년 4월에 왕검성을 탈출하여 적군에게 투항하였고, 이계상 삼은 자객을 시켜 우거왕을 암살하고 적군에게 항복하였다. 대신大臣 성기만이 최후까지 저항하였는데 왕자 장長과 노인의 아들 노최路最가 왕검성 안의 사람들을 선동하여 성기는 마침내 암살되고 왕검성도 아울러 함락되었다. 이로써 위만 조선은 3대 80여 년 만에 멸망하였고, 고조선 2000년 역사에 종지부를 찍었다.

옹산성장가
甕山城將歌

신라 태종왕太宗王 8년661에 백제의 남은 적들이 옹산성을 점거하고 있었는데 왕이 사신을 보내 타일렀으나 항복하지 않았다. 김유신金庾信이 군사를 거느리고 가서 성을 포위하고 백제 사람들에게 말하기를 "일찌감치 항복만 하면 부귀를 누리게 해 주겠다고 약속한다." 하니, 성을 지키는 장수가 대답하기를 "성은 비록 작지만 병력과 식량이 모두 넉넉하고 군사들도 의롭고 용감하니, 차라리 싸우다 죽을지언정 맹세코 살아서 항복은 하지 않겠다." 하였다. 김유신이 그 성을 함락시키고 그 장수를 잡아 죽였다.

옹산성은 참으로 조그만 성이지만	甕山城小如甕
장군의 기개는 어찌 그리 드높았나	將軍之氣何崢嶸
노한 눈은 빛나고 수염은 빳빳하여	怒目煌煌鬚如磔
나당의 연합군도 안중에 이미 없었어라	眼底已無唐羅兵
남아의 의기는 무겁고 부귀는 가벼우니	男兒義重富貴輕
목숨 버려 바른길을 갈 때가 바로 지금	熊魚取舍此其時

종묘사직 망하고 임금은 항복했으니　宗社亡矣國君降
천지간에 머리 들어 본들 무엇을 할꼬　擧頭天地將何爲
쇠한 나라 부흥시켜 난세 바룰 기회 반드시 있나니
興衰撥亂會有期
제나라를 수복한 건 바로 즉묵 덕분이었지*　恢復全齊惟卽墨
진열에서 한 번 외치는 소리 범처럼 용맹해　臨陣一呼猛如虎
수많은 의롭고 용맹한 이들이 목숨 걸고 싸웠건만
百千義勇爭死敵
아 밝은 해여, 장군의 충정 비춰 주지 않다니
嗚呼白日不照將軍之衷誠
지금도 원통한 피가 흘러 푸르다네　至今寃血流爲碧
영령은 하늘에서 응당 외롭지 않으리　英魂在天應不孤
계백 주근* 두 장군과 서로 벗할 터이니　階伯周勤相爲伍
옹산성은 참으로 조그만 성이지만　甕山城小如甕

* 제齊나라를……덕분이었지 : 즉묵卽墨은 전국 시대 제나라의 고을이다. 연燕나라의 명장 악의樂毅가 제나라를 침공하여 제나라 영토 대부분을 점령하고 즉묵만이 함락되지 않았다. 즉묵을 지키고 있던 장수 전단田單은 우선 반간계反間計를 써서 악의를 파면시켰다. 그리고 성의 수십 곳에 구멍을 뚫고 밤중에 그 구멍으로 꼬리에 불을 붙인 소를 적진으로 내몰고 장사 5천 명으로 하여금 소의 뒤를 따라 공격하게 하는 작전을 썼다. 이로써 연나라 군사를 물리치고 나아가 연나라에 빼앗겼던 70여 성을 수복하였다. 『사기』 권82 「전단열전田單列傳」에 보인다.

* 계백階伯 주근周勤 : 계백은 백제 의자왕 때의 장수로, 황산벌에서 신라의 대군을 맞아 항전하다 전사했고, 주근은 마한馬韓의 장수로, 멸망한 마한을 부흥하려다 백제의 군사에 패하자 자결하였다.

장군의 큰 명성은 천고에 빛나리라 將軍大名垂千古

백제가 망한 뒤 옹산성에서 항거하던 어느 장수의 사적을 노래하였다. 『삼국사기』에 의하면, 문무왕 1년661 6월의 일로 되어 있는데 아마도 태종太宗 무열왕 8년에 태종이 승하하고 문무왕이 즉위하여 이렇게 기록한 것으로 보인다.

당시 당나라 고종이 장군 소정방蘇定方 등을 보내 고구려를 정벌하였을 때, 당나라에 들어가 숙위宿衛하고 있던 김인문金仁問을 본국인 신라로 보내 출정 시일을 알리고 출병出兵하여 함께 고구려를 칠 것을 명하였다. 이에 문무왕이 김유신 이하 장수들을 거느리고, 김인문, 김문훈金文訓 등을 인솔하여 많은 병사를 출동시켜 고구려로 향하였다. 군사가 남천주南川州 시이곡정始飴谷停에 이르렀을 때 "백제의 유민이 옹산성에 모여 항거하고 있어 진군할 수 없다."라는 보고가 들어왔다. 이에 김유신이 성을 포위하고 적장을 회유하였으나 완강히 저항하기에 그해 9월 27일에 성을 함락하고 적의 장수를 잡아 처형하였다. 현재 대전광역시 대덕구 장동 계족산鷄足山에 있는 계족산성이 백제의 옹산성으로 추정되고 있다.

천성행
泉城行

신라 문무왕文武王 15년675에 당나라 설인귀薛仁貴가 천성泉城을 공격해 왔는데, 이때 장군 김문훈金文訓이 맞아 싸워 적군 1천 4백 명의 수급을 베고, 병선兵船 40척을 탈취했으며 설인귀가 패배해 도망가자 전마戰馬도 1천 필을 노획했다. 그리고 이근행李謹行을 매초성買肖城에서 공격해 쳐부수고 전마 3만 3백 80필을 노획했으며, 병장기兵仗器도 그만큼 빼앗았다.

설인귀는 당나라 명장이라	薛仁貴唐名將
한 번 싸워 요동을 빼앗았고	一戰取遼東
두 번 싸워 평양을 깨뜨렸으니	再戰擊平壤
연전연승의 기세 당할 자가 없어	戰勝攻取勢莫當
요하 동쪽에는 굳세게 버틴 성루가 없었거늘	遼河以東無堅壘
어찌 천성 전투에서는 쥐처럼 도망쳤던가	如何泉城一戰走如鼠
문훈의 재주가 비길 데 없었기 때문일세	文訓之才無與比
문훈의 재주가 비길 데 없었을 뿐 아니라	不特文訓之才無與比

이 무렵 신라는 흥성하는 운세였다네　　此時新羅應運起
임금과 신하 밝고 어질어 이길 수 없었건마는　　主賢臣良無可乘
당나라 황제는 무슨 일로 군대를 일으켰던가　　唐皇忿兵胡乃興
예로부터 나라가 망할 땐 틈이 생기는 법　　自古亡國必有釁
그런 뒤에야 적이 능력을 발휘할 수 있나니　　然後敵人奮才能
호해가 실덕하자 항우가 용맹을 떨쳤고*　　胡亥失德項籍勇
부차가 음탕하니 범려의 지혜가 통했지*　　夫差怠荒范蠡智
내 말이 늙은이 망령 아니라 실로 이와 같으니　　我言非耄信如此
아아, 후세 임금들은 응당 기억해야 하리　　嗚呼後辟當念記

천성은 신라가 7년에 걸친 당나라와의 전쟁을 승리로 이끈 중요한 전투가 벌어진 곳으로, 지금 경기도 파주坡州 교하交河의 통일전망대가 있는 오두산성烏頭山城이다. 서기 675년신라 문무왕 15 9월, 당나라 장수 설인귀가 이끄는 수군은 숙위학생宿衛學生인 풍훈風訓을

* 호해胡亥가……떨쳤고 : 호해는 진 시황의 둘째 아들이다. 진 시황이 죽자 환관 조고趙高가 큰아들 부소扶蘇를 죽이고 호해를 천자로 세웠는데, 호해가 조고의 농간에 놀아나다가 마침내 진秦나라를 망하게 하고 말았다. 이때를 틈타서 항우項羽가 군사를 이끌고 함양咸陽으로 쳐들어가 호해의 뒤를 이은 진왕秦王 자영子嬰을 죽이고 아방궁阿房宮을 불태웠다. 『사기』 권6 「진시황본기秦始皇本紀」에 보인다.
* 부차夫差가……통했지 : 춘추 시대 월越나라 왕 구천句踐의 모신謀臣인 범려范蠡가 미인 서시西施를 오吳나라 왕 부차에게 바쳐 부차의 마음을 현혹시킴으로써 마침내 오나라를 멸망시킬 수 있었다 한다. 『사기』에 보인다.

길잡이로 삼아 임진강 하구로 침입했다. 이때 김문훈이 지휘하는 신라 수군이 임진강 하구 천성 앞바다에서 설인귀의 수군을 대파하여 적병 1천 4백 명을 살상하고 병선 40여 척을 노획하였으며, 설인귀가 패배해 도망가자 전마도 1천 필을 노획했다.

행行은 고시古詩의 한 체體이다. 송나라 강기姜夔의 『백석시화白石詩話』에 "체재가 글씨가 가는 듯한 것을 행行이라 하고 감정을 마음껏 풀어놓는 것을 가歌라 하고 이 두 가지를 겸하는 것을 가행歌行이라 한다." 하였다.

노사행
弩士行

고구려 영양왕嬰陽王 25년614에 수隋나라 왕이 침공해 오자 왕이 겁이 나서 사신을 보내 항복하겠다고 빌었는데, 『삼국유사』에 "당시 한 사람이 몰래 작은 쇠뇌를 품속에 감추고 표문表文을 가지고 가는 사신을 따라 수나라 왕이 있는 곳에 가서, 왕이 표문을 읽고 있을 때 쇠뇌를 당겨 가슴을 명중시켰다. 수나라 왕은 군대를 회군回軍하려 하면서 좌우 신하들에게 이르기를 '내가 천하의 왕이 되어서 이 작은 나라를 직접 정벌하다가 이렇게 불리하게 되었으니, 만세에 비웃음을 받을 일이다. 지금 저 사람을 보니 바로 형가荊軻나 섭정聶政*과 같은 사람이다.'라고 하였다." 한다.

* 형가荊軻나 섭정聶政 : 전국 시대 자객들이다. 형가는 연燕나라 태자 단丹의 부탁을 받고 진 시황을 죽이려고 하다가 실패하고 여러 사람의 칼에 맞아서 죽고 말았다. 섭정은 자기에게 은덕을 베푼 엄중자嚴仲子를 위해 그의 원수인 한韓나라 재상 협루俠累를 죽인 뒤에 스스로 자신의 낯가죽을 벗기고 배를 갈라 죽었다. 『사기』에 보인다.

양광[*]의 죄악이 천지에 가득 찼나니　楊廣罪惡盈天地
재차 교만한 병력 일으켜 요동을 쳐들어왔네　再興驕兵來遼碣
본래 두 나라 국력은 상대가 안 되는 형세라　由來大小勢不敵
고구려 임금과 신하 모두 놀라 두려워했다네　句麗君臣皆吐舌
압록강은 믿을 만한 험준한 요새가 못 되고　鴨江不能恃其險
을지문덕도 뾰족한 계책을 낼 수 없었기에　乙支無所出其奇
표문 들고 신복하려 해도 시간이 너무 급박해　奉表稱臣事已急
밤낮으로 사신의 행차가 서북으로 달릴 즈음　使盖日夜西北馳
그중에서 대장부 남아 뛰어나왔으니　箇中閃出大男子
소매 속에 숨겨 둔 쇠뇌 무척이나 강했지　袖裏神弩千石強
진 시황이 독항도를 막 펴 들고 있을 때요[*]　秦皇方啓督亢圖
조말이 단상에서 비수를 뽑아 든 때 같았네[*]　曹沫壇上匕首張

* 양광楊廣 : 수 양제隋煬帝의 성명이다.
* 진 시황이……때요 : 독항도督亢圖는 연燕나라 독항督亢 땅의 지도이다. 형가가 진 시황을 암살하러 가면서 진秦나라에서 죄를 짓고 망명한 번오기樊於期의 목과 독항도를 가지고 용사 진무양秦舞陽을 대동하고 갔다. 형가 일행이 진나라 수도인 함양咸陽의 궁전에 당도하자 진 시황은 조복을 걸치고 성대한 의전을 갖추어 형가를 맞이하였다. 그런데 독항도를 들고 계단을 올라가던 진무양의 얼굴빛이 바뀌어 의심을 받았고, 진 시황이 독항도를 펼 때 형가가 독항도 속에 들어 있던 비수를 잡고 진 시황을 찌르려 했으나 실패하고 사람들의 칼에 맞아서 죽고 말았다. 『사기』에 보인다.
* 조말曹沫이……같았네 : 춘추 시대 제齊나라 환공桓公 5년에 제나라가 노魯나라를 침공했을 때 노나라 장수 조말이 제나라 군대와 세 차례 접전하였으나 모두 패배하자, 노나라 장공莊公이 수읍遂邑 땅을 바치는 조건으로 화해를 청하였다. 환공이 그 뜻을 받아들여 규구葵丘에서 노나라와 제나라 두 임금이 회합하여 맹약을 막 체결하려 할 때 조말이 단상에서 환공에게 비수를 들이대며 빼앗아 간 노나라 땅을 돌려 달라고 협박하여 땅을 도로 찾았다. 『사기』에 보인다.

토끼나 쥐처럼 빠져나간 것만도 다행이니 兎脫鼠竄亦幸耳
독부*가 갑옷 싸 들고 허둥지둥 도망갔었지 獨夫捲甲走蒼黃
우리 역사는 온전한 기록 없고 중국에선 숨겨 東史斷爛中史諱
이 사실을 천 년 동안 까마득히 몰랐었네 此事千秋視渺茫
보지 못했는가, 박랑사에서 진 시황을 철퇴로 친 사람*을 君不見博浪椎秦客
예로부터 의협은 동방에서 나왔었느니 自古義俠出東方

수 양제가 고구려를 침공해 왔을 때 혼자서 몰래 수 양제를 저격한 이름 없는 용사를 노래하였다. 이 이야기는 『삼국유사』에 실려 있다. 안정복은 『삼국유사』에 대해 "그 책은 대개 불가의 기록을 엮은 것인데, 국사國事를 언급하였기 때문에 더러 채택할 만한 것이 있지만 역시 허황된 말이 많다."라고 하였는데, 이러한 기록들을 보면 눈이 번쩍 뜨였을 것이다.

* 독부獨夫 : 하늘과 백성 모두에게 버림을 받아 외롭게 된 독재자를 지칭하는 말인데, 여기에서는 수 양제 양광을 가리킨다. 『서경』「주서周書 태서 하泰誓下」에 보인다.
* 박랑사博浪沙에서……사람 : 한韓나라가 진秦나라에 의해 멸망하자 한나라에서 대대로 벼슬하던 명문의 후손인 장량張良이 원수를 갚으려고 동방으로 창해군滄海君에게 가서 역사力士를 고용하였으니, 이 역사를 후대에 창해역사滄海力士라 부른다. 창해역사가 박랑사에서 120근 무게의 철퇴로 진 시황을 저격했으나 적중하지 못하여 실패하였다. 『사기』에 보인다.

백마총행
白馬塚行

동명東溟 김세렴金世濂* 1593~1646의 『사상록槎上錄』에 "일본의 연대기年代記를 보면, '왜황倭皇 응신應神 22년291에 신라 군대가 명석포明石浦에 들어오니 대판大阪과의 거리가 겨우 1백 리 정도였다.'라고 하였다. 적간관赤間關 동쪽에 무덤이 하나 있는데 왜인들이 그곳을 가리키며 말하기를 '저기가 바로 백마白馬의 무덤인데, 신라 군대가 쳐들어왔을 때 일본 사람들이 화의를 청하여 군대를 해산하고 백마를 잡아 맹약한 후 그 말을 저곳에 묻었다.'라고 한다." 하였고, 보한재保閑齋 신숙주의 『해동제국기海東諸國記』에 의하면, 응신 22년은 신라 유례왕儒禮王 8년에 해당하고 중국으로는 진晉나라 혜제惠帝 원강元康 원년이 되는 해이다. 그런데 그 사실이 우리나라의 사서에는 보이지 않는다. 『해동제국기』에 "민달천황敏達天皇 계묘년583에 신라가 와서 서쪽 변방을 침공하였다."라

* 동명東溟 김세렴金世濂 : 본관은 선산善山, 자는 도원道源, 호는 동명이다. 시문詩文에 능하여 그를 두고 김류金瑬는 '진학사眞學士'로, 정경세鄭經世는 '당대 제일의 인물'로 칭송하였다. 저서에 『동명집東溟集』, 『해사록海槎錄』 등이 있다.

고 했는데 그해는 신라 진평왕 5년583에 해당하고, 또 "원정천황元正天皇 경신년720에 신라가 와서 서쪽 변방을 침공하였다."라고 했는데 그때는 신라 성덕왕 19년720이다. 그런데 이러한 사실들은 우리나라의 사서에는 모두 전하지 않는다. 지금 동래東萊 앞바다 절영도絶影島에 오래된 보루堡壘가 있는데, 세상에 전해 오는 말로 신라 태종太宗이 왜국을 정벌할 때 쌓은 것이라 이로 말미암아 태종대太宗臺라 부른다고 한다.

일본 땅에 백마총이 있으니	白馬塚在日域
왜인이 대대로 정성스레 그 무덤을 보살피며	倭人世世勤封築
이르기를 옛날에 신라왕이 분노해 침공할 때	謂昔羅王憤侵軼
정예병 수만 명이 배를 타고 바다에 떠서 오니	精兵數萬浮海伐
강의 신은 정신을 잃고 바다의 신은 달아나	馮夷辟易海若奔
바다 동쪽에 거칠 것 없이 진격하였지	大海以東無涯藩
용 깃발을 휘날리고 북을 둥둥 치면서	揚龍旆擊鼉鼓
선발대가 곧바로 명석포를 공격하자	前茅直擣明石浦
왜왕이 겁에 질려 화친을 청하고는	倭王失色事和親
희생을 잡아 맹약하고 천지신명께 고했지	刑牲載書告明神
이로부터 오랜 세월 바다가 잠잠하였나니	從此鯨波久不涌
천고의 유적으로 저 무덤이 남았구나	千古勝蹟留遺塚
절영도에도 오래된 보루가 있는데	絶影又有古壘寨

후세 사람들은 이것을 태종대라 말하네	後人說是太宗臺
조그만 신라 땅은 외진 곳에 있으면서	彈丸羅地在一隅
장하여라 병력이 어찌 그리 강했던가	猗歟兵力何壯哉
그런데 후세에 와서는 옛날과 상반되어	歸來後世事反古
우리나라 전역이 적의 침략을 당하였고	大東全地受侵侮
지금도 바닷가엔 공갈하는 왜놈들 많아	至今海上多虛喝
해마다 곡식과 명주로 저들 욕심 채우네	穀帛年年充其欲
그 까닭을 생각해 보면 어찌 원인이 없으랴	靜思其故豈無因
서생이 공연히 국경을 안정할 계책 생각한다	書生謾有安邊策

김세렴의 『사상록』에서 신라가 일본을 정벌하자 왜왕이 항복하고 화친을 청하는 맹약을 맺으면서 희생으로 잡은 백마를 묻었다는 백마총 이야기를 읽고 고무되는 한편, 국력이 약해져 잦은 외침에 시달리는 현실을 개탄하였다. 백마총은 지금도 일본 시모노세키 부근에 원형 그대로 잘 보존되어 있는데, 일본의 무덤 양식과 완전히 달라 신라 사람이 만든 것임을 알 수 있다고 한다.

제7장

잡록

이 장에는 안정복의 문집에서 야사野史에 실음 직한 이야기들, 폭넓은 독서를 통해 얻은 다양한 지식을 모았다. 대부분 「상헌수필橡軒隨筆」에서 특이하거나 재미있는 이야기들을 발췌하였다. 「상헌수필」에는 「호유잡록戶牖雜錄」이 섞여 있다.

상중에 고기를 권하며

上內舅書

우리 왕조의 김모재金慕齋 김안국金安國 1478~1543가 50이 넘어서 상을 당했는데, 겨우 성복成服*하고는 암탉을 삶아 먹고 그 후 다시 상례喪禮를 지켜 고기를 먹지 않다가 1년이 지나지 않아 병이 났습니다. 명의였던 안찬安瓚이 진맥하고 말하기를 "이 병은 치유할 수 없습니다."라고 하였습니다. 공이 그 전에 닭을 먹은 일을 말하자, 안찬이 "그러면 치유할 수 있겠습니다." 하고는 마침내 약을 써서 소생할 수 있었습니다. 장여헌이 상중에 병이 났는데, 정한강鄭寒岡 정구鄭逑이 편지를 보내 권도權道를 쓰도록 하니 그대로 따랐습니다. 후략

정축년1757 46세 때 외숙外叔에게 올린 편지이다. 외숙이 모친상을 당한 뒤로 미음만을 먹은 탓에 원기가 소진하여 지팡이를 짚고도 일어나지 못한다는 말을 듣고, 고기를 먹고 원기를 되찾기를 권하면서

* 성복成服 : 망자가 죽은 지 4일째에 상복으로 갈아입는 것을 말한다.

말한 고사이다. 모재 김안국과 여헌 장현광 같은 행실이 탁월한 학자들이 상중에 고기를 먹었으며, 예학으로 이름난 한강 정구가 상주에게 고기 먹기를 권했다는 것은 뜻밖의 이야기이다. 근엄한 도학자들의 인간적 면모를 느낄 수 있다.

숙종의 동궁 시절

與鄭輔德孝先述祚書 別紙

숙종이 정미년1667에 나이가 7세였는데, 동궁에 있으면서 마침 병이 들자 이를 핑계로 서연書筵을 쉬려고 하였다. 보양관輔養官 조복양趙復陽 1609~1671이 거듭 권하고 청하면서 말하기를 "옛날에 '하루라도 독서를 하지 않으면 입속에 가시가 돋는다.一日不讀書 口中生荊棘'라는 시구가 있었으니, 글은 하루라도 읽지 않아서는 안 됩니다."라고 했지만, 세자는 끝까지 거부하면서 말씀하기를 "내가 훗날 오늘 서연을 하지 않은 그 은혜를 후하게 갚겠소."라고 하였다. 이에 조복양이 "무엇으로 갚으시겠습니까?"라고 하니, 답하기를 "장래 그대가 서거한 뒤에 관棺을 내려 보답하겠소."라고 하기에 조복양이 감히 억지로 권하지 못하고 서연을 중지했다. 그 후 신미년1691 1월 10일 조복양이 66세의 나이로 죽었을 때* 세자가 현종顯宗께 그 사실을 고하여 귀후서歸厚署에 명하여 널빤지 한 벌을 하사하니, 조정과 민간의 백성들이 모두 경탄하였다.

* 신미년……때 : 『현종실록』과 『송곡집』을 참조해 보면 조복양은 신해년1671 1월 10일 63세의 나이로 죽었다. 저본에는 신미년, 66세로 되어 있으나 오류로 보인다.

강관講官 홍만종洪萬鍾 1643~1725의 아들 홍석철洪石鐵 역시 신축생辛丑生1661이었다. 세자가 이 사실을 알고는 『사략史略』 한 질을 내주면서 말하기를 "집에 가서 나와 동갑인 아들에게 이 책을 주시오."라고 하였으니, 이 사실에서 세자의 기상을 볼 수 있었다.

현종 기유년1669 1월 15일, 상이 종묘를 배알할 때 세자가 수행하였는데, 묘문廟門을 지나고 나서 강관이 수레를 타시라고 청했으나 듣지 않고 묘문을 훨씬 지나서야 수레에 올랐다.

숙종이 세자 시절에 메추라기를 기르다가 죽자 묻어 주라고 하였다. 송준길宋浚吉 1606~1672이 "메추라기를 묻어 주라고 하셨다는데 사실입니까?"라고 묻자, 그런 사실이 있다고 대답하였다. 송준길이 아뢰기를 "이는 실로 인덕仁德이지만 짐승만 좋아하는 폐단에 빠지는 조짐이 열릴까 염려됩니다."라고 하자, 세자가 경계하겠다고 하였다.

하루는 주상을 배알하고 돌아와 보니 내시 한 사람이 세자 자리에서 쿨쿨 자고 있었다. 세자가 내시에게 말하기를 "이 자리를 치워 버려라."라고 하고, 이어 그 내시를 해고하여 동궁에 들지 못하게 하였다. 내시 수장首長이 와서 벌을 줄 것을 청하자 세자가 "이자는 꾸짖어서 될 사람이 아닌데 무엇하러 군이 벌을 주겠는가."라고 하였다.

세자가 서연을 열 때에 주상이 혹 문밖에 와서 가만히 엿듣곤 하였다. 세자가 그 사실을 알고는 내시를 시켜 그곳에다 임금이 앉는 사중석四重席을 깔아 두라고 하였다. 주상이 까닭을 물어 그 사실을 알고는 얼굴에 기쁜 빛이 가득하였다.

현종 무신년1668에 세자의 나이 8세였는데 총명한 자질과 신명神明한 슬기가 보통 사람과 달랐다. 하루는 송아지 우는 소리를 듣고, "이게 무슨 소리냐?"라고 하니 내시가 "우유를 짜서 타락駝酪을 만들려고 하는데 그 새끼가 따라와서 우는 것입니다."라고 하였다. 세자가 "내가 아직 소 모습을 못 봤으니 끌고 오라."라고 하였다. 주인廚人 궁궐 주방에서 일하는 사람이 끌고 왔는데 송아지 입에 망이 쳐져 있었다. 세자가 그 까닭을 묻자 내시들이 대답하기를 "송아지가 어미젖을 빨까 염려해서 그 입을 막은 것입니다."라고 하였다. 세자가 말하기를 "이것을 보니 차마 타락죽을 먹을 수가 없다. 앞으로는 동궁에 타락죽을 올리지 말도록 하라."라고 하였다. 찬선贊善 송준길이 이 말을 듣고는 『맹자』「곡속觳觫」장을 인용하여 세자께 일러 드렸다고 한다.

내시들이 소현세자昭顯世子의 둘째 아들의 곤궁한 형편을 이야기하는 것을 세자가 듣고는 측은해하면서 말하기를 "내가 개인적인 재물은 없으니, 내 수라상에 오르는 반찬 며칠분을 모으면 그를 도와줄 수 있겠는가?"라고 하였다. "5일이면 됩니다."라고 대답하니 즉시 그렇게 하도록 명하여 5일분을 모은 후 실어 보내려는데 싣고 갈 말이 없었다. 그래서 태복시太僕寺의 말을 쓰라고 명하고는 즉시 내전에 들어가 죄를 청하기를 "신이 태복시의 말을 마음대로 썼습니다."라고 하니, 주상이 뜰에 내려와 손을 잡아 주고 등을 어루만지면서 용안에 기쁜 빛이 가득하였다.

을사년1785 74세 때 정술조鄭述祚 1711~?에게 보낸 편지의 별지에서 발췌하였다. 당시 정술조가 세자시강원 보덕世子侍講院輔德으로서 동궁이 읽을 책을 만들려 한다는 말을 듣고, 안정복이 자기 집안에 전해 오는 일록 중에 기록되어 있는 숙종의 동궁 시절 언행 몇 가지를 별지에 써서 보낸 것이다. 안정복은, 이 이야기들이 국사에도 기록되어 있지 않고 야사에도 실려 있지 않은 것이라 하였다.

족보의 기록에 오류가 많다
譜牒多謬

족보는 종족의 파계派系를 밝히고 소목昭穆 조상의 신주를 배열하는 순서을 가리는 것이니, 그 기록이 진실하고 거짓이 없어야 한다. 만약 사실과 다른 곳이 있다면 이는 곧 선조를 욕보이고 속이는 죄를 짓게 되는 것이니, 족보처럼 엄격하고 막중한 것이 없다 하겠다.

근래에 집집마다 족보를 만드는 것이 풍습을 이루었는데 그에 따르는 폐단도 많다. 무식한 자들은 먼 시골의 한미寒微한 문중에서 뇌물을 받고는 그 내력이 어떤지도 모르면서 곧장 선대 중에서 이름만 있고 후손이 없는 사람에게 이어 붙이고서 그를 자손이라고 하여 군역軍役을 면제받도록 하고자 한다. 그중에서도 교활한 자는 성姓이 같은 사람의 돈을 받고는 제 마음대로 족보를 발간하여 그 속에다 그 사람의 이름을 끼워 넣어, 기어코 보계譜系를 현달한 자기 조상에 이어 붙이고야 마니, 참으로 통탄스러운 노릇이다.

심지어는, 대왕大王의 자손과 공신功臣의 자손은 군역을 부과하지 말라는 하교가 있으므로, 보계를 위조해서 종실의 후예니 공신의 후예니 하면서 종친부와 충훈부에 뇌물을 바치면, 실무를 맡은 아전이 문건을 만들어서 당상관의 서명을 받은 후에 이를 발급한다. 이와 같은 간악한 버릇들을 통렬히 응징해야만 명분이 서고 군정軍丁의 형편도 차츰 나아질 것이다.

또 하나 허무맹랑한 일이 있다. 더러 시조 이상의 사적을 터무니없이 날조하여 어느 명산名山의 바위 굴에서 나왔다고 하면서 사람들을 속이려 들면, 무식한 자들은 정말 그런 줄 알고 믿기도 하는 것이다. 나라에서는 이에 대한 법령을 엄격히 세워서 옛날 『씨족지氏族志』*의 예에 따라 대처해야 할 것이다.

거짓 족보를 만드는 폐해를 지적하였다. 우리나라에서는 갑오경장 이후에 양반이 되기 위해 한미한 양반 문중에서 족보를 사서 양반의 후손으로 행세하는 경우가 많았는데, 그 옛날에도 족보를 날조하는 일이 많았음을 알 수 있다.

* 씨족지氏族志 : 당나라 태종太宗은 산동 귀족 최崔, 노盧, 이李, 정鄭 네 가문이 이미 쇠미한 집안이면서 옛날의 문벌을 내세워 사대부로 행세하고 혼인에 많은 돈을 요구하며 묘소의 나무를 팔아서 부귀한 자들과 의탁하는 행태를 바로잡기 위해, 정관貞觀 6년632 집안의 문벌을 팔아먹는 매혼賣婚을 금지하고, 고사렴高士廉을 시켜 『정관씨족지貞觀氏族志』를 편찬하게 하였다.

선인들의 저술
前輩著述

우리나라 사람들은 학문이 거칠어서, 비록 글을 읽었다 하더라도 선인들이 저술할 때 큰 공력을 들인 것인 줄을 모르므로, 대부분 파묻혀 버려 후인들이 알 길이 없다.

예를 들면, 경서의 언해諺解는 참의參議 유숭조柳崇祖 1452~1512로부터 시작되었다고 미암眉巖 유희춘柳希春 1513~1577이 일기日記에서 말하였다. 대개 우리나라의 말이 중국과 다르기 때문에, 글자의 뜻과 글의 풀이를 반드시 우리말로 해야만 이를 가르치고 배울 수 있다.

퇴계 선생이 『경서석의經書釋義』에서 여러 학자의 뜻풀이를 다양하게 인용하여 절충하였으니, 김계조金繼趙, 이극인李克仁, 손경孫暻, 이득전李得全, 이충작李忠綽, 신낙봉申駱峯 신광한, 이복고李復古 이언적의 설들이 그것이다.

선조宣祖 을유년1585 이후에 교정청校正廳을 설치하고 경술에 밝은 선비들을 모아서 언문 토를 논정論定하게 하여 여러 해 만에 완성하니, 이로부터 여러 학자의 훈해訓解가 모두 폐지되었다.

지금 성균관의 사서삼경四書三經 판본板本은 선본善本이라고 한다. 정랑正郎 홍기洪覬는 자가 언명彥明으로 남파 상서南坡尙書*의 종질이다. 그가 당시의 어떤 재신宰臣과 친하였는데, 그 재신이 홍 정랑의 명성이 자기보다 나은 것을 시기하여 임금에게 아뢰기를 "지금 통행되는 경서의 인본印本에는 오류가 많습니다. 문신 중에서 경서에 통달하고 글을 잘하는 자로는 홍기보다 나은 자가 없으니, 그에게 교정하게 하소서."라고 하니, 상이 이를 윤허하였다. 이에 홍기가 명을 받들어 오랫동안 교정하여 잘못된 어구나 글자들이 모두 바로잡혔고, 자획字劃의 편방偏傍까지도 조금도 틀리거나 잘못된 것이 없게 되었다.

내가 일찍이 홍기가 어떤 사람에게 보낸 편지를 본 일이 있는데, "천록天祿의 역사役事*가 사람의 머리를 하얗게 만들었다."라고 하였으니, 그가 기울인 노력이 또한 매우 깊었던 것이다. 이로 인하여 건강을 잃어서 미처 승진陞進하기도 전에 죽고 말았으니, 사람들이 모두 애석해하였다. 이렇게 만들어진 책을 지금까지 사람들이 읽으면서도 아무도 홍기가 교정한

* 남파 상서南坡尙書 : 숙종 때 이조 판서를 지낸 홍우원洪宇遠 1605~1687으로, 본관은 남양南陽, 자는 군징君徵, 호는 남파이다.
* 천록天祿의 역사役事 : 국가의 장서각藏書閣에서 서적을 교정하는 일이다. 천록각天祿閣은 한漢나라 때의 장서각인데, 유향劉向, 유흠劉歆, 양웅揚雄 등이 여기에서 경서를 교열하였다.

것을 알지 못하니, 몹시 안타까운 일이다.

그리고 『소미통감少微通鑑』이 우리나라에서 크게 유행하게 된 것은 임진왜란 이후부터이다. 난리 후에 서적들이 깡그리 없어졌으므로 모당慕堂 홍이상洪履祥이 안동 부사로 있으면서 간행하여 세상에 나왔다. 권마다 별도로 주해註解 몇 쪽씩을 덧붙여서 부록으로 만들었으니, 이는 모당이 쓴 것이다. 그런데 지금 사람들이 다들 이를 알지 못하므로 이를 드러내어 밝힌다.

조선 시대 경서 언해의 역사를 정리한 글이다. 우리나라 언해가 유숭조로부터 시작되었다고 하고, 퇴계 이황의 『경서석의』를 이어 교정청의 언해가 나와 경서의 언해가 일단 완결되었다고 하였다. 선조宣祖의 명을 받아 이루어진 율곡 이이의 언해를 언급하지 않은 점은 아쉽다. 그러나 사서삼경을 정밀히 교정하여 선본을 만든 홍기와 『소미통감』을 주해한 홍이상의 큰 공로는 이 기록이 없었으면 세상에 묻힐 뻔하였다.

총명강기
聰明強記

송나라의 치당致堂 호인胡寅 1098~1156은 남해南海로 귀양 갈 때 한 권의 책도 가지고 가지 않았으나 『독사관견讀史管見』 30권을 지었으며, 우리나라의 미암 유희춘은 종성鍾城에 귀양 갔을 때에 한 권의 책도 없었으나 『속몽구續蒙求』를 지었다. 그들이 책을 지은 것이 모두 귀양살이할 때의 일이었으니, 그 총명함과 기억력은 모두 천고의 뛰어난 재주이다.

『독사관견』은 중국 송나라의 학자 호인이 『자치통감』을 『춘추』의 대의大義에 입각하여 논평한 사평집史評集이다. 『속몽구』는 유희춘이 중국 당나라 학자 이한李瀚의 『몽구蒙求』를 이어서 지은 것으로, 모두 24권에 2백 92명의 일화와 언행을 담고 있어 분량이 방대하다. 1570년에 안동에서 간행하였다.

우리나라의 서원
東方書院

우리나라에는 본래 서원이 없었다. 그런데 중종中宗 신축년 1541에 신재愼齋 주세붕周世鵬 1495~1554이 풍기 군수豊基郡守로 있으면서 백운동白雲洞에 소수서원紹修書院을 창건하고 문성공文成公 안유安裕를 제향祭享하였으며, 뒤에 또 해주海州에 문헌공文憲公 최충崔沖 984~1068의 서원을 세웠으니, 모두 선현이 살았던 고장에 서원을 세운 것이다.

그 이후로는 지명이 서로 비슷한 경우에도 따라서 서원을 세웠으니, 강릉江陵에는 구산역丘山驛이 있으므로 공자의 서원을 세웠으며, 해주에는 수양산首陽山이 있으므로 이제묘夷齊廟 백이와 숙제의 사당를 세웠으며, 남양南陽의 지명이 제갈량이 살았던 곳과 같으므로 무후묘武侯廟를 세웠으며, 영유永柔에 와룡암臥龍巖이 있으므로 또 제갈사諸葛祠를 세웠으며,*

* 영유永柔에……세웠으며 : 주희가 55세 때인 1184년에 여산廬山의 오유봉五乳峯 밑에 그곳의 본래 지명인 와룡臥龍을 따서 촉한의 승상 제갈량을 모시는 와룡암臥龍菴과 무후사武侯祠를 지었다.

성주星州에 이천伊川이니 운곡雲谷*이니 하는 지명이 있으므로 천곡서원川谷書院을 세워서 정자와 주자를 제향했으며, 무주茂朱의 별호가 주계朱溪이므로 참판 희암希菴 채팽윤蔡彭胤 1669~1731이 부사로 있으면서 주자의 서원을 세웠다. 이처럼 억지로 끌어다 붙인 뜻이 과연 예에 합당하겠는가? 형식에만 치우친 문승文勝의 폐단이 여기에까지 이르렀다 하겠다.

조선 시대 서원의 명실상부名實相符하지 못한 점을 밝힌 것이다. 지명을 중국의 성현에 무턱대고 연계하여 세운 서원들이 실상은 없고 형식에만 치우쳤다고 통렬히 지적하였다.

* 운곡雲谷 : 복건성福建省 건양현建陽縣 서쪽에 있는 산이다. 본래 이름은 노봉蘆峯인데, 주희가 이곳에 회암초당晦庵草堂을 짓고 글을 읽으며 운곡이라고 고쳤다.

독서
讀書

글이란 옛 성현이 정신과 마음을 담은 것이다. 옛 성현들이 영구히 살면서 가르침을 베풀 수 없었기 때문에 반드시 글을 지어서 후세에 남겨 후인들이 그 글 속의 말을 통하여 성현이 행한 일을 보게 하고, 성현이 행한 일을 통하여 성현이 말한 이치를 미루어 알게 하였다. 이런 까닭에 후세의 선비들은 모두 글을 읽어 성현의 뜻을 찾았으나, 많이 읽지 않으면 그 뜻을 알 수 없고 널리 보지 않으면 그 변화를 알 수 없다.

옛사람이 말하기를 "만 권의 책을 독파하니, 글을 씀에 귀신이 돕는 듯하였지. 讀書破萬卷 下筆如有神"라고 하였으며, 또 말하기를 "글을 천 번을 읽으면 그 뜻이 절로 드러난다. 讀書千遍 其義自見"라고 하였으며, 또 말하기를 "예전에 읽은 글을 싫증 내지 않고 1백 번을 읽어라. 舊書不厭百回讀."라고 하였으며, 또 말하기를 "1만 권의 책을 가지고 있으면 1백 개의 성을 가진 임금보다 낫다. 擁書萬卷 勝於南面百城" 하였으며, 또 말하기를 "책 5천 권을 읽지 않은 자는 내 방에 들어오지 말라. 有不讀五千卷者 不入吾室"라고 하였으니, 옛사람의 독서는 그 양이 많고 그 폭이 넓었음을 알겠다.

내가 동악東岳 이안눌李安訥 1571~1637이 했던 말을 보니, "일찍이 '글을 읽으려면 반드시 1만 번을 읽어야 신묘한 경지에 통할 수 있다.'라는 모재 김안국 선생의 말을 들었다. 이에 두보의 시선집인 『두율杜律』을 가져다 1만 3천 번을 읽었다." 라고 하였는데, 그는 마침내 시로 세상에 이름이 났다.

덕계德溪 오건吳健 1521~1574은 일찍이 전염병을 피하여 시골집에서 임시로 지냈는데, 『중용』 한 권만 가지고 가서 1만 번을 넘게 읽어서 문리文理가 통달하여 붓만 대면 글이 이루어졌다. 참판 임유후任有後 1601~1673도 젊었을 때 전염병을 피하여 나가 있었는데, 그곳에는 책이 없었고 왕발王勃의 「등왕각서滕王閣序」 한 편만 있었다. 그래서 역시 1만 번을 넘게 읽었는데, 이후부터 붓만 잡으면 변려문騈儷文이 이루어졌다. 이것은 모두 과거의 분명한 증거이다.

내가 들은 바에 의하면, 명나라 선비 가운데 한 사람이 있고 근세의 우리나라에 한 사람이 있다.

명나라 양천상楊天祥은 자가 휴징休徵이고 혜주惠州 사람이다. 장성한 뒤 열심히 글을 읽느라고 낮에는 문밖을 나가지 않고 밤에도 자리에 눕지 않았으며, 겨울밤에 얼음물로 발을 적시다가 동상에 걸려서 절름발이가 되었다. 그가 글을 독송讀誦하는 방법은 마음으로 글을 대하고 귀로 그 소리를 들었으며, 입으로 외우려고 하지 않고 무리하게 해석하려고도 하지 않았다. 장마다 백 번씩 읽는 것으로 규칙을 정해 놓고, 글을 읽을 때는 설사 일이 생기거나 누가 찾아와도 전혀 모른 체하였고, 침식도 전폐하고 읽는 횟수를 채운 뒤에야 응대하였다. 글을 지을 때는 붓을 잡으면 천언만어千言萬語가 쏟아져 나왔으며, 평생을 한가히 보내는 날이 없었고 읽지 않은 책이 없었다. 정덕正德 정축년1517에 진사進士가 되었는데, 친구와 형제들에게 글을 써서 보여 주었다.

"내가 약관弱冠 때부터 뜻을 가다듬어 글을 읽은 지 이제 13년이 되었다. 1년 중에 명절과 집안의 경삿날 및 병을 앓은 날이 60일에 지나지 않으니, 3백 일은 모두 글을 읽었다. 매일 세 장 이하를 읽은 날이 없으니, 1년이면 9백 장을 밑돌지 않고, 15년이면 1만 5천 장을 밑돌지 않는다. 옛사람의 1만 권에 비하면 겨우 10분의 1, 2 정도이지만, 근세 사람들에게 비한다면 그래도 내가 많은 편이다.

옛날에 상자평尙子平*이 집안의 일에 전혀 관여하지 않고 오악五嶽을 두루 유람했다고 하는데, 오악의 경치를 어떻게 소매 속에 담아 와서 남에게 알려 줄 수 있겠는가. 자기 혼자 알고 말았을 것이다. 오악을 유람하려면 산을 넘고 물을 건너

* 상자평尙子平 : 후한後漢 때 사람으로, 이름은 장長이고, 자는 자평이다. 자녀들을 모두 결혼시킨 후에 오악과 명산을 유람하였으며 언제 죽었는지는 알지 못한다.

는 고됨이 있고, 가족과 이별하는 시름이 있다. 이처럼 심신을 괴롭히면서 오랜 세월을 보내야만 겨우 두루 돌아볼 수 있는 것이다.

그러나 오경五經은 천지 만물의 온갖 이치를 갖추고 있으니, 오악에 비하여 어느 것이 더 크고 낫겠는가. 게다가 제자諸子와 역대의 사서史書와 백가百家의 저술을 보태면, 바로 이 세상 속 신선이 사는 동천洞天이며 복지福地이다. 내가 이 책들을 읽으면서 책 한 권을 마칠 때마다 마음이 트이고 정신이 유쾌해졌으며 듣고 보는 것이 모두 새로워졌다. 지금 문밖을 나가지 않은 지 10여 년 만에 이를 두루 섭렵하였으니, 비록 남에게 알려 주기에는 부족하지만 또한 혼자 알기에는 충분하다."

다른 한 사람은 곧 상사上舍 신후담으로, 자는 이로耳老이고 호는 돈와遯窩인데, 성호 선생의 문인이며 나와는 동문同門이다. 젊었을 때 언젠가 나와 한 번 만나서 독서의 방법에 대해 토론했는데, 그가 말하였다.

"성현의 글은 1만 번쯤 읽지 않으면 그 의미를 알 수 없다. 비근한 일을 들어 비유하자면, 백 아름 되는 나무를 베려고 할 때에는 반드시 큰 도끼로 찍어야만 벨 수 있는 것이다. 그런데 성현의 말씀은 그 심오한 의리가 어찌 큰 나무에 비교할 정도이겠는가. 반드시 많이 읽어야만 대강이나마 그 뜻을 알 수 있다. 그런데도 요즈음 사람들은 글을 읽는 괴로움을 감내하지 못하고 한두 번 훑어 보고는 스스로 안다고 여기니, 뜻을 터득할 수 없음이 분명하다. 이것이야말로 자그마한 낫으로 큰 나무를 베다가 겨우 껍질이나 조금 벗기는 데에 그치는 것과 무엇이 다르겠는가."

그때 그 말을 듣고 기뻐했는데, 그가 죽은 뒤 그가 손자에게 보여 준 편지 한 편을 보니, 거기에 말하였다.

"하빈노인河濱老人이 5, 6세 때부터 글을 읽기 시작하였는데 이제 60이 되어 병들어서 죽게 되었다. 그래서 평생에 읽은 글의 횟수를 기록해서 어린 손자에게 보이노라.

나는 『중용』을 가장 많이 읽었는데, 만 번을 읽은 뒤로는 숫자를 세지 않았으나 아마 수천 번을 밑돌지는 않을 것이다. 『대학』은 5천 번을 읽은 뒤로는 숫자를 세지 않았으나 만 번에서 그리 멀지 않을 것이며, 『서경』과 『주역』은 각각 수천 번을 읽었고, 『시경』, 『논어』, 『맹자』는 각각 천여 번을 읽었고, 『소학』은 백여 번을 읽었고, 『예기』와 『춘추좌씨전春秋左氏傳』은 각각 50번을 읽었고, 삼전三傳은 그 반을 읽었으며, 『주례』, 『의례』, 『효경』은 각각 수십 번을 읽었다. 『이정전서二程全書』, 『주자대전』, 『심경』, 『근사록』, 『성리대전』은 종신토록 읽었는데, 그중에서 뽑아서 읽은 것이 백 번 또는 수십 번에 이른 것도 있다. 심씨沈氏 심진沈津가 편찬한 『백가유

찬』은 수십 번을 읽었는데 그중 『도덕경道德經』, 『음부경陰符經』, 『남화경南華經』, 『참동계參同契』는 수백 번까지 읽었으며, 『한위총서漢魏叢書』 중에서 『대대례大戴禮』, 『왕씨역례王氏易例』, 초씨焦氏와 경씨京氏의 『역문易文』, 『신공시설申公詩說』 같은 책들은 각각 수십 번 읽었으며, 태사공太史公의 『사기』와 한 문공韓文公 한유韓愈의 『창려집昌黎集』은 뽑아서 읽은 것이 백 번 또는 수십 번에 이른다. 그 밖에 읽은 횟수가 수십 번에 못 미치는 것은 기록하지 않으며, 많이 읽었더라도 단편單篇과 소문小文인 것도 기록하지 않는다. 손이 떨려서 글씨가 제대로 되지 않아 억지로 써서 너에게 주니, 너는 부디 이 유업遺業을 잘 잇기 바란다."

내가 얻은 이 두 글을 기록하여 가숙家塾의 자제들에게 보인다.

또 백곡柏谷 김득신金得臣 1604~1684은 자가 자공子公인데, 성품이 멍청하고 노둔하였으나, 오직 글 읽기만 좋아하여 밤낮으로 책을 부지런히 읽었다. 무릇 고문古文은 만 번에 이르지 않으면 읽기를 그치지 않았다. 『사기』 「백이전伯夷傳」을 특히 좋아하여 무려 11만 8천 번을 읽었기 때문에 그의 서재에 억만재億萬齋라는 이름을 붙였으며, 문장으로 이름났다.

효종孝宗이 일찍이,

낙엽 진 고목에는 찬 안개가 감돌고　　古木寒煙裏
쓸쓸한 가을 산에 소나기 내리네　　秋山白雨邊
저무는 강물에 풍랑이 이는데　　暮江風浪起
어부는 서둘러서 뱃머리를 돌리누나　　漁子急回船

라고 한 그의 시 「용호음龍湖吟」 한 절구를 보고 이르기를 "당나라 사람의 시에 비겨도 손색이 없다."라고 하였다. 판서 유재游齋 이현석李玄錫 1647~1703이 그의 묘갈墓碣에 명銘을 다음과 같이 썼다.

무회씨 갈천씨 때의 순박한 백성*이며　　無懷葛天之民
맹교와 가도처럼 뛰어난 시*일세　　孟郊賈島之詩
팔십 년을 하루같이 다짐을 지켰으니　　行心八十年兮如一日
억만 번 글 읽음이 기이하고 기이해라　　讀書億萬數兮奇又奇

사람들이 이를 일러 사실을 기록한 것이라 하였다.

* 무회씨無懷氏……백성 : 무회씨와 갈천씨葛天氏는 전설상 상고 시대의 제왕들이다. 이 시대에는 풍속이 순박하여 백성들이 아무런 근심 걱정이 없었다 한다. 도잠陶潛이 자신을 두고 지은 「오류선생전五柳先生傳」에 "무회씨의 백성인가, 갈천씨의 백성인가. 無懷氏之民歟 葛天氏之民歟"라고 하였다.

* 맹교孟郊와……시 : 맹교와 가도賈島는 당나라 때의 시인으로, 모두 불우하여 곤궁한 삶을 살았다. 소식이 맹교와 가도의 시를 두고 "맹교는 한빈하고, 가도는 수척하다. 郊寒島瘦"라고 평하였다.

또 동명東溟 정두경鄭斗卿 1597~1673은 성품이 소탈하여 예교禮敎에 구속되지 않았다. 사마천司馬遷의 『사기』를 거의 1만 번을 읽어, 인조·효종 연간에 문장으로 그를 능가할 자가 없었다. 나의 할아버지께서 태학사太學士 대제학 하계霞溪 권유權愈 1633~1704에게 글을 배웠는데, 권공이 일찍이 정공의 사람됨을 말하다가 웃으면서 우리 할아버지에게 말하였다.

"내가 젊었을 때 정공이 사마천의 『사기』에 밝다는 말을 듣고 책을 끼고 가서 가르침을 청하였다. 정공이 글을 읽으라고 하기에 읽다가 의심나는 곳에 이르러 질문을 하였더니, 정공이 말씀하기를 '자네의 생각은 어떠한가?'라고 하였다. '이런 뜻일 듯합니다.' 하였더니 정공은 좋다고 말씀하셨다. 그리고 질문할 때마다 좋다는 말로만 대답하셨다. 내가 머리를 숙인 채 글을 읽다가 마지막 편에 이르렀을 때 갑자기 정공이 보이지 않기에 고개를 들고 둘러보니, 정공은 방 윗목에서 소매를 떨치며 춤을 추다가 나와 눈이 마주치자 말하기를 '좋고도 좋구나! 글 뜻은 굳이 알 필요가 없고, 그저 많이 읽기만 하면 된다.'라고 하였다."

이어서 웃으면서 말하기를 "글은 많이 읽어 문장에 능하면 된다는 것을 나는 이 어른을 통해서 알았다. 그러니 자네들은 오로지 글을 많이 읽어야 한다."라고 하였다고 한다.

지금 두 어른의 독서 방법을 보면 실로 곤륜탄조昆圇呑棗* 와 다를 바 없지만, 능히 다독多讀하여 문장을 이루었다. 더구나 성현의 글을 읽음에 이 두 어른처럼 공력을 들인다면 그 진취가 어찌 문장에만 그치겠는가.

옛사람이 어떻게 독서했는지 보여 주는 사례들을 기록한 글이다. "만 권의 책을 독파하니, 글을 씀에 귀신이 돕는 듯하였지."는 당나라 시인 두보의 말로 그의 시 「봉증위좌승장奉贈韋左丞丈」에 나온다. "글을 천 번을 읽으면 그 뜻이 절로 드러난다."는 삼국 시대 위魏나라 동우董遇의 말로 『주자독서법朱子讀書法』에도 인용되었다. "예전에 읽은 글을 싫증 내지 않고 1백 번을 읽어라."는 송나라 소식의 말이다. "1만 권의 책을 가지고 있으면 1백 개의 성을 가진 임금보다 낫다."는 북위北魏 때의 처사處士 이밀李謐이 조정에서 누차 불렀으나 늘 나가지 않고 한 말이다. 원문은 "장부가 책 1만 권만 있으면 되지, 어찌 임금이 되어 세상을 다스리리오.丈夫擁書萬卷 何假南面百城"이다. "책 5천 권을 읽지 않은 자는 내 방에 들어오지 말라."는 수隋나라 최표崔儦가 소싯적 독서할 때 문 앞에 크게 써 붙인 글이다.

이안눌이 두보의 시선집인 『두율』을 1만 3천 번을 읽어 마침내 시로

* 곤륜탄조昆圇呑棗 : 대추를 맛을 알지 못한 채 그냥 삼키는 것으로, 책을 읽으면서 조리를 분석하지 않고 두루뭉술하게 넘겨 정확한 뜻을 모른다는 말이다.

세상에 이름이 났고, 오건이 『중용』을 1만 번을 넘게 읽은 뒤에 붓만 대면 글이 술술 지어졌고, 참판 임유후가 「등왕각서」를 1만 번 넘게 읽어 붓만 잡으면 변려문이 이루어졌다는 것은 모두 짧은 글을 많이 읽어서 문장을 성취한 사례들이다.

명나라 학자 양천상과 우리나라 학자 신후담의 독서는 오늘날 사람으로서는 엄두도 못 낼 만큼 실로 엄청나다.

김득신이 『사기』「백이전」을 11만 8천 번을 읽었다는 고사는 비교적 알려져 있다. 그의 서재에 억만재億萬齋라는 편액을 붙였는데, 옛날에는 10만을 억億이라 하였다.

그러나 무엇보다 글 뜻은 가르쳐 주지 않고 무조건 많이 읽게 했다는 정두경의 얘기가 눈길을 끈다. 오늘날 한문을 배우는 사람들은 자구字句를 따지고 문법을 궁금해 하는 것을 중요한 공부라 생각한다. 그렇지만 우리가 말을 익힐 때 그 뜻을 다 알아서 쓰는 것이 아니라 무조건 들어 기억해 두었다가 차차 뜻을 알아 간다. 실제로 우리가 쓰는 말 중에서 정확한 뜻을 모르는 것이 매우 많다. 그렇지만 언어생활에 큰 지장은 없다. 어떨 때 쓰는 말인지는 알고 있기 때문이다. 한문도 옛사람들은 어릴 때 많이 외워서 자기 말처럼 쓰면서 점차 정확한 뜻을 알아 갔던 것이다. 이렇게 공부하는 것이 어문語文을 익히는 가장 좋은 길이다. 오늘날과 같이 바쁜 세상에서 한문 공부를 이렇게 할 수는 없지만 그 의미는 새겨들어야 할 것이다.

우리나라 사람들이 고시를 잘못 인용한 사례
東人錯引古詩

어숙권魚叔權의 『패관잡기稗官雜記』에 「득의시得意詩」가 있는데, "오랜 가뭄 뒤 내리는 단비요, 타향에서 만나는 옛 친구라. 동방에 화촉을 밝히는 밤이요, 과거 방에 이름이 걸릴 때일세."* 라고 하였고, 또 「실의시失意詩」에 "홀어미가 아이 안고 흐느껴 울 때요, 장수가 적에게 사로잡힐 때라. 은총을 잃은 궁녀의 얼굴이요, 과거에 낙방한 선비의 마음일세."* 라고 하였다. 어숙권은 이 시들이 명나라 초기 사람의 작품이라고 하였으나 이미 『용재수필容齋隨筆』* 에 보인다.

또 말하기를 "성삼문成三問의 「절명사絶命辭」에 "북을 쳐서 목숨을 재촉하는데, 돌아보니 뉘엿뉘엿 해가 기우네. 황천에는 객점이 하나도 없으니, 오늘 밤은 뉘 집에서 묵을꼬."* 라

* 오랜……때일세 : 원문은 다음과 같다. "久旱逢甘雨 他鄕見故知 洞房花燭夜 金榜掛名時"
* 홀어미가……마음일세 : 원문은 다음과 같다. "寡婦携兒泣 將軍被敵擒 失恩宮女面 下第擧人心"
* 용재수필容齋隨筆 : 남송南宋의 홍매洪邁 1123~1202가 독서하며 느낀 생각과 견해를 서술한 것으로 역사, 문학, 철학, 정치 등 여러 분야의 고증과 평론을 엮은 학술적 내용의 책이다.
* 북을……묵을꼬 : 원문은 다음과 같다. "擊鼓催人命 回首日欲斜 黃泉無一店 今夜宿誰家"

고 하였다." 했는데, 이는 명나라 송렴宋濂의 고제高弟인 손궤孫蕡가 처형될 때 지은 것과 약간 다를 뿐이다. 그 시에 "북소리 바야흐로 다급한데, 서산의 해도 기울어 가네. 황천에는 객점이 없으니, 오늘 밤엔 뉘 집에서 묵을꼬."*라고 하였다.

또 남용익의 『기아箕雅』에는 우리나라 사람 아무개의 시라고 하면서, "봄 산의 길이 험해 나무꾼에게 물으니, 앞 봉우리 아스라한 돌길을 가리키네. 중은 흰 구름과 함께 골짜기로 돌아가고, 달은 푸른 바다를 따라 찬 물결에 떠오른다. 늙어 감에 세상 물정은 도무지 믿을 수 없고, 근년 들어 유람의 흥취는 유독 다하지 않누나. 돌아보면 외로운 돛배는 또 속진의 자취, 강 건너 종소리에 밤만 깊어 가노라."*라고 하였는데, 이는 곧 왕양명의 「차두목운次杜牧韻」이다. 이를 우리나라 사람의 시 속에 함께 넣었으니 안목이 너무 엉성하다.

우리나라뿐만 아니라 옛날에는 참고할 서적이 많지 않아 문집에 실린 글들도 오류가 많다. 특히 사육신死六臣의 한 사람인 성삼문이 형장으로 끌려가면서 지었다는 「절명사絶命辭」는 인구에 회자될 만큼 널리 알려진 시이다.

* 북소리……묵을꼬 : 원문은 다음과 같다. "鼉鼓聲正急 西山日又斜 黃泉無客店 今夜宿誰家"

* 봄……가노라 : 원문은 다음과 같다. "春山路僻問歸樵 爲指前峯石逕遙 僧與白雲還暝壑 月隨滄海上寒潮 世情老去渾無賴 遊興年來獨未消 回首孤帆又塵迹 疏鍾隔渚夜迢迢"

남명의 시집
南冥詩集

남명의 시집에는 빼야 할 작품이 많다. 그중 「무제無題」라는 절구에 "약을 먹어 장수하려 함은 고죽군의 아들만 못하나니, 서산의 고사리를 한번 캐 먹고는 만고에 길이 죽지 않았어라."* 라고 하였는데, 이것은 원元나라 사람 노처도盧處道의 「이제채미夷齊採薇」라는 시로서 호응린胡應麟이 지은 『시수詩藪』에 나오며, 위의 '불不' 자가 '숙孰' 자로 되어 있다. 또 「만성謾成」이라는 절구에는 "변덕스러운 인정을 탓할 것이 못되니, 구름마저 아침 떨 줄 어찌 알았으랴. 갠 날엔 앞다투어 남쪽으로 내려가다, 흐려지면 너도나도 북쪽으로 가는구나."* 라고 하였는데, 청강淸江 이제신李濟臣의 『후청록鯸鯖錄』에는 이것을 「모재관운茅齋觀雲」 시라고 하였으며, '선先' 자가 '선旋' 자로 되어 있다.

* 약을……않았어라 : 원문은 다음과 같다. "服藥求長年 不如孤竹子 一食西山薇 萬古猶不死"
* 변덕스러운……가는구나 : 원문은 다음과 같다. "取舍人情不足誅 寧知雲亦獻深諛 先乘霽日爭南下 却向陰時競北趨"

지금 『남명집南冥集』을 보면, 「무제」는 권4, 「만성」은 권1에 실려 있다. 고죽군의 아들은 은殷나라가 망하고 주周나라가 서자 수양산에서 고사리를 캐 먹다 죽었다는 백이와 숙제 형제를 가리킨다.

남명 조식은 벼슬길에 나가지 않고 절의를 지킨 고사高士로 잘 알려져 있다. 위 두 편의 시는 조식의 고고한 정신을 잘 표현하고 있다. 그래서 이 두 편의 시를 보고 조식이 베껴 써 둔 것인데, 조식의 사후에 조식의 시로 오인하고 문집에 넣어 편찬했던 듯하다. 대체로 문집에 다른 사람의 시가 잘못 들어가는 것은 이와 같이 작자 사후에 문집을 편집하는 과정에서 착오가 생긴 경우이다.

임금과 신하 사이

尊君卑臣之義

진秦나라 이후로 임금을 높이고 신하를 낮추는 관행이 더욱 심해지면서 임금과 신하 사이가 점점 벌어져서 아랫사람들의 생각이 위로 전해질 수 없게 되었다. 그러나 융성하던 시대에는 임금이 조정 신하를 대면하는 것이 가족이나 다름없었다. 명나라 조정의 법도가 비록 지나치게 엄격하였지만, 그래도 인종仁宗, 선종宣宗 두 황제 때는 시신侍臣들과 함께 앉아서 의논하였으며, 말하는 중에도 신하를 흔히 선생이라고 부르는 등 예우禮遇하는 뜻이 깊고 두터웠다.

우리나라도 국초國初에는 그러했다. 문종文宗이 동궁으로 있던 때는 날마다 궁료宮僚들을 만났으며, 간혹 밤에 촛불을 켜 들고 직숙直宿하는 방을 찾아가서 신하의 자字를 부르면서 이야기를 나누었다. 그러므로 마음이 서로 통해서 임금과 신하 사이에 은의恩義가 두터웠다.

연산군이 즉위해서는 자신이 하는 일이 대개 법도에 맞지 않았으므로 남들이 자기를 쳐다보는 것을 싫어하였다. 그래서 의정부 사인議政府舍人 심순문沈順門은 임금을 쳐다보았다는 이유로 죽음을 당하였다. 반정反正한 이후로도 이를 고치지 못하여 오늘날까지 여전히 그러하다.

임금과 신하 사이의 잘못된 관행을 지적한 글이다. 중국 명나라 인종, 선종 두 황제와 조선의 문종은 신하를 친구처럼 친근하게 대했는데, 연산군은 자신을 쳐다봤다는 이유로 신하를 죽였다. 권력 아래에는 빌붙는 무리가 많고 이들은 임금에게 바른말을 하는 사람을 미워하여 신하가 임금을 어려워하고 두려워하도록 만들어 간다. 이러한 풍조가 점차 형성되면 임금 곁에는 바른말을 할 사람이 없게 되는 것이다. 오늘날 최고 권좌에 오른 대통령이 꼭 새겨들어야 할 대목이다.

노비법
奴婢法

우리나라 노비법은 천하에 더없이 원통한 법이다. 사람이 어떻게 대대로 계속 천민이 되어서 영원히 벗어날 수 없단 말인가. 『고려사』의 「이행검전李行儉傳」에 다음과 같이 말하였다.

"이행검이 전법랑典法郎으로 있을 때, 임금의 사랑을 받는 정화원비貞和院妃가 어느 백성을 자신의 노비라 주장하므로 이 백성이 전법사典法司에 소송을 제기하였다. 왕이 정화원비의 노비라고 판결하여 정화원비에게 주라는 유지有旨를 내리고 독촉하자, 판서 김서金惰가 동료와 더불어 노비로 결정하려 하였는데, 이행검만 한사코 반대하였다. 그러다가 마침 이행검이 병이 나서 휴가를 얻어 집에 있게 되자 김서 등이 그가 없는 것을 다행으로 여기며 즉시 결정하고 말았다. 어떤 사람이 하늘에서 칼이 내려와서 전법사의 관리들을 베어 죽이는 꿈을 꾸었는데, 이튿날 김서는 등창이 나서 죽었고 그 동료들도 연이어서 죽었으나 이행검만 혼자 죽지 않았다."

「안축전安軸傳」에 다음과 같이 말하였다.

"공이 언젠가 말했다. '내 평생에 칭찬받을 만한 일이 없지만, 네 차례 옥관獄官이 되어서 억울하게 노비가 된 백성이 있으면 반드시 밝혀서 양인良人이 되게 했다.'"

우리 왕조의 의원군義原君은 인평대군麟坪大君의 손자이다. 일찍이 황해도 지방을 유람하였는데 어떤 사람이 찾아와서 말하였다.

"소인의 조모가 자가自家-우리나라 사람들은 종실의 귀한 사람을 '자가'라고 부른다.-의 계집종이었습니다. 잘못을 범하고 도망하였는데, 이제 많은 세월이 흘렀고 자손이 매우 많습니다. 숨어 살면서 찾아뵙지 못하였으니 죄가 더없이 큽니다. 그래서 감히 이처럼 나아와 사실을 말씀드리니, 처분을 내려 주십시오."

의원군이 본래 이런 일이 없었다고 하면서 내쳤지만 그 사람은 매일같이 찾아와서 간청하였고, 또 화명기花名記-노비로 호적에 편성된 것을 화명花名이라 한다.-를 올리니 인구가 수백여 명이었다. 공이 불태우라 명하고 이르기를 "너의 말은 터무니없다."라고 하니, 그 사람은 할 수 없이 돌아갔다. 공이 서울로 돌아오려는 때에 그 사람이 찾아와서 모시고 가겠다 청하니 공이 또 허락하지 않았다. 그러자 그 사람은 감히 군이 청하지 못하고 뒤따라오는 것이었다. 공이 길을 가다가 임진강臨津江에 이르렀을 때, 어떤 양반집에서 애절한 곡성哭聲이 들려왔다. 사공에게 물어보니, 그 집은 며칠 전에 전염병이 돌아 온 가족이 모두 죽고 젊은 부인 한 사람만 남았으므로 염습할 길이 없다는 것이었다. 공이 듣고 참담해하고 있는데 잠시 후 그 사람 일행이 뒤따라 이르렀다. 공이 불러서 물었다.

"너희들이 이미 우리 집의 종이라고 하였으니, 만약 면천免賤 천민 신분을 벗어남하고 싶다면 저 초상집에 가서 너희가 염장斂葬해 줄 수 있겠느냐?"

그 사람 일행이 기꺼이 그렇게 하겠다고 하고는 자기들 행장 속의 돈 5백 쾌를 내어서 네 구의 시체를 즉시 염습한 다음에, 남은 돈은 모두 그 집에 주어서 장례와 제사에 쓰게 하였다.

이튿날 날이 저물어서 공이 여관에 들었는데, 꿈에 인조대왕이 와서 이르기를 "네가 음덕陰德을 쌓았으니 귀한 아들을 낳을 것이다."라고 하였다. 이때 공은 아들이 없었고 부인이 아이를 낳지 못하게 된 지 이미 오래되었으므로 공이 이상하게 생각하였다. 그래서 집에 돌아와서 부인에게 꿈 이야기를 했더니 부인도 그런 꿈을 꾸었다는 것이었다. 그러고는 얼마 안 있어 과연 임신이 되어서 아들을 낳았는데 벙어리에 귀머거리인 데다 멍청하였다. 공이 부인과 더불어 탄식하였다.

"겨우 아들이라고 하나 낳았는데 이처럼 병을 가지고 태어났으니 꿈에서 '귀한 아들'이라고 한 것은 과연 빈말이었구나."

그 뒤에 인평대군의 적손適孫이 모두 주륙誅戮을 당하고

이 아들이 적통으로 들어가서 제사를 받들게 되었으니, 곧 지금의 안흥군安興君이다. 이런 몇 가지 일로 미루어 보면 하늘의 뜻을 또한 알 수 있다.

내가 일찍이 보건대, 추노推奴*를 한 집안은 비록 수백, 수천 금을 얻는다고 하더라도 필경에는 귀속할 곳이 없어지고, 더러는 자손이 끊어지거나 가난하여 구걸하다가 죽기도 하니, 이로 미루어 보면 그것이 의롭지 못한 재물임은 의심할 나위가 없다 하겠다. 무릇 재화財貨란 재화災禍이니, 의롭지 못한 방법으로 재물을 얻고서 능히 그 복을 누릴 수 있겠는가. 나의 자손들은 의당 이런 일들을 거울삼아 한결같이 노비들을 양인이 될 수 있게 하겠다는 마음을 가져 추노하는 일이 없어야 할 것이다. 이것이야말로 복을 누리고 후손을 넉넉하게 해 주는 도리일 것이다. 조심하고 조심하여라.

노비에게 인정을 베푼 흐뭇한 얘기들을 소개한 글이다. 조선의 노비는 세습 노비여서 한번 노비가 되면 자손들도 그 신분을 이을 수밖에 없으니, 지극히 불합리한 제도이다. 유형원과 이익, 안정복은 이러한 노비제를 반대했는데, 이들보다 진보적인 성향을 띤 정약용은

* 추노 推奴 : 도망간 노비를 찾아서 잡아오거나 몸값을 받는 일을 이르던 말이다.

『목민심서』에서 노비제를 강화해야 한다고 주장하였다. 요직을 맡아 국가 경영에 참여한 정약용은 국력을 강화하는 데 노비제가 필요하다고 생각했던 듯하다.

바다의 큰 섬
海中大島

우리나라는 삼면이 바다로 둘러싸여 섬들이 많으니, 지도나 책에 올라 있지 않은 것도 필시 많을 것이다. 수십 년 전에 만났던 삼척三陟 사람이 말하였다.

"어떤 뱃놈이 풍랑을 만나 표류한 지 나흘 만에 일본의 서쪽에 닿았다가 대마도로 보내져서 다시 돌아왔습니다. 그가 풍랑을 만나 표류하다 보니 바닷속에 큰 섬이 있었는데, 하루 반 동안 섬을 빙 돌아 거의 배를 댈 뻔했으나 역풍逆風이 불어 끝내 배를 대지 못했습니다."

그가 다닌 거리를 헤아려 보면 그 섬의 크기가 우리나라의 한 지방과 다를 바 없다.

올해 임인년1782에 도척면都尺面에 사는 상놈을 만났더니, 그가 말하였다.

"영동嶺東의 양양襄陽에 가서 뱃놈을 따라 바다에 들어갔는데, 풍랑을 만나 표류한 지 며칠 만에 어떤 섬에 닿았습니다. 그 섬은 갈대가 들에 가득하고 수목이 울창하였습니다. 뱃사람 여덟 명이 모두 뭍에 내려서 사방으로 달려가 보니 사방 1, 2백 리에 인적이라곤 없었습니다. 며칠이 지나 바람이 순해져서 돌아왔습니다."

이는 필시 삼척 사는 사람이 보았던 섬일 터이다.

근간에 왕자사부王子師傅 안응창安應昌 1593~1673의 『잡록雜錄』을 보니, 이런 얘기가 있었다.

"인조조仁祖朝에 황익黃瀷이 통제사로 있을 때, 어떤 배 한 척이 표류해 왔기에 물어보았더니, '남방국南方國에 사는 사람인데, 그 나라는 일본의 서남쪽 2천여 리에 있으며 밀물과 썰물이 없다.' 하였고 또 '그 나라는 본래 신라 사람들이 세운 것이다. 신라가 망하자 태자가 종족 1만여 명을 데리고 고려에 저항하고자 했으나 이루지 못하였다. 그래서 금강산으로 들어갔으나 골짜기는 좁고 사람은 많아 수용할 수가 없어, 백성 20여 만 호戶와 함께 배를 나누어 타고 바다로 들어가서 한 섬에 이르러 살면서 나라 이름을 남방국이라 하고 25개 국의 임금이 되었는데, 백성들은 모두 신라의 후예들이며 지금도 그 나라가 있다.'라고 하였다."

이것이 혹시 영동의 뱃사람이 만났던 섬이 아닐까? 밀물과 썰물이 없다고 한 것은, 우리나라 영동의 바다가 일본의 서해와 서로 접한 곳은 하나의 큰 못을 이루어 본래 밀물과 썰물이 없으니, 그 말이 서로 부합하는 것이 기이하다. 기이한 이야기이므로 기록해 둔다.

흡사 제주도에 내려오는 이어도 전설과 같은 얘기이다. 우리나라가 삼면이 바다로 둘러싸인 곳이라 이러한 상상의 나래를 폈을 터이다.

벙어리저금통
啞器說

정사년1737 가을 내가 과거를 보려고 서울에 들어갔을 때 시장에서 한 물건을 보았는데, 위는 둥글고 아래는 평평하며 속은 비었고 꼭대기에 일一 자 모양 구멍이 뚫려 있었으니 종전에 못 보던 것이었다. 내가 마부를 돌아보며 말하였다.

"이것이 무슨 물건이냐?"

"벙어리입니다."

내가 그 말을 알아듣지 못하고 또 물었다.

"이것이 무슨 물건이냐?"

그가 다시 대답하였다.

"벙어리입니다."

그가 장난을 한다고 생각한 내가 화를 내며 물었다.

"내가 이 물건에 대해 물었는데 왜 벙어리라고 대답을 하느냐?"

마부가 대답하였다.

"소인이 감히 장난을 하는 것이 아닙니다. 이 물건의 이름이 벙어리이기 때문에 벙어리라고 대답한 것입니다."

내가 괴이하게 여겨 그 까닭을 물었더니 대답하였다.

"이 물건이 입은 있으면서 말을 못하기 때문에 사람들이 벙어리라고 이름을 붙인 것입니다. 여염의 여자아이들이 이것을 사서는 동전이 생기면 그 속에 던져 넣었다가 가득 찬 뒤에 부수어서 꺼내니, 대개 돈을 함부로 쓰지 않고자 하는 것입니다."

내가 말하였다.

"아아, 입이 있으면서 말을 못하는 것이 어찌 이 물건뿐이랴. 병, 옹기, 항아리 등은 입이 없느냐? 그래도 병, 옹기, 항아리가 말을 못한다고 벙어리라고 부른다는 말을 들어 보지 못했다. 여기에는 반드시 까닭이 있을 것이다."

곁에 있던 주막 주인이 듣고 웃으면서 말하였다.

"그대는 알지 못하오? 이는 사람이 명명한 것이 아니라 바로 조물주의 장난이라오. 무릇 조물주가 사람에게 소리나 모습으로 보여 주지는 않지만, 간혹 아동들의 입을 통하여 노래로 나타내기도 하고 혹은 물건으로 나타내기도 하니, 이는 모두가 사람으로 하여금 듣고 보아 깨닫게 하려는 것이오. 이 물건이 나온 지가 10년이 못 되는데 그 뜻이 두 가지가 있소. 하나는 벙어리처럼 말하지 않는 사람을 조롱하는 것이고, 하나는 사람에게 벙어리처럼 말하지 말라고 훈계하는 것이오. 조롱한다는 것은 무슨 뜻이겠소? 사람이 마땅히 말을 해야 할 때에 말을 하지 않으면 벙어리와 다를 바 없다고 조롱하는 것이오. 훈계한다는 것은 무슨 뜻이겠소? 사람이 말을 해서는 안 될 때에 말을 하면 재앙만 취하게 되니 마땅히 벙어리처럼 말하지 않아야 한다는 것이오. 순 임금에게 무슨 잘못이 있었으랴마는 신하인 고요皐陶와 익益은 바른말을 끊임없이 하였고, 무왕武王에게 무슨 잘못이 있었으랴마는 주공과 소공召公은 바른말을 끊임없이 하였고, 한 문제漢文帝와 당 태종唐太宗은 모두 몸소 태평을 이룩했지만 가의賈誼는 한숨을 쉬다 못해 통곡을 하였고* 위징魏徵은 「십사소十思疏」를 올리는 것으로도 모자라 십점十漸을 말하였소.* 신하는 '우리 임금은 이미 성군이다.'라고 생각하여 안심하지 말고, 혹시라도 임금에게 잘못하는 일이 있을까 걱정하여 눈을 밝게 뜨고 대담하게 숨김없이 직언直言해야 하오. 그리하여 잘못이 임금에게 있으면 임금에게 간쟁諫爭하기에 여념이 없고 해로움이 정치에 있으면 끊임없이 정치를 논하는 것이오. 이런 까닭에

* 가의賈誼는……하였고 : 한나라 문제 때 장사왕長沙王의 태부太傅를 지낸 가의가 일찍이 시국광구책時局匡救策인 「치안책治安策」을 문제에게 올렸는데, 그 첫머리에 "신은 그윽이 생각하건대, 지금의 사세가 통곡할 만한 일이 한 가지요, 눈물을 흘릴 만한 일이 두 가지요, 길이 한숨을 쉴 만한 일이 여섯 가지입니다.臣竊惟事勢可爲痛哭者一 可爲流涕者二 可爲長太息者六"라고 하였다.

* 위징魏徵은……말하였소 : 위징은 당나라 태종 때의 신하이다. 그가 상소를 올려 신중히 생각해야 할 열 가지 일인 십사十思를 말하였고, 또 상소를 올려 태종이 즉위 초보다 점점 못해져 간다며 열 가지 나쁜 조짐인 십점十漸을 말하였다.

임금은 밝은 임금이 되고 신하는 자기 직분을 저버리지 않은 것이오.

지금 우리 성상은 요 임금처럼 어질고 순 임금처럼 공손하며 문왕처럼 공경하고 무왕처럼 정의로우니, 일찍이 말할 만한 잘못이 없었소. 그러나 신하 된 의리로 말하자면 어찌 이것으로 만족하여 여기에서 그치게 할 수가 있겠소. 비록 인후하더라도 그 인후함이 무궁하기를 바라야 하고 비록 공손하더라도 그 공손함이 무궁하기를 바라야 하며, 그 공경스러움과 정의로움도 모두 그렇게 해야 하오. 이것이 바로 임금을 위하는 지극히 간절한 정성일 것이오. 그런데 조정에 있는 신하들은 모두 '우리 임금은 이미 성군聖君이고 우리나라는 이미 치평治平을 이루었다.'라고 하면서 한 달이 가도록 임금의 덕을 말하는 사람이 없고 일 년이 가도록 국정을 논하는 사람이 없으니, 이것이 어찌 벙어리와 다르겠소. 이것이 이른바 조롱한다는 것이오.

사람의 입이란 우호友好를 만들기도 하고 전쟁을 일으키기도 하오. 남의 아들과 말을 할 때에는 효도에 대해 말을 하고 남의 신하와 더불어 말을 할 때에는 충성에 대해 말을 해야 하오. 지위도 없으면서 국정의 장단을 논하고, 자신의 책임이 아닌데도 조정의 득실을 말한다거나, 심한 경우에는 국가를 등지고 자신의 당파를 위해 죽으며, 눈을 부릅뜨고 어려운 일을 말하다가 결국에는 임금을 배반하는 죄를 저지르면서도 스스로 깨닫지 못함으로써 그 자신이 죽고 세상에 화를 끼치는 경우도 있으니, 이것이 이른바 훈계한다는 것이오. 이제 만약 그 조롱하는 뜻을 알아서 반성한다면 조정의 명신名臣이 될 것이요, 그 훈계한 바를 알아 본받는다면 처세의 이치를 아는 사람이 될 것이오. 그대가 이 뜻을 알겠소?"

그의 말을 특이하게 여겨 이름을 묻자 주인은 입을 가리키며 말을 하지 않았다. 내가 그 뜻을 알아채고는 물러나 기록하여 자신을 깨우치는 한편, 또 조정의 일을 맡은 사람들에게 바치고자 하노라.

정사년1737 26세 때 지은 글이다. 이 글에서 주막의 주인은 가설한 사람이고 실은 안정복이 자문자답한 것이다. 「상헌수필」에도 벙어리저금통을 본 소감을 적어 놓았는데, 무오년1738의 일이라 하였다. 한 해 차이로 기억의 착오가 있었던 것 같다. 「상헌수필」에서 안정복은 스스로 "아, 10여 년 이래로 세상의 변고가 많이 생겼으니, 사람이 말 때문에 화를 입는 자가 많았다. 이 물건에 벙어리라는 이름을 붙인 이는 처세하는 도리를 알았을 것이다."라고 하였다.

벙어리저금통을 깨다

破啞器說

무릇 입이 있으면 울고 입이 있으면 말을 하는 것이 천하의 바른 이치이다. 그런데 입이 있으면서도 울지 않고 말하지 않는다면 상도常道에 위배되어 요사한 것이 된다. 이 물건이 나오면서부터 조정에서는 말할 만한 일도 말하지 않게 되고 이 물건이 나오면서부터 사람들이 모두 말하는 것을 서로 경계하게 되었으니, 온 천하를 벙어리로 만든 것이다. 이는 요사스러운 물건이니 성세聖世에 있어서는 안 되는 것이다. 그래서 깨부수어 버린다.

정사년1737 26세 때 지은 글이다. 실은 벙어리저금통이 생긴 뒤부터 세상에 바른말을 하는 사람이 없어졌음을 말하려는 것이 아니라, 벙어리저금통을 빙자하여 바른말을 하지 않는 세태를 풍자한 것이다.

제8장

평가

제자 황덕길의 평가
順菴先生行狀

아, 우리 동방은 예로부터 인현仁賢 기자의 교화를 입어 성대히 문헌文獻의 나라가 되었다. 신라와 고려 이래로 문학과 경술에는 왕왕 일컬을 만한 자가 있었으나 사승師承의 근원이 올바르고 학문의 체용體用을 온전히 갖추어 우리 사문斯文의 책임을 맡아 밝게 뚜렷이 드러난 자는 대개 드물었다. 오직 우리 퇴계 선생만이 멀리 주자의 학통을 이었고, 성호 선생이 곧바로 퇴계의 학맥을 이어서 이를 통해 도학이 전수될 수 있었다. 선생순암은 절차탁마하는 공부를 성호 선생에게 배운 데다가, 그 학문의 모범이 오직 퇴계에 있었으니, 그 근원을 거슬러 올라가 보면 주자를 배우기를 바란 것이었다.

바른 도리를 지키고 그릇된 학설을 물리치며 옛 성인의 도리를 밝혀서 세상 사람들을 인도하여 이적夷狄과 금수禽獸가 되지 않게 한 것이 그 누구의 공이겠는가. 옛날에 양명陽明의 학설이 유행하자 퇴계가 처음 바른 도리를 어지럽히는 난적亂賊이라고 물리쳤고 서양의 서적이 나오자 성호가 맨 먼저 허황한 주장이라고 배척하였는데, 그 전통이 이어져 선생에게 이르러 더욱 밝아졌으니, 이 세 선생의 도는 하나이다. 퇴계의 도가 선생을 기다려 전해졌고 성호의 학문이 선생을 얻어서 드러났으니, 선생의 성대한 덕업은 선유들의 학문을 집대성한 것이라 할 만하다. 후략

제자 황덕길黃德吉이 쓴 「순암선생행장順菴先生行狀」에서 발췌하였다. 황덕길은 퇴계 이황과 성호 이익의 바른 학통을 이어 그릇된 학문을 물리치고 올바른 학문을 지켰다고 스승 안정복을 높이 평가하였지만, 퇴계와 성호의 학문을 집대성했다는 말은 지나친 표현이라 생각된다. 이는 맹자가 공자를 두고 한 말로 학자에게는 더없는 극찬이 된다. 한수재寒水齋 권상하權尙夏가 스승 우암 송시열의 화상찬畫像贊에서 전대의 학자들을 집대성했다는 표현을 쓰자 농암農巖 김창협金昌協이 퇴계와 율곡 같은 학자들을 집대성했다고 할 수 없다고 지적한 바 있다. 황덕길은 안정복의 학통을 이은 수제자이다. 퇴계-성호-순암으로 이어지는 학통을 높이 세우려는 의도가 있었을 것이다.

노익장 불쇠옹
不衰軒記

금상今上 8년1784 가을에 순암 안공安公이 동궁東宮 계방관桂坊官 세자익위사世子翊衛司의 관원이 되었는데, 숙배肅拜한 뒤에 상께서 특별히 불러 대화하고는 기뻐하며 말하기를 "그대는 쇠하지 않았구려."라고 하였다. 이때 공의 나이 73세였다.

당초 상께서 동궁에 계실 때 공이 계방관으로 누차 서연에 들어가서 경전의 뜻을 설명하니, 상께서 공의 학문이 정밀하고 순정醇正함을 알고 남달리 총애하였다. 그리고 등극하신 지 6년째 되던 해에 원자元子가 탄생하였고 3년 뒤에 다시 춘계방春桂坊*을 설치할 때 상이 공과의 옛 인연을 잊지 못하여 특별히 이 직책에 제수하였고, 또 10년 사이에 공의 용모와 음성이 예전에 못지않음을 기뻐하였다. 공이 물러나 자기 집에 불쇠헌不衰軒이라는 편액을 걸었으니, 성상의 말씀에 감격했기 때문이다.

내가 이 얘기를 듣고 마음속으로 말하였다.

* 춘계방春桂坊 : 세자시강원世子侍講院인 춘방春坊과 세자익위사인 계방桂坊의 합칭이다.

'공이 칩거하며 경서를 연구하였으니, 생각건대 사물의 이치는 거의 남김없이 궁구하였을 터이다. 그런데 이제 불쇠헌이라는 편액을 건 것을 보면 사람들의 의혹을 키우지 않을 수 있겠는가. 대저 흥성과 쇠멸은 불변의 이치이니, 천지天地도 피할 수 없으며 성인도 피할 수 없다. 그러나 천지와 성인의 기운은 때가 되면 쇠하지만 그 이치는 쇠할 때가 없으니, 쇠하지 않는다不衰고 해도 될 것이다. 일반 사람이 성인에 가까울 수 없는 것은 하늘에 사닥다리를 놓아 올라갈 수 없는 것과 같으니, 고금의 아득한 세월 동안 천지 사이에 가득했던 인물들이 어찌 쇠하지 않은 적이 있겠는가. 성상께서 공에게 말씀하신 것은 단지 이목구비와 같은 육신이 정정함을 가리킨 것일 뿐이지, 마음속의 이치까지 아울러 말한 것은 아닐 터이다. 그런데도 공은 의연히 불쇠不衰라는 두 글자로 스스로 명명하였으니, 이를 통하여 스스로 경계하는 것이라 한다면 괜찮지만 이 호칭으로 자처한다고 한다면 아무래도 옳지 않을 듯하다.'

그리고 얼마 지나지 않아 소문에 공이 젊은 사람들의 구설에 몹시 시달리고 있는데 그들이 공을 두고 노망이 들었다 떠든다고 하였다. 서양의 마테오 리치가 저술한 책이 근래에 우리나라에 들어오자마자 학문에 뜻을 둔 젊은이들이 예전에 배운 것에 싫증을 느끼고 신기한 주장을 좋아하여 바람에 휩쓸리듯이 저마다 자기가 배운 학문을 버리고 그쪽을 따르면서 심지어 "부모도 천주에 비하면 오히려 남이다. 임금은 권속眷屬이 없어야만 임금으로 세울 수 있다. 음양陰陽 두 기운이 만물을 생성할 수 없다. 천당과 지옥은 분명히 있다. 태극도太極圖는 음과 양을 대대對待로 들어서 말한 것에 불과하다. 천주가 실체實體로 강림한 것이 예수이다."라고까지 말한다. 대개 그들의 주장은 황당한 속임수로 넘쳐 나 종잡을 수 없는데 정주의 학설과 어긋나지 않는 것이 하나도 없으니, 그들이 불교를 비방하는 것은 바로 도둑이 주인을 미워하는 격이다. 옛날에 맹자가 양주楊朱와 묵적墨翟을 우려하여 홍수와 맹수에 비기기까지 하였던 것은, 그 폐해가 아버지를 업신여기고 임금을 업신여기는 데 빠져들 수도 있음을 매우 강조했던 것일 뿐이다. 양주와 묵적이 어찌 마테오 리치의 주장처럼 스스로 임금과 아버지를 멀리한 적이 있었겠는가.

공은 산골에서 긴긴밤 동안 크게 근심하고 길게 탄식한 나머지 혈혈단신으로 일어나 한창 일어나는 젊은이들의 거센 기세를 막고서 준엄한 말로 꾸짖기도 하고 온화한 말로 타이르기도 하였다. 우리의 도를 지킬 수만 있다면 비방을 받는 것은 걱정하지 않고, 사설을 막을 수만 있다면 해를 당해도 아랑곳하지 않았던 것이니, 지주砥柱*가 있지 않다면 성난 물결

* 지주砥柱 : 중국 하남성河南省 삼문협시三門峽市에 있던 바위산이다. 황하의 거센 물살 속에서도 넘어지지 않고 기둥처럼 꿋꿋하게 서 있기에 이런 이름이 붙었다.

을 어떻게 막을 수 있으며 촛불이 있지 않다면 어두운 방을 무슨 수로 밝히리오.

훌륭하도다, 공의 어질고 용감함이여! 이에 사람들이 모두 하늘이 공을 쇠하지 않게 한 것은 공만 쇠하지 않게 한 게 아니라 우리 유가의 도리를 쇠하지 않게 하고자 한 것임을 알았다. 공이 '불쇠不衰' 두 글자로 자처하였으니 자기 신념이 돈독함을 알 수 있고, 성상께서 이 두 글자를 공에게 말씀하셨다는 사실에서 신하를 알아보는 안목이 밝았음을 알 수 있다. 나는 나약한 사람이라 공의 풍도風度를 듣고 뜻을 세워 마침내 붓을 당겨 불쇠헌의 기문記文을 쓰노라.

번암 채제공이 안정복의 불쇠헌不衰軒에 대해 써 준 기문이다. 이 글에는 천주교를 비판하는 내용이 많다. 그래서 채제공은 젊은이들의 공격을 받게 될까 염려하여 이 글을 써 두고도 안정복에게 보내지 않았는데, 안정복은 편지를 보내 걱정할 필요 없다고 하면서 보내 달라고 종용하였다.

안정복은 61세 때인 임진년1772에 익위사 익찬에 임명되어 당시 세손이던 정조를 모셨고, 73세 때인 갑진년1784에 다시 익위사 익찬이 되어 임금이 된 정조를 만났다. 12년 만에 안정복을 만난 정조는 특별히 접견하고 "쇠하지 않았구려."라고 하였다. 임금이 자신을 잊지 않고 기억해 준 데 감격한 순암은 자기 집에 불쇠헌이라는 편액을 걸고 시를 지었다.

근력이 해가 갈수록 줄어 탄식하였는데	自歎筋力逐年衰
성상께선 쇠하지 않았다고 자상하게 말씀하셨네	天語丁寧諭不衰
신의 몸이 쇠하지 않을 수 있는 것은 아니니	不是臣身能不衰
지기만은 늙어도 쇠하지 않도록 하려 하신 게지	要令志氣不隨衰

그 뒤로 안정복은 불쇠옹不衰翁을 자신의 호로 쓰기도 하였다.

위에서 "부모도 천주에 비하면 오히려 남이다. 임금은 권속이 없어야만 임금으로 세울 수 있다."라고 한 주장은 유교에서 도저히 받아들일 수 없는 무부무군無父無君의 논리이다. 임금은 권속이 없어야 한다는 것은 왕실의 계승에 의한 왕정王政을 부정하고 공화정共和政을 주장하는 것이다. "음양 두 기운이 만물을 생성할 수 없다. 태극도는 음과 양을 대대對待로 들어서 말한 것에 불과하다."라는 주장은 성리학의 이론을 비판한 것이다. 즉 성리학의 학설은 음양이 만물을 이루고 있는 현상을 설명한 것일 뿐이지, 우주 만물을 생성하는 근원에는 이르지 못했다는 것이다.

18세기에 와서 『천주실의』가 조선의 학자들 사이에 읽히면서 성호의 문하에서도 재주가 뛰어난 젊은 학자들이 속속 천주교를 받아들였다. 당시 성호학파에서 어른이던 안정복은 젊은이들이 화를 당할까 염려하여 천주교를 강력히 비판하다가 도리어 젊은이들로부터 노망이 들었다는 비난까지 들었고, 친한 동문에게 절교를 당하기도 하였다. 그래서 안정복은 다시는 입을 열지 않겠다는 뜻에서 벼룻집 표면에다 '마도견磨兜堅' 세 글자를 쓰고, 입을 닫고 말하지 않겠다는 뜻으로 「폐구음閉口吟」이라는 시를 짓기까지 하였다. 그렇지만 안정복이 걱정했던 대로 그가 세상을 떠난 해부터 천주교도에 대한 박해인 사옥이 일어나기 시작해 수많은 사람이 참화를 입었는데, 그 대부분이 성호학파의 후진들이었다.

유후조의 평가

증 좌참찬 안정복은 이익의 고제高弟로 학문이 순정純正하고 실천이 독실하여 세자시강원 관원으로서 서연에 올랐는데, 정조께서 세자로 계시면서 그를 공경하며 누차 고문顧問으로 곁에 두고 도움을 받았습니다. 갑진년1784에 이르러 서양 서적이 나오더니 그 폐해가 세상에 빨리 전파되자 「천학고」, 「천학혹문天學或問」 등의 글을 지어 준엄한 말로 변론하여 배척하였습니다. 작고한 재상 문숙공文肅公 채제공은 사학邪學을 물리치고 정학正學을 보위한 그의 공로를 가지고 '우리의 도가 쇠하지 않게 되었다.'라고까지 하면서 글을 지어 칭양하였고, 그 후 순조 신유년1801에 대간의 상소를 계기로 특별히 좌참찬에 증직하였습니다. 그가 이단을 물리친 공은 그 스승을 이었고 세상에 교화를 펴는 데 보탬이 된 바 많으니, 스승과 함께 시호를 내려 주는 것이 좋을 듯합니다. 이에 아울러 진달합니다.

고종 4년1867 4월 29일에 안정복이 천주교를 물리친 공로를 들어서 시호를 내려 주기를 청한 유후조柳厚祚* 1798~1876의 상소이다. 이 상소가 받아들여져 문숙文肅이라는 시호가 내려졌다. 이보다 앞서 순조 1년1801 9월 17일에 장령 정한鄭瀚이 상소하여 역시 안정복의 학문과 천주교를 배척한 공로를 들어서 증직贈職해 줄 것을 청하였고, 정경正卿인 좌참찬을 추증하였다.

* 유후조柳厚祚 : 본관은 풍산豐山, 자는 재가載可, 호는 매산梅山·낙파洛坡·영매嶺梅, 시호는 문헌文憲이다. 유성룡의 후손으로 벼슬이 좌의정에 이르렀다.

영남학파 학자 신체인의 평가

순암 안공安公-정복-은 성호 이옹李翁의 문하에 들어가 그 학통을 이어받았는데 당시 사람들이 와룡臥龍이라 일컬었다.

예전에 내가 볼 일이 있어 한성漢城에 갔다가 마침 정릉靖陵 봉은사奉恩寺에 가서 머물고 있었다. 당시 공은 천거를 받아 정릉 직장으로 있던 터라 내가 왔다는 소식을 듣고 장남 안경증安景曾을 보내 나를 지성스럽게 초대하였다. 내가 가서 배알하고 종일 얘기를 나누다가 밤이 되어 봉은사로 돌아왔는데, 이튿날 공이 또 친히 나를 찾아왔다. 몇 해 뒤에 내가 한성에서 향리로 돌아갈 때에는 그 장남과 동행하여 광주廣州의 본가로 가서 공을 배알하고 한참 동안 앉아서 얘기를 나누면서 보니, 매우 청빈한 형편에 지조를 변치 않고 사는 모습이 옛날 군자의 풍모가 있었다.

공은 당시 편찬하고 있던 『동사강목』 초본을 꺼내어 보여주면서 스승이 부탁하신 것이라 하고 잠시 나와 토론하였다. 그리고 성호옹星湖翁의 아들 고故 현감 이맹휴가 편찬한 『춘관지春官志』를 언급하면서 볼만하다고 하였다.

내가 가만히 보니 공이 지향하는 학문이 용用 쪽에 편중되어 세상을 경영하여 구제하고 저술하여 입언立言하는 것을 중시하는 듯하였다. 사람들이 와룡이라 일컬은 것은 대개 까닭이 있었던 것이다.

그리고 몇 해 뒤에 벗인 상사上舍 이중장李仲章 이천섭李天燮을 통하여 공이 퇴계 선생의 서찰 중 매우 요긴한 것들을 채록하고 『주자서절요朱子書節要』처럼 조금 산절刪節하여 『이자수어李子粹語』라 명명하고 그에게 주더라는 말을 들었다. 이에 저술하여 입언하려는 그의 뜻이 노년에 이를수록 더욱 간절해졌다는 것을 알았다. 생각건대 이 일을 계기로 도산陶山 이황의 친절한 가르침에 부합하여 다양하고 많은 것을 배우는 것博學에서 핵심을 요약하는 것簡約으로 되돌아가는 공부에 각별히 힘썼을 터이니, 그 마음을 보존하고 품성을 수양한 것存養은 더욱 심후해지고 이치를 음미하고 의리를 연구한 것玩究은 더욱 정밀해졌을 것이다. 이에 후생 초학初學이 본받을 사표로 삼을 수 있을 터인데, 아쉽게도 다시 공의 문하에 나아가 가르침을 듣지 못하게 되어 버렸다. 이제 철인이 세상을 떠나 그 아름다운 자취가 멀어졌으니, 아 어찌 슬프지 않겠는가!

조선 후기 영남의 학자 신체인申體仁 1731~1812의 「독서유록讀書

謬錄」에서 발췌한 글이다. 신체인은 대산 이상정의 제자로, 본관은 아주鵝洲, 자는 자장子長, 호는 회병晦屛인데, 의성義城에서 살았다.

와룡은 촉한의 승상 제갈량을 가리키던 말이다. 당시 세상 사람들이 안정복을 두고 와룡이라 일컬었는데, 이는 안정복이 세상을 경영하는 데 뜻이 있어 저술에 힘썼기 때문이라는 것이다. 이는 안정복의 실학적인 측면을 말한 것이다. 그런데 신체인은 영남 퇴계학파의 학자라 안정복의 이러한 성향이 이치를 궁구하고 덕성을 함양하는 공부인 학문의 체體 쪽보다 세상에 적용할 수 있는 공부인 학문의 용用 쪽에 치우쳤다고 은근히 우려하다가, 안정복이 『이자수어』를 편찬하여 읽더라는 말을 듣고 덕성을 함양하는 공부를 중시한다는 것을 알고 안심한다. 같은 퇴계학파 안에서도 영남학파와 근기학파近畿學派의 성향 차이를 볼 수 있다.

기호학파 학자 홍직필의 평가

이익의 저서를 언뜻 보았더니 마테오 리치를 성인聖人이라 일컬었는데 이는 바로 신기한 것을 좋아하는 마음에서 나온 것으로, 그 유폐流弊가 이토록 극심하게 될 줄 몰랐던 것이다. 그 기미를 미리 살피는 것은 순암 안정복보다 훨씬 못하다.

조선 후기 기호학파 학자 홍직필洪直弼 1776~1852이 1847년 김평묵金平默 1819~1891에게 답한 편지에서 발췌하였다. 홍직필은 본관은 남양南陽, 자는 백응伯應, 호는 매산梅山이다. 그의 학통은 '임헌회任憲晦-전우田愚'로 이어진다.

이익이 서양 선교사 마테오 리치를 두고 성인이라 했다는 것은 안정복 당시에도 논란이 되었다. "성호 선생이 일찍이 마테오 리치는 성인이라고 말한 적이 있고, 이들 중에 이를 빙자하여 말하는 자가 많다고 하는데, 그것이 사실인가?"라는 물음에 안정복은 "선생이 그런 말씀을 하셨는지 나는 모르겠으니, 혹시 그런 말씀을 하셨는데 내가 잊어버린 것인가? 가령 이런 말을 했다 하더라도 서사西士의 재주와 식견이 통명한 점을 말씀하신 것에 불과할 것이다. 이 어찌 요순, 주공, 공자와 같은 성인이라고 인정하신 것이겠는가."라고 답변한다. 안정복의 「천학문답」에 보인다.

홍직필이 기호학파의 도학자이기에 이익의 단점을 지적하고 싶었던 것일 수도 있겠지만, 스승 이익보다 안정복이 천주학 배척에 적극적이었음은 사실이다. 안정복은 부정하였지만, 이익의 이러한 성향을 권철신과 같은 소장파 학자들이 이어받았다고 생각된다.

기호학파 학자 김평묵의 평가

성호 이익은 남인으로 이름난 학자인데 서학을 겉으로는 물리쳤지만 안으로는 도운 자이다. 순암은 그의 문인 참봉 안정복인데 서양의 학문을 배척하는 데 자못 힘을 썼다.

기호학파의 학자 김평묵이 1890년 김태한金台漢에게 답한 편지에서 발췌하였다. 김평묵은 본관은 청풍淸風, 자는 치장稚章, 호는 중암重菴이다. 화서華西 이항로李恒老와 매산 홍직필의 문인이다.

사학에 대한 평가

안정복의 사학史學, 신후담의 예학, 황운대黃運大의 역산曆算, 윤동규의 지리는 모두 우뚝이 높고 크다. 다산 정약용은 성호를 사숙하여 이들을 집대성하여 더욱 정밀하고 엄정하다.

위당爲堂 정인보鄭寅普 1893~1950의 「석천유고기石泉遺稿記」에서 발췌하였다. 안정복, 신후담, 황운대, 윤동규는 모두 이익의 저명한 제자인데, 안정복이 그중에서 특히 사학에 뛰어났다고 평가한 것이다.

1712년 숙종 38, 1세

- 충청도 제천현堤川縣 유원楡院에서 태어났다. 부친 안극安極과 모친 전주 이씨全州李氏의 장남이다.

1715년 숙종 41, 4세

- 가을에 모친과 서울로 올라와 건천동乾川洞 외가에서 살았다.

1716년 숙종 42, 5세

- 겨울에 천연두를 앓았다.

1717년 숙종 43, 6세

- 가을에 모친을 따라 전라도 영광靈光 월산月山으로 옮겨 간 외가로 가 살았다.

1719년 숙종 45, 8세

- 겨울에 홍역紅疫을 앓았다.

1720년 숙종 46, 9세

- 봄에 모친을 따라 서울로 돌아와 남대문 밖 남정동藍井洞 집에서 살았다.

1721년 경종 1, 10세

- 『소학小學』을 읽었다. 잦은 이사와 병치레로 이때 비로소 공부를

시작했는데, 구두를 떼는 것이 분명하고 뜻을 보는 것이 정밀하여 몇 년이 지나지 않아서 금방 문리文理가 트였다.

1725년 영조 1, 14세

- 7월에 울산 부사로 부임한 조부 안서우를 따라 경상도 울산에 가서 살았다.

1726년 영조 2, 15세

- 체직遞職된 조부를 따라 전라도 무주茂朱 읍내에 가서 살았다.

1728년 영조 4, 17세

- 이해 3월에 이인좌李麟佐의 난이 일어나 반란군이 청주淸州를 함락하였다. 4월 22일에 무주의 집에서 동쪽 하늘을 보니, 검은 기운이 참담한 가운데 붉은 기운이 뻗어 있기에 기뻐하면서 "이것은 천문서天文書에서 말한 전쟁의 기운이니, 주인이 객客을 이기는 조짐이다."라고 하니, 사람들이 믿지 않았다. 이틀 뒤에 과연 역적 이웅보李熊報 등이 안음安陰과 무주의 경계 지점에 있는 초현草峴의 동쪽에서 싸우다 패하여 사로잡혔다는 소식이 들리니 사람들이 모두 탄복하였다.

1729년 영조 5, 18세

- 10월에 성순成純의 딸에게 장가들다.

1732년 영조 8, 21세

- 1월에 아들 경증景曾을 낳았다.

1735년 영조 11, 24세

- 11월에 조부가 세상을 떠났다.

1736년 영조 12, 25세

- 10월에 광주廣州 경안면慶安面 덕곡리德谷里 현 경기도 광주시 중대동 텃골에 집을 짓고 정착하였다.

1737년 영조 13, 26세

- 봄에 『성리대전性理大全』을 읽었다. 종전에는 다양한 분야의 많은 지식을 쌓는 박학博學을 추구하여 경사자집經史子集뿐 아니라 병서兵書, 불경, 노장老莊, 야사野史, 소설 등 구할 수 있는 글을 다 섭렵하여 15, 6세부터 이미 지식이 풍부하다고 일컬어졌는데, 이때에 이르러서 비로소 성리학性理學에 뜻을 두었다.
- 5월에 『심경心經』을 읽었으며, 「치통도治統圖」와 「도통도道統圖」를 저작하였다. 「치통도」는 역대 제왕의 계통을 그림으로 그린 것이고, 「도통도」는 역대 도학자들의 계통을 그림으로 그린 것이다.

1739년 영조 15, 28세

- 이해 9월에 관상을 보는 자가 선생을 보고 말하기를 "옛사람이 구양공歐陽公 구양수歐陽脩의 관상을 보고 말하기를 '귀가 얼굴보다 더 희니 이름이 천하에 가득할 것이고, 입술이 이빨을 가리지 못하니 일없이 비방을 들을 것이다.'라고 하였는데, 공의 관상이 이와 흡사하니, 공은 오늘날의 구양공이 될 것이다."라고 하였다.

1740년 영조 16, 29세

- 『하학지남下學指南』을 저술하였다. 일상생활에서 몸과 마음으로 실행해야 할 도리를 하루 12시간에 각각 나누어 배치하고 조목條目을 나열한 다음 옛 성현들의 훌륭한 언행을 덧붙인 것이다.

- 「정전설井田說」을 지었다.
- 10월에 딸을 낳았다. 이 딸이 1758년에 권일신權日身에게 시집갔다.

1741년 영조 17, 30세

- 6월에 조모 홍씨洪氏가 세상을 떠났다.
- 겨울에 『내범內範』을 찬술하였다. 여인들이 본받고 지켜야 할 언행을 모은 것이다.

1746년 영조 22, 35세

- 10월에 경기도 안산安山 첨성촌瞻星村에 사는 성호星湖 이익李瀷을 찾아가서 배알하고 스승으로 섬겼다.

1747년 영조 23, 36세

- 봄에 소남邵南 윤동규尹東奎에게 편지를 보내어 『서경書經』「태서泰誓」의 뜻을 토론하였다. 윤동규는 동문 선배이다. 윤동규와 편지를 통해 학문을 토론하면서 우의가 매우 두터워졌다.
- 9월에 성호를 찾아가 배알하였다. 성호에게 편지를 올렸다. 관례冠禮에 관한 질문 목록問目을 올렸는데, 성호의 답서에 "고증하고 교정한 것이 정밀하고 상세하다. 오늘날 세상의 예학禮學이 의탁할 곳이 있겠구나."라고 하며 칭찬하였다.
- 12월에 성호에게 편지를 올렸다. 성호의 답서에서 요즘 선비들과는 다른 훌륭한 학자라고 칭찬하고, 주정主靜·지경持敬과 같은 심성 공부를 먼저 하라고 당부하였다.

1748년 영조 24, 37세

- 12월에 성호를 찾아가 배알하였다. 『홍범연의洪範衍義』를 집필하

였다.

1749년 영조 25, 38세

- 1월에 성호의 편지를 받았다. 성호가 정복鼎福이라는 이름을 고칠 것을 권하였는데, 답서에서 "이름을 아무리 고치더라도 이 몸은 여전히 그 사람 그대로일 것입니다. 이 문제는 저 자신의 할 도리를 다하여 스스로 지켜 가면 그만일 터이기에 감히 분부를 따르지 못합니다."라고 하였다.
- 3월에 동몽교관童蒙教官의 후보 추천 명단의 마지막에 이름이 들어갔다.
- 5월에 후릉 참봉厚陵參奉에 제수되었으나 부임하지 않았다.
- 11월에 장사랑將仕郎 만녕전 참봉萬寧殿參奉에 제수되어 사은숙배하였고, 12월에 부임하였다.

1750년 영조 26, 39세

- 8월에 종사랑從仕郎에 제수되었다.
- 10월에 조봉대부朝奉大夫에 제수되었다.
- 「잡괘설雜卦說」을 지었다. 이듬해 신미년1751에 또 「후설後說」을 지었다.

1751년 영조 27, 40세

- 2월에 규례에 따라 조산대부朝散大夫 의영고 봉사義盈庫奉事에 승진되어 서울로 들어가 사은하였다. 봉직하는 동안 청렴하고 근신한 자세를 지켰다고 하여, 이듬해 정릉 직장靖陵直長으로 옮겨 가니, 백성들이 의영사義盈司의 문밖에 거사비去思碑를 세웠다. 이 소식

을 듣고 성호가 이는 고금에 전례가 없는 일이라고 크게 칭찬하였다.

- 봉렬대부奉列大夫에 제수되었다. 성호에게 편지를 올려 『가례家禮』에 관해 질문하였다.
- 4월에 봉정대부奉正大夫에 제수되었다.
- 5월에 중훈대부中訓大夫에 제수되었다. 성호에게 편지를 올려 『주역』에 관해 질문하였다.
- 윤5월에 중직대부中直大夫에 제수되었다.
- 7월에 성호를 찾아가 배알하였다. 병환이 있다는 소식을 듣고 문안 인사를 드린 것이다.
- 이병휴李秉休의 편지에 답하였다. 이병휴가 공정한 희로, 즉 공희로公喜怒는 리발理發이라는 설을 가지고 윤동규와 서로 논쟁하다가 편지로 질문한 것이다.

1752년 영조 28, 41세

- 1월에 효현빈孝賢嬪을 장사 지낼 때 차비관差備官으로 효장세자孝章世子의 묘소墓所에 갔다.
- 2월에 규례에 따라 통훈대부通訓大夫로 승진하고 정릉 직장에 제수되었다. 「이순수유사李醇叟遺事」를 찬술하였다. 순수醇叟는 이맹휴李孟休의 자이다.
- 5월에 성호에게 편지를 올려 『맹자』에 관해 질의하였다.

1753년 영조 29, 42세

- 4월에 장모의 상을 당해 아산牙山으로 가서 장모를 직산稷山에 안장하였다.

- 여름에 『광주지廣州志』를 편찬하였다.
- 6월에 이병휴의 편지에 답하였다. 『주역』 가인괘家人卦의 명칭에 대해 토론한 것이다.
- 10월에 규례에 따라 6품으로 승진되고 귀후서 별제歸厚署別提가 되었다.
- 부친을 모시고 용산龍山에 임시로 거처하였다. 부친이 황달을 앓았기에 의원을 찾아가 치료하려고 매서妹壻인 오석신吳錫信의 집에 가서 지낸 것이다.
- 스승 성호를 위해 『이자수어李子粹語』를 편집하였다. 성호가 "『이자수어』가 그대들 덕분에 완성될 수 있었다."라고 칭찬하고 서문을 부탁하였다.
- 12월에 성호에게 편지를 올려 주자의 『자치통감강목資治通鑑綱目』의 의심스러운 점을 질의하였다.

1754년 영조 30, 43세

- 2월에 사헌부 감찰司憲府監察로 관직을 옮겼다.
- 4월에 부친을 모시고 중부동中部洞에 있는 외가로 옮겨 살았다.
- 6월에 부친이 세상을 떠났다. 상중喪中에 건강을 해쳐 평소에 앓던 피를 토하는 증세가 도져 평생의 고질병이 되었다.
- 8월 갑술일에 부친을 덕곡德谷의 선영에 안장하였다.
- 12월에 부친의 행장을 찬술하였다.

1755년 영조 31, 44세

- 5월에 상중이라 예서禮書를 읽었다.

- 윤동규에게 편지를 보내 상례 제도에 대해 논하였다.
- 6월에 윤동규의 편지에 답하면서 학자들이 고상하고 멀리 있는 것에만 힘쓰고 가깝고 작은 것에 소홀한 폐단을 지적하였다.

1756년 영조 32, 45세

- 8월에 삼년상을 마쳤다.
- 겨울에 동약洞約을 세웠다. 『동약』 1권을 지어 덕곡 마을 사람들을 모아 놓고 반포하였다.

1757년 영조 33, 46세

- 정월 초하룻날에 제례祭禮를 개정하고 사당에 고하였다.
- 『희현록希賢錄』이 완성되었다. 안자顔子, 주염계周濂溪, 정명도程明道의 언행을 모아 편찬한 것이다.
- 7월에 성호가 「순암기順菴記」를 지어 보냈다.
- 성호에게 편지를 올려 서양 학문을 비판하였다.
- 『임관정요臨官政要』가 완성되었다.

1758년 영조 34, 47세

- 1월에 성호에게 편지로 부녀자들의 머리 장식에 대해 논하였다.
- 3월에 성호에게 편지를 올려 귀신鬼神의 이치에 대해 논하였다.
- 10월에 이병휴에게 편지를 보내 『주역』과 『시경』을 읽는 법에 대해 논하였다.
- 12월에 『교증가례부췌校證家禮附贅』의 서문序文을 지었다. 이 책은 오휴자五休子 안신安玑의 저술이다.

1759년 영조 35, 48세

- 『동사강목東史綱目』이 완성되었다. 기자箕子 원년元年부터 시작하여 고려 말에 이르기까지의 역사를 강綱과 목目의 체제에 따라 기술하였는데, 모두 18권이다. 또 「고이考異」와 「지리고地理考」 두 권이 있어, 모두 20권이다. 1756년부터 시작하여 4년이 걸렸고, 손수 서문을 지었다.
- 1월에 성호에게 편지를 올려 『주역』의 선천先天과 후천後天의 뜻을 논하였다.
- 2월에 윤동규에게 편지를 보내 『시경』의 뜻을 논하였다.
- 11월에 성호에게 편지를 올려 여러 나라의 음운音韻과 고금古今의 역법曆法을 논하였다.

1760년 영조 36, 49세

- 12월에 권철신의 편지에 답하였다. 『시경』 아송雅頌 중에서 의심나는 부분에 대해 물어왔으므로 조목조목 답한 것이다.

1761년 영조 37, 50세

- 4월에 서재書齋를 지었다. 이택재麗澤齋라는 이름을 붙이고, 5월 이후부터 마을의 젊은이들을 모아 『소학』을 강독하였다.

1762년 영조 38, 51세

- 11월에 『사설유편僿說類編』의 편차를 정하였다. 이 책은 성호의 저술이다. 성호가 책을 산정刪正하고 분류해 달라고 부탁한 것이다.

1763년 영조 39, 52세

- 3월에 『백선시百選詩』가 완성되었다. 역대의 시를 각 문체별로 1백 수씩 모은 것으로 모두 7권이다.

- 『사감史鑑』이 완성되었다. 상고 때부터 『자치통감강목』 이전까지의 역사를 정리한 것으로 모두 8권이다.
- 12월에 성호가 세상을 떠났다. 심상心喪을 치르고, 「함장록」을 엮었다.

1764년 영조 40, 53세

- 12월에 윤동규에게 편지를 보내 스승의 상에 대한 복제服制를 논하였다.

1765년 영조 41, 54세

- 4월에 「무명오현찬無名五賢贊」을 지었다.
- 7월에 제용감 주부濟用監主簿에 제수되었으나, 병을 이유로 부임하지 않았다. 동약洞約을 다시 정비하였다.
- 8월에 의금부 도사義禁府都事로 옮겨 제수되었으나 부임하지 않았다. 큰 종기를 앓아 10월에 이르러서야 차도가 있었다.

1766년 영조 42, 55세

- 「도정절찬陶靖節贊」을 지었다.
- 6월에 「육잠六箴」을 지어 자신을 경책警策하였다.
- 10월에 권철신의 편지에 답하였다. 왕양명王陽明의 치지설致知說을 비판한 것이다.

1767년 영조 43, 56세

- 1월에 윤동규에게 편지를 보냈다. 이병휴와 윤동규의 공희로 리발 논쟁을 조정한 것이다. 이병휴에게도 같은 취지의 편지를 보냈다.
- 『열조통기列朝通紀』를 집필하기 시작했다. 조선 왕조의 고사故事

및 문집文集이나 야사野史 등 여러 책에서 뽑은 자료를 편년체編年體로 정리하여 편찬한 책으로 모두 25권이다.

- 8월에 모친이 세상을 떠났고, 10월에 모친을 안장하였다.

1768년 영조 44, 57세

- 5월에 윤동규에게 편지를 보내 장가를 가지 않고 일찍 죽은 사람은 후사後嗣를 세워 제사를 지내지 않는다는 것에 대해 논하였다.
- 11월에 윤동규에게 편지를 보내 『대학大學』 청송장聽訟章을 논하였다.
- 12월에 권철신에게 편지를 보내 그가 주자의 『대학장구大學章句』에 대해 이견을 제시한 것을 반박하였다.

1769년 영조 45, 58세

- 3월에 이기양李基讓의 편지에 답하였다. 『중용』의 희로애락喜怒哀樂에 관해 논하면서 정주程朱의 설을 지지한 것이다.
- 이병휴의 편지에 답하였다. 그 편지에서 재주가 있어 새로운 견해를 주장하기를 좋아하는 젊은이들의 문제점을 지적하였다.
- 5월에 이병휴가 편찬한 『성호예식星湖禮式』의 서문을 지었다.
- 8월에 이병휴에게 편지를 보내 내외종 간에 혼인하는 중국 풍습의 잘못을 논하였다.
- 윤동규에게 편지를 보내 『가례家禮』가 주자 만년의 저술이 아님을 논하였다.

1770년 영조 46, 59세

- 4월에 모친 전주 이씨의 행장을 찬술하였다.

- 5월에 영남의 학자 이상정李象靖에게 편지를 보내 사칠설四七說을 논하였다.
- 윤5월에 윤동규에게 편지를 보내 옛사람들의 학문과 비교하여 후세 학문의 폐단을 논하고, 또 『가례』가 주자 만년의 저술이 아님을 논하였다.
- 8월에 권철신의 편지에 답하여 사칠설을 논하였다.

1771년 영조 47, 60세

- 3월에 윤동규의 편지에 답하였다. 윤동규가 『주역』의 본의本義의 내용에 대한 의문점과 『고려사』 및 『동사강목』 중 고려 묘제廟制의 미심쩍은 부분을 물은 데 답한 것이다.

1772년 영조 48, 61세

- 1월에 권철신의 편지에 답하여 『서경』의 홍범구주洪範九疇에 대해 논하였다. 하도河圖, 낙서洛書는 후세 사람이 날조한 것이라는 권철신의 주장을 주자의 설에 입각하여 반박하였다.
- 5월에 익위사 익찬翊衛司翊贊에 제수되자 서울로 들어가 사은숙배하였다.
- 5월, 6월에 서연書筵에 참여하였다.
- 7월에 병으로 상소하여 체차되어 8월에 집으로 돌아왔다.

1773년 영조 49, 62세

- 여름에 대신大臣이 계방桂坊 익위사에서 오래 직임을 맡은 사람을 천거할 때 뽑혔다.
- 8월에 윤동규가 세상을 떠났다.

- 12월에 익위사 위솔翊衛司衛率에 제수되었다.

1774년 영조 50, 63세

- 1월에 서울로 올라와 산림동山林洞에 있는 장령掌令 성영成穎의 집에 우거하였다. 숙배하고 서연에 참가하였다.
- 7월에 집으로 돌아왔다.

1775년 영조 51, 64세

- 1월에 부인 성씨成氏가 세상을 떠났다.
- 가을에 『주자어류절요朱子語類節要』가 완성되었다.
- 10월에 다시 익위사 익찬에 제수되었으나 부임하지 않았다.
- 윤10월에 회인 현감懷仁縣監에 제수되었는데, 사은숙배한 다음 바로 체직遞職되었다. 이날 특별 전교로 다시 익위사 익찬에 제수되어 사은숙배하였다. 약현藥峴에 있는 승지 유훈柳薰의 집에 머물렀다.
- 12월에 동궁이 대리청정代理聽政하면서 경현당景賢堂에서 백관들의 조참朝參을 받았는데, 들어가 시위侍衛로 참여하였다.
- 병으로 정사呈辭하고 집으로 돌아왔다.
- 반계磻溪 유형원柳馨遠의 연보를 저술하였다.

1776년 영조 52, 65세

- 1월에 익위사 익찬에서 체직되었다.
- 3월에 영조가 승하하였다.
- 8월에 이병휴가 세상을 떠났다.
- 9월에 목천 현감木川縣監에 제수되어 서울로 들어가 사은숙배하고, 10월에 부임하였다.

- 12월에 관청에서 얼음을 저장하고서, 목천 고을 백성에게 끼치는 폐해를 감사監司에게 보고하여 얼음을 채취하는 일을 폐지하였다.

1777년 정조 1, 66세

- 1월에 목천 고을에 방역소防役所를 설치하였다.
- 백성들이 목비木碑를 세우는 것을 금하였다. 부임한 지 몇 달이 지나지 않아 백성들이 선정善政을 칭송하며 온 고을 안에 목비를 세웠다.
- 동몽童蒙 이인갑李仁甲의 효행孝行을 감사에게 보고하였다.
- 고을 안에 농사를 권장하는 뜻을 두루 유시하였다.
- 3월에 아들 안경증이 죽었다.

1778년 정조 2, 67세

- 2월에 휴가를 받아 집으로 돌아갔다.
- 7월에 임소로 돌아갔다. 몇 달 동안 일곱 차례나 감사에게 사직서를 올렸으나 끝내 체직을 허락하지 않아서 어쩔 수 없이 임소로 돌아간 것이다.
- 8월에 사람을 보내 황종해黃宗海의 묘소에 제사하였다.
- 10월에 감사에게 사직을 청하였으나 허락받지 못하였다.
- 12월에 봉급을 털어 백성들이 내야 하는 금년치의 결전結錢을 반으로 줄여 주었다.

1779년 정조 3, 68세

- 2월에 봉급을 내어 고을 안의 굶주린 백성들을 진휼하였다. 2월부터 4월까지 진휼한 자가 2천여 명이었다.

- 목천의 읍지邑誌인 『대록지大麓志』를 편찬하였다. 대록大麓은 목천의 별칭이다.
- 백성들에게 향약을 권장하여 시행하게 하였다.
- 사마소司馬所를 다시 설치하였다. 사마소는 고을의 선비들이 학업을 익히는 곳이다.
- 4월에 관직을 버리고 향리로 돌아갔다.
- 6월에 감사에게 세 번 사장을 올려서 비로소 체직되었다. 1781년에 고을 백성들이 거사비를 고을 동쪽에 있는 복구정伏龜亭에 세웠다.

1780년 정조 4, 69세

- 4월에 향사례鄕射禮를 거행하였다.

1781년 정조 5, 70세

- 4월에 『가례집해家禮集解』를 완성하였다.
- 6월에 임금이 『동사강목』을 들이라는 하교를 내렸기에 승지 정지검鄭志儉을 통해서 올렸다.
- 12월에 돈녕부 주부에 제수되었으나 부임하지 않았다.

1782년 정조 6, 71세

- 8월에 권철신의 편지에 답하였다. 고례古禮를 따라야 한다고 주장한 권철신에게 "예禮는 시대에 따라 변천하는데 고례가 중요하다고 하지만 당唐, 송宋 이후 정자, 주자가 행한 예까지 모두 무시해 버리고 고례를 따를 수는 없다."라고 반박하였다.

1783년 정조 7, 72세

- 7월에 다시 돈녕부 주부에 제수되었다.

- 8월에 특별 전교를 내려 장릉 영長陵令으로 자리를 바꾸어 주기에 사은숙배하였고, 또 특별 전교를 내려 헌릉 영獻陵令으로 바꾸어 주기에 사은숙배하였다.
- 재소齋所에 입직하여 『동사강목』을 교정하였다.
- 11월에 예조에 사장을 올렸다.

1784년 정조 8, 73세

- 2월에 계방의 천거에 들었다.
- 5월에 예조에 사장을 올렸다. 예조에서 개차改差하기를 임금에게 아뢰어 청하였는데, 특별 전교를 내려 서울에 있는 관사와 바꾸게 하여 의빈부 도사儀賓府都事가 되었다.
- 7월에 세자익위사 익찬에 제수되었다.
- 손자 안철중孫喆重에게 유계遺戒와 송종록送終錄을 쓰게 하였다. 자신이 세상을 떠날 날이 머지않다고 여겨 사후에 간략히 장사 지내라고 당부한 것이다.
- 8월 갑신일에 책례冊禮의 습의習儀에 참가하였다. 임금이 위로하면서 "쇠하지 않았다.不衰" 하였기에 감격하여 집에 '불쇠헌不軒衰'이라는 편액을 걸었다.
- 9월에 병을 이유로 사직하고 향리로 돌아갔다. 전라도 나주 미천서원眉泉書院의 부원장이 되었다.

1785년 정조 9, 74세

- 2월에 윤동규의 행장을 저술하였다.
- 3월에 「천학고天學考」와 「천학문답天學問答」을 지었다.

- 6월에 「위학잠爲學箴」 두 수를 지어 벽에 걸었다.
- 『시경명물고詩經名物考』를 완성하였다.
- 12월에 「육잠六箴」을 작은 병풍에 쓰고, 또 좌우명을 지어서 보고 자신을 반성하는 자료로 삼았다.

1786년 정조 10, 75세

- 5월에 덕곡동德谷洞 안에 재사齋舍를 세웠다.
- 덕사德社의 학약學約을 만들었다.
- 윤달에 채제공蔡濟恭에게 편지를 보냈는데, 체재공이 천주학을 배척하여 노익장의 기개를 보였다고 칭양한 데 대해 답한 것이다.
- 7월에 「동명도東銘圖」를 지었다.
- 9월에 파록巴麓 황여구黃汝耈의 행장을 지었다.

1788년 정조 12, 77세

- 6월에 황덕일黃德壹의 편지에 답하였다. 서조수徐祖修라는 사람이 반사설反僿說을 지어 성호의 『사설僿說』을 비판하였는데 황덕일이 이 사실을 알렸던 것이다.

1789년 정조 13, 78세

- 1월에 통정대부로 승진하였다.
- 4월에 미천서원의 유생들에게 편지를 보내 부원장을 사임하고, 또 강학의 규례를 시행하도록 권장하였다.
- 8월에 첨지중추부사에 제수되어 사은하였다.
- 9월에 운계雲溪 정뇌경鄭雷卿의 행장을 찬술하였다.

1790년 정조 14, 79세

- 봄에 족보를 개수改修하였다.
- 6월에 가선대부嘉善大夫로 승진하였다.
- 7월에 동지중추부사에 제수되고 광성군廣成君을 습봉襲封 선조의 봉작을 물려받는 것하였으며, 추은追恩하여 삼대三代에 걸쳐 증직이 내렸다. 이에 8월에 제사를 지내어 가묘家廟에 고하였고, 9월 초하루에 분황焚黃하였다. 10월에 향리 사람들이 모두 모여서 축하하며 잔치를 베풀었다.

1791년 정조 15, 80세

- 1월에 간옹艮翁 이헌경李獻慶의 만사輓詞를 지었다. 이헌경이 서학西學을 배척한 것을 칭찬하였다.
- 2월에 백불암百佛菴 최흥원崔興遠의 묘지명을 찬술하였다.
- 3월에 망자亡子 안경증의 묘지명을 찬술하였다. 죽림竹林 권산해權山海의 「정충각기旌忠閣記」를 지었다.
- 6월 신미일에 병환의 조짐이 있었다. 더위로 가슴이 답답한 증상이 있었다.
- 7월 계사일 오시午時에 침실에서 세상을 떠났다. 운명하기 이틀 전에 곁에 있는 사람에게 늘 자리 오른쪽에 걸어 두던 '경의직방敬義直方' 넉 자를 쓴 경의패敬義牌를 가져오라고 명하였다. 운명할 때에도 정신이 흐리지 않았다. 초빈草殯을 하는 날에 채색 무지개가 지붕 위를 빙 두르니, 사람들이 모두 기이한 일이라 하였다.
- 병신일에 부음을 알리니, 임금이 해당 고을에 명하여 별치부別致賻를 내리게 하였다.

- 9월 병자일에 덕곡에 있는 선영의 안 해좌亥坐의 언덕에 안장하였다. 부인 성씨成氏와 합장하였다.

1801년 순조 1

- 9월에 특별히 자헌대부資憲大夫 의정부좌참찬 겸 지의금부사 오위도총부도총관議政府左參贊兼知義禁府事五衛都摠府都摠管 광성군廣成君에 추증하였다.

1871년 고종 8

- 3월에 문숙文肅이라는 시호를 추증하였다.

1900년 고종 37

- 『순암집順菴集』이 간행되었다.

지은이 _ 안정복安鼎福, 1712~1791

조선 후기의 역사학자, 실학자이다. 본관은 광주廣州, 호는 순암順菴, 자는 백순百順이다. 25세에 경기도 광주에 정착하여 '순암'이라는 이름의 거처를 만들고 그곳에서 학문에 전념했다. 35세에 성호 이익을 찾아가 학문 교류를 하여 큰 영향을 받았다. 40, 50대를 학문과 저술 활동으로 보내며, 『동사강목東史綱目』, 『열조통기列朝通紀』, 『잡동산이雜同散異』, 『임관정요臨官政要』 등 방대한 실학적 저술을 남겼다.

옮긴이 _ 이상하李相夏

계명대학교 중어중문학과를 졸업하고 고려대학교 대학원 국어국문학과에서 성리설性理說 연구로 박사 학위를 받았으며, 민족문화추진회 상임연구원과 전문위원을 거쳤다. 조선대학교 한문학과 교수를 지냈고, 현재 한국고전번역원 부설 고전번역교육원 교수로 재직하며 우리 옛글을 번역할 후학을 양성하고 있다. 저서로 『퇴계 생각』, 『한주 이진상의 주리론 연구』, 『주리철학의 절정, 한주 이진상』 등이 있고, 번역서로 『읍취헌유고』, 『월사집』, 『용재집』, 『아계유고』, 『석주집』, 『옥담유고』 등이 있다

감수 _ 안병걸安秉杰

성균관대학교 유학과를 졸업하고, 동 대학원 동양철학과에서 박사 학위를 받았다. 현재 국립 안동대학교 인문대학 동양철학과 교수로 재직하고 있다. 저서로 『갈암 이현일, 경세의 뜻을 품은 큰 선비』, 『인문학을 위한 한문 읽기』, 『서원, 한국사상의 숨결을 찾아서』 등이 있고, 번역서로 『퇴계전서』 14, 『역주 시경강의』 등이 있다.

순암집

안정복 지음 | 이상하 옮김 | 안병걸 감수

2017년 9월 20일 초판 1쇄 발행

발행인 신승운
발행 한국고전번역원 | 등록 2008. 3. 12. 제300-2008-22호
주소 03000 서울특별시 종로구 비봉길 1
전화 02-6263-0464 | 팩스 02-6339-0724 | 홈페이지 www.itkc.or.kr

기획 한국고전번역원
책임편집 한문희 | 편집 박성희 박지은 변구일 천현주
디자인 씨오디 | 인쇄 (주)나인애드

값 12,000원
ISBN 978-89-284-0489-6 04080

* 이 책은 교육부로부터 인문학 진흥을 위한 저서출판지원을 받아 출간하였습니다.